How-nual Shuwasystem Industry Trend Guide Book

図解入門 業界研究

最新 EC業界の動向とカラクリがよ～くわかる本

業界人、就職、転職に役立つ情報満載！

鈴木 絢市郎 著

秀和システム

●注意

(1)本書は著者が独自に調査した結果を出版したものです。
(2)本書は内容について万全を期して作成いたしましたが、万一、ご不審な点や誤り、記載漏れなどお気付きの点がありましたら、出版元まで書面にてご連絡ください。
(3)本書の内容に関して運用した結果の影響については、上記(2)項にかかわらず責任を負いかねます。あらかじめご了承ください。
(4)本書の全部または一部について、出版元から文書による承諾を得ずに複製することは禁じられています。
(5)本書に記載されているホームページのアドレスなどは、予告なく変更されることがあります。
(6)商標
本書に記載されている会社名、商品名などは一般に各社の商標または登録商標です。

はじめに

本書を手に取っていただき、心より感謝申し上げます。

この本では、私たちの生活に欠かせない存在となった「EC」（電子商取引）業界全体を広範にわたり俯瞰した内容を紹介しています。


ECというと、なにか専門的で難しいものと感じられるかもしれませんが、実は私たちの日常に既に深く根ざしています。

例えば、アマゾンでのショッピング、楽天ポイントでの旅行、Apple Musicでの音楽鑑賞、Netflixでの映画視聴、Suicaへのチャージ、PayPayを使ったコンビニでの支払い、Goタクシーでの配車予約、電子チケットでの映画鑑賞など、これら全てがECの一部なのです。


2000年頃、多くの人が断言していました。

「洋服なんて現物を触ったり、試着したりしないと分からない」

「モノが所有できないサブスクなんて流行らない」

「どこの誰だか知らない人から物なんて買いたくない」

「誰が高級車をネットで買うのか」

しかし、かつての懐疑的な見方は過去のものとなり、時代は大きく変わりました。現在では、おうちのPCでお気に入りのインフルエンサーが着ているファッションを購入したり、通勤電車の中でタブレットを使って映画鑑賞をしたり、フリマアプリでお宝をゲットしたり、スマホでフェラーリも買えるのです。現在は、ECを通じて、いつでも、どこからでも、好きな商品やサービスを選び、購入できる時代になったのです。


本書では、その具体的な内容として、ECの歴史、種類、規模、市場の動向、技術の進化に加え、ユーザー行動の変化、新たなビジネスモデルの出現など、幅広いテーマを取り上げています。

近年、EC業界は急速な発展を遂げており、その影響は私たちの生活や働き方にまで及んでいます。特にパンデミックを経験して以来、オンラインでの消費が日常生活に深く根付き、企業のビジネスモデルにも大きな変化をもたらしました。同時に、その裏側で起きている問題や課題、そして、それに対する各企業の取組みについても、深く掘り下げております。

筆者は、リアル店舗やショッピングセンターでの勤務経験を経て、現在はECプレイヤーとして活動しております。本書では、様々なデータに基づいたECに関する情報を基本として内容を構成しておりますが、「リアルとECの両方の現場を知る」ものとしての視点も多数盛り込んでおります。

また、既にはじまっているEC業界の未来にも焦点を当て、AI（人工知能）の活用、SDGs（持続可能な開発目標）への取組み、よりカスタマイズされたショッピング体験の提供など、将来のトレンドとその影響についても考察します。その中でECが社会に与える影響、特にリアル店舗との関係性や、地域経済への影響についても網羅しております。

さらに、EC企業における様々な成功事例を通じて、この分野での仕事を探求している読者の皆さまと具体的な要因や戦略を共有し、実践的な情報提供ができればと考えております。

ECサイトの立ち上げを検討している経営者や担当の方、既にEC販売を行なっているが、新しい販路や方法を模索している方、ECを使った副業・複業・起業を考えている方、または、日常的にECを利用しているが、その仕組みや裏側に興味がある方にとって、本書が最初の手引として、ビジネスや日常生活における新たな知見をもたらし、EC業界の理解を深めるきっかけになれば幸いです。

私たちの生活と切っても切り離せないECの世界を、本書を通じて一緒に探求していきましょう。

2024年1月　鈴木絢市郎

最新EC業界の動向とカラクリがよ～くわかる本

第2章　EC企業が発展した背景

第3章　ECとSNSの深い関係

第4章　EC業界の規模ランキング

第5章　EC業界が抱える課題

第6章　ECサービスを個人でも起業できる時代

第7章 EC業界のこれからを見据えた戦略とは

第1章

ECの成り立ちと変遷

EC（電子商取引）は、インターネットの発展とともに拡大し、革新的な企業やサイトの登場、多様な取引形態の展開を経て、現代のユーザー文化に不可欠な存在へと進化してきました。この章では、その歴史と変遷を探ります。

Section

1-1 ECとは？

本書を読み進めるにあたり、まず、ECの定義や、代表的なECの事例について説明をします。ECとはどのようなものなのか、大まかに知っておきましょう。

■ECの定義とは？

ECとは、Electronic Commerce＝電子商取引の事を指します。Eコマースやイーコマースなどとも呼ばれます。一般的にECサイトは、「インターネット上で買い物ができるサイト」の意味で使われることが多いです。しかしながら、これ以外に、オークションサイトやフリマサイト、オンライントレードサイト、スキル提供サービス・クラウドソーシング、デジタルコンテンツなど、「ネット上にあるECに対応するサイト」すべてを意味しています。

■主なECの種別

代表的なECサイトを種別ごとに紹介します。EC全体のイメージを掴んで頂ければと思います。

①ネットショッピング

例：Amazon、楽天など

文字通り、インターネットを通じて商品を購入できるプラットフォームです。

②オンラインマーケットプレイス

例：Yahoo! オークション、メルカリなど

個人や企業が商品を出品し、他の個人と直接取引をするプラットフォームです。個人の不用品のリユースから、自動車まで、ありとあらゆる商品が取引されています。定額での取引のほか、Yahoo! オークションでは、入札で競り合うオークション形式でも取引されています。

③デジタルコンテンツ＊販売

例：Apple Music、Netflix（ネットフリックス）、Play

Term

デジタルコンテンツ　デジタル形式で構成されているコンテンツのことを指します。主に、文字情報や動画、音楽、画像などのデジタルデータが、PCやスマートフォンなどのデバイスを通じて、ユーザーに提供されます。

Station Store、Google Play、Kindle など音楽、映画、ゲーム、アプリ、電子書籍などのデジタルコンテンツを提供するプラットフォームです。ユーザーはオンラインでコンテンツを購入したり、ストリーミングしたりする事ができます。

④スキル提供サービス・クラウドソーシング＊

例：ココナラ、クラウドワークス、ランサーズなど

フリーランサーや専門家が、自身の専門分野におけるスキルやサービスを提供し、それを需要する企業や個人に販売する仕組みです。クライアントが求めるプロジェクトに対して、フリーランサーが自らの能力を宣伝または応募し、クライアントが適任と判断すれば、マッチングが成立します。

⑤オンライントレードサイト（金融取引サイト）

例：SBI証券、楽天証券など

証券取引や金融商品の取引をオンラインで行うプラットフォームです。株式などの売買を24時間、好きな時に行う事ができることの他、手数料が窓口での注文に比べ安価であるという特徴があります。また、口座の開設費用や維持費用も無料なので、誰でも気軽に口座を開設することができます。いわゆる専任の営業担当者などはつかず、基本的には個人の裁量や自己責任で取引を行なうため、金融取引に関する知識を十分に身に付けておくことが必要です。

⑥キャッシュ決済サービス

例：PayPay、楽天Pay、d払い、Suica など

キャッシュレス決済とは、広い意味では「現金以外を使った決済方法」の総称です。予めチャージを行うプリペイド式や、クレジットカードや銀行口座などの資金源を紐づけて支払う形式があります。電子マネー・QRコード決済・クレジットカードなどが代表例ですが、口座振替や仮想通貨による決済手段も含まれます。電子マネーは、Suica、nanaco、楽天 Edy など、ICカードやスマホをピッとかざして支払う決済手段です。QRコード決済は、PayPay、楽天ペイなど、QRコードやバーコードを介して送金を行う決済方法の総称です。ユーザー側が自身のスマホで店側のコードを読み取る場合と、店側のバーコードリーダーでユーザー側のQRコードを読み取る場合の2種類が存在します。

Term

クラウドソーシング　不特定多数の人の寄与・関与を募り、それぞれが必要とするサービス、アイデア、またはコンテンツを生成・取得するプロセスです。

Section
1-2 ECの黎明期とは

現在では、ECサイトを通じたネットショッピングなど、インターネットを介した各種取引は当たり前となりました。ここでは、ECの黎明期を知るために1970年代まで遡り、解説をします。

世界初のオンラインストアとは、

　世界ではじめての**オンラインストア**＊の原型は、1979年、イギリスのエンジニアで発明家であるマイケル・アルドリッチが作成したとされています。アルドリッチは、電話回線を接続した家庭用テレビをコンピュータに接続した「ビデオテックス」を開発しました。双方向の対話形式によるチケット予約や天気予報などの各種情報提供サービスを受けることができました。アルドリッチは、「テレビを通じて、買い物を注文できたら」という妻との何気ない会話から、オンラインショッピングを開発しました。ただし、注文は電話、商品は手渡し、決済は現金といった、正確には、現在のオンラインショッピングと同等のものと呼べるものではありませんでした。

　1982年、アメリカで、世界初の電子商取引会社「ボストンコンピュータエクスチェンジ」（Boston Computer Exchange/ BoCoEx）が誕生します。この会社は、「中古コンピュータを売り買いする人たちのマーケットプレイス」として、アレキサンダー・ランドール5世とキャメロン・ホールによって設立されました。商品の取引は、ダイヤルアップ式の掲示板システム（BBS）にて行われました。売り手は商品をデータベースにアップロードし、買い手はオンラインで商品を閲覧しました。前述のビデオテックス同様に、注文は電話、買い手は売り手へ送金し、売り手は買い手に商品を発送する仕組みでした。そして、売り手は、ボストンコンピュータエクスチェンジへ取引に対する手数料を支払いました。中には悪質な取引もあったことから、ボストンコンピュータエクスチェンジは、買い手、売り手、そして自らを保護するため、エスクローサービスを開発しました。エスクローサービスとは、物品の売買など安全か

Term
オンラインストア　インターネットを介して商品やサービスの売買を行うウェブサイトのことです。楽天市場やAmazon、ヨドバシ.comなどが代表的な例で、その他、ユニクロオンラインストアなど、各企業独自のオンラインストアがあります。

ECの父、マイケル・アルドリッチ

▲Virto Commerceオフィシャルページより引用
https://virtocommerce.com/

1982年のボストンコンピュータエクスチェンジの様子

ネット通販の
黎明期のオフィス

▲Alex Randall 5オフィシャルページより引用
https://alexrandall5.com/

つ公正にやり取りするための仲介サービスの事です。この場合、買い手は商品代金をボストンコンピュータエクスチェンジへ支払い、買い手が商品を無事に受け取ったら、ボストンコンピュータエクスチェンジから売り手に商品代金が渡る仕組みです。これは、日本における**Yahoo! オークション**の「受取確認」、**メルカリ**の「受取評価」でも採用されている方式です。まだ、クレジットカード取引をオンラインで完了できる時期ではなかったにも関わらず、同社は、アメリカの中古コンピュータ取引市場を独占するまでに成長し、その後のオンラインショッピングの先駆けとなりました。

オンラインショッピングが、現代人が一般に思い描くような形になり始めたのは1990年代です。1992年、アメリカで「ブックスタックスアンリミテッド」（Book Stacks Unlimited）というオンライン書店が誕生しました。設立者であるチャールズ・M・スタックは「自分の習慣を養うため、これまで出版されたすべての本を揃える書店を持つこと」を実現したのです。

データベースと**ダイヤルアップ式**の掲示板（BBS）によって、販売をスタートしましたが、その後1994年にBooks.com としてインターネットに移行し、数百万冊の書籍を提供しました。そして、今日のオンラインショッピングに備わっている多くの機能の先駆者となりました。その後、**CUCインターナショナル**（後のセンダント）に買収され、その後、後にアメリカで最大の書店チェーンとなる、バーンズ・アンド・ノーブル（Barnes & Noble）に買収されました。https://www.barnesandnoble.com/

■初めてインターネットで販売されたもの

アメリカの**スミソニアン博物館***によると、現代のインターネットを通じた史上初のオンライン取引は1994年でした。元ロンドン・スクール・オブ・エコノミクスの学生だったダン・コーンとロジャー・リー、スワースモア大学のガイ・H・T・ハスキンとヒライエイジによって、「NetMarket」が設立されました。彼らは自身のサイトを通じて、「クレジットカードを使用して」スティング（Sting）の「テン・サマナーズ・テイルズ（Ten Summoner's Tales）」のCDを友人に販売しました。アメリカのニューヨーク・タイムズは、これを「プライバシーを保証するように設計されたインターネット上での最初の小売取引であろう」と表現しました。

1995年、アメリカでは、Yahoo、Amazon、eBay などが次々と登場し、ECの市場は急速に拡大しました。

Term

スミソニアン博物館　アメリカ合衆国の首都ワシントンD.C.にある複数の博物館および研究施設の集合体です。その展示物は、自然史、航空宇宙、アメリカ史、芸術など多岐にわたり、教育と研究に重点を置いています。公共のために無料で開放されており、世界最大級の博物館複合施設として知られています。

ブックスタックスアンリミテッドの設立者チャールズ・M・スタック

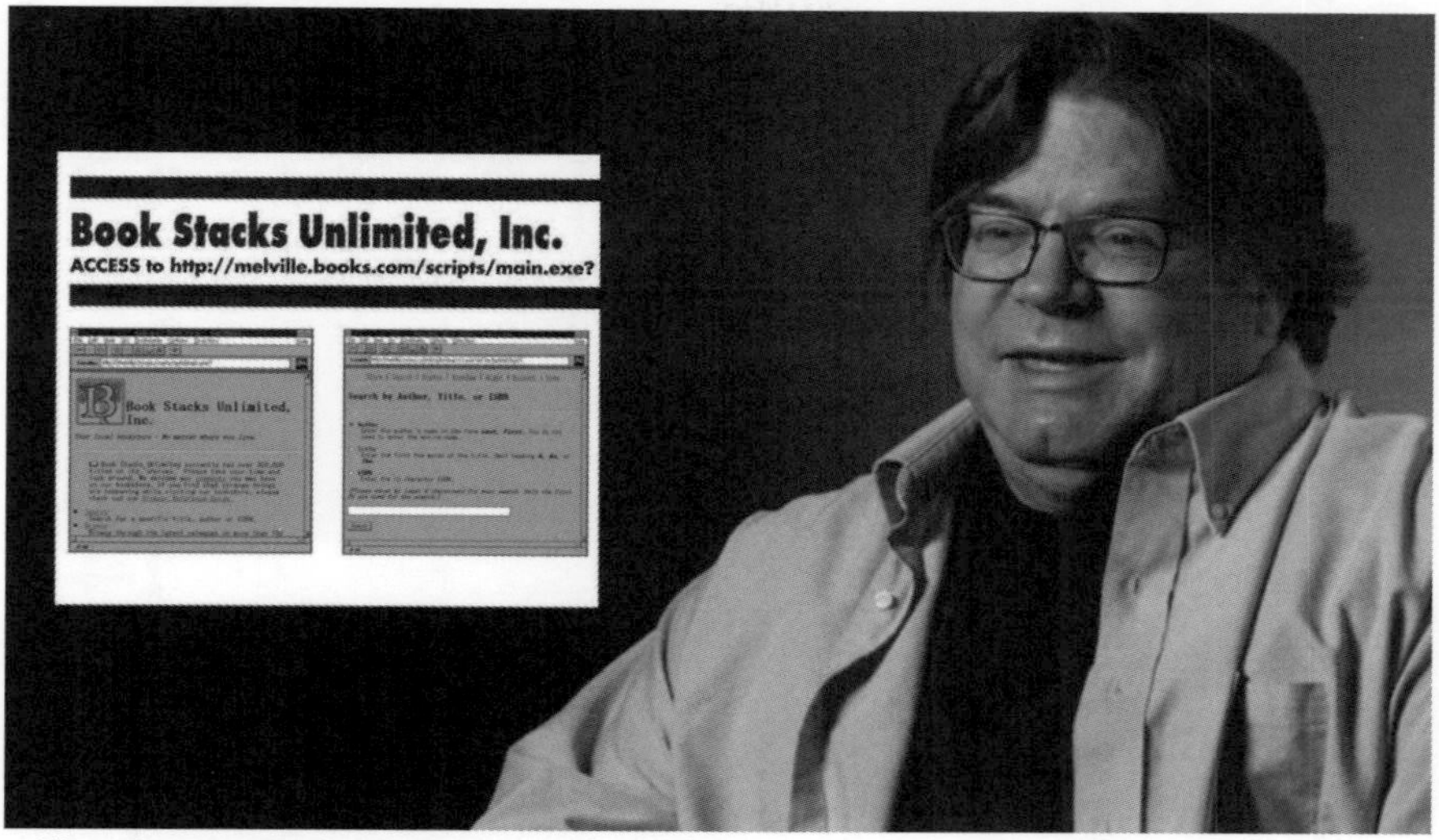

▲Virto Commerceオフィシャルページより引用
https://virtocommerce.com/

NetMarket を設立したメンバー

▲スワースモア大学オフィシャルページより引用
https://www.swarthmore.edu/

Section

1-3 日本におけるＥＣの黎明期

ここでは日本におけるＥＣの成り立ちについて、インターネット以前である１９８０年代に遡り解説をします

■パソコン通信

海外においては、前述の通り、１９８０年代から、ダイヤルアップ式の掲示板システム（ＢＢＳ）とデータベースによるオンラインサービスが開始されていました。

日本においても、インターネットが急激に普及する以前、１９８０年代後半～１９９０年代中頃「**パソコン通信**」を通じて、商品やサービスの提供が行われていました。

「**パソコン通信**」とは、専用ソフトを用いて、**ホストコンピュータ**＊と各パーソナルコンピュータを電話回線で接続し、情報などをやり取りするサービスです。現在のインターネットとは異なり、ホストコンピュータを中心とした、いわゆる会員制のネットワークでした。白黒テキストデータのみでしたが、簡単な商品の紹介を通じて、オンラインによる商品の売買も行われていました。

■日本における最初のネットショップ

日本におけるインターネットを使ったネットショップはどこなのか、については様々な説があります。

１９９３年、広島の家電量販店「**デオデオ**」（現エディオン）が、インターネット上で洋書の販売をスタートしています。限られた地域の書店にしか存在しなかった洋書コーナーへわざわざ足を運ぶことなく、しかも安価で入手できることで、専門職のユーザーを中心に人気が高まりました。

また、１９９４年、北海道北広島市の食肉加工会社「エーデルワイスファーム」が日本で初めてインターネットで商品を販売した店、及び日本初のインターネットモール事業の試験運用に参加した企業として、ＮＨＫで紹介されています。

更に、同年10月に、香川県高松市の「うどん本陣山田家」

Term **ホストコンピュータ**　他のコンピュータと繋がるネットワークの中心となる大型で高い処理能力を持つコンピュータのことです。情報を整理したり、保存したり、特定のプログラムを動かすことができます。メインフレームとも呼ばれます。

がネットショップをオープンしています。

日本におけるインターネット元年

多くの企業がインターネットによるオンラインショップへ参入したのが、1995年です。同年発売されたMicrosoftの**Windows 95**＊により、インターネットが大きく身近になったことが大きな影響として挙げられます。

1995年、パソコンショップ／家電量販店の「ソフマップ」がオンラインショップを開始し、その年末には200店を超えたことから、この年はインターネットショップ元年と呼ばれています。翌1996年には、石橋楽器店、アサヒビール薬品販売（現アサヒフードアンドヘルスケア）、タワーレコードなどが、1997年には、味の素、ヨドバシカメラ、カゴメ、小林製薬、ノジマなどがオンライン販売を開始しています。ネットショップの店舗数は、爆発的に増加し、1996年には1080店、1997年には5,269店、1998年には10,228店、1999年には12,949店舗まで拡大をしています。

モール型ネットショップの出現

1996年、日本でヤフー株式会社（現・LINEヤフー株式会社）が設立され、1999年9月に「**Yahoo! ショッピング**」「Yahoo! オークション」のサービスが開始されました。

1997年、後の楽天の前身となる株式会社エム・ディー・エムが設立され、同年5月「楽天市場」がオープンしました。

1998年には、アマゾンジャパン株式会社が設立され、2000年11月にAmazon.comの日本版サイトとして、「**Amazon.co.jp**」がオープンしました。

開設当時の楽天市場

INTERNET ARCHIVE より引用
https://archive.org/web/

Windows95　1995年にマイクロソフトがリリースしたオペレーティングシステム（OS）です。Windows 3.1の後継として発売され、Windowsシリーズの中で初めて一般家庭に広く普及した版です。

Section
1-4 EC業界を取り巻くインターネットや環境の進化

EC業界の進化は、ECショップ自身の進化のみならず、インターネット技術の向上や環境の向上による後押しも非常に大きいです。簡単にその歴史を理解しておきましょう。

■インターネット以前のコンピュータネットワーク

1950年代から60年代初頭にかけて、アメリカの複数の研究機関でコンピュータが普及し、それぞれが独自のネットワークを構築していました。

1969年、アメリカ国防総省のARPA（Advanced Research Projects Agency）は、異なるコンピュータネットワークを相互に接続するための実験プロジェクトとしてARPANETを開始しました。これは正にインターネットの原型となりました。

1970年代には、ARPANETが拡張され、他の国や機関でも類似のネットワークが構築されました。電子メールが導入され、情報の交換が容易になりました。**TCP/IPプロトコル**＊が提案され、これが後にインターネットの基本的な**通信プロトコル**として確立されました。

この間、前述のビデオテックスや、そこから派生したフランスのミニテルが一定の普及にたどり着いています。日本の**キャプテンシステム**は、マニア向けに留まりましたが、その技術と精神は、その後のインターネットを基盤とするWorld Wide Web普及の原動力となりました。

■ウェブサイトの誕生からからＩＴバブルへ

1989年には、ティム・バーナーズ=リーによって**World Wide Web**（WWW）が提案され、1991年には最初のウェブサイトが公開されました。その後、インターネットの普及が始まると、前述の通り、多くのECサイトが登場し、**ＩＴバブル**が起こりました。大手が業界を牽引するも、乱立したEC企業の多くは、バブル崩壊で倒産に追い込まれています。

Term

TCP/IPプロトコル　インターネットを含む多くのコンピュータネットワークにおいて、標準的に利用されている通信プロトコルのセットです。TCP/IPプロトコルあるいは単にTCP/IP とも呼ばれます。従来のインターネットワーキングの手法は、このTCP/IPプロトコルに基づいています。

■ECを取り巻く環境の向上

2000年代初頭には、クレジットカードなどに対するオンライン取引のセキュリティが向上したことや、**電子消費者契約法**や**個人情報保護法**などの法整備が進んだことから、ネットショップに対する信頼性が高まり、利用者増を加速させました。

また、物流システムの徹底した合理化により、2000年代後半からは、「当日配送」「送料無料」「時間指定」など、現在では当たり前になったサービスが実現しています。「店に買い物に行くより早いかも」という利便性の向上も、更なる利用者増が実現しています。こうした環境の向上は、EC業界の拡大を大きく後押ししました。総務省統計局による「ネットショッピング利用世帯割合の推移」によると、2002年は5・3%、その後年々上昇し、10年後の2012年には21・6%と20%を超えています。

■ECにおけるモバイルへの最適化

2007年、アップルの**iPhone**の発売以降、2010年代前半は、**スマートフォン**の普及が急速に進みました。スマートフォンの世帯保有率は2010年末には9・7%で

ネットショッピング利用世帯割合の推移

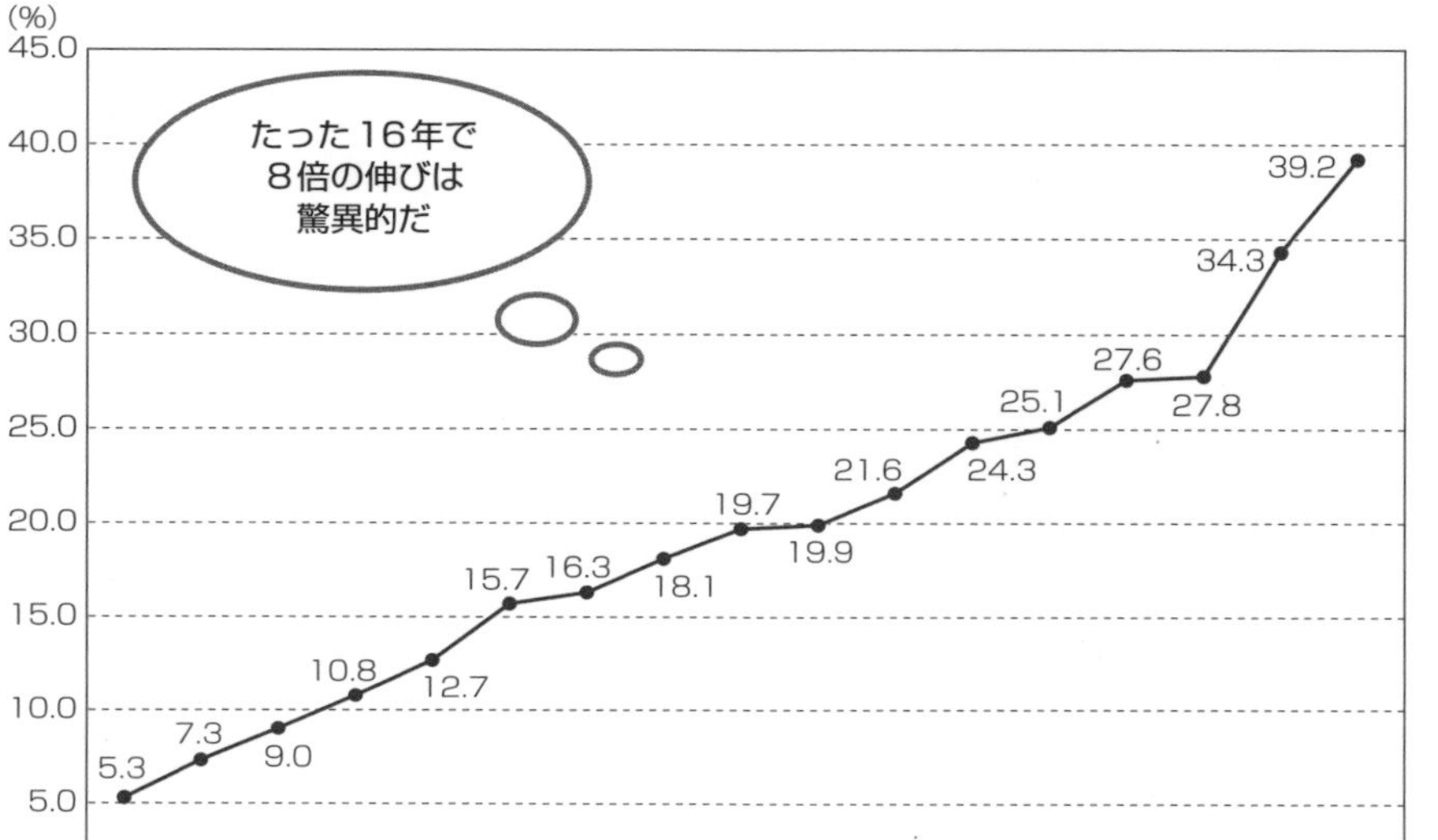

総務省統計局ホームページより引用
https://www.stat.go.jp/index.html

したが、5年後の2015年末には72.0%にまで上昇しています。このような背景から、タブレットを含むモバイルによるECが急速に成長しました。これによって、ユーザーはいつでもどこでも、商品を購入できるようになりました。**EC企業**は、モバイル用のアプリや、モバイルでの快適な操作が行えるよう、レスポンシブデザインによるウェブサイトの導入が盛んに行われました。

ソーシャルメディアとインフルエンサー

2004年の「mixi*」の誕生を皮切りに、**Facebook**や**Twitter**（現X）などアメリカ発の**SNS**（ソーシャル・ネットワーキング・サービス）が日本語化され、2010年代、SNSユーザーも急速に増加しました。EC企業は、こういったソーシャルメディアを活用した商品の宣伝や販売促進を行うようになりました。また、インフルエンサーと呼ばれる情報発信を行う個人やセレブリティの影響力を活かしたプロモーションが一般的になりました。

AIとパーソナライゼーション

現在では、人工知能（AI）や機械学習がEC業界に導入されています。ユーザーに対して、よりパーソナライズされたショッピング体験を提供することが重要視されています。**レコメンデーションエンジン**や、**顧客行動分析**などが活用されています。EC業界はインターネットの進化とともに常に変化し続け、技術の進歩やユーザーの行動変化に迅速に対応しています。

越境（クロスボーダー）取引

インターネットの発展に伴い、国境を越えたオンライン販売が以前に比べ格段に容易になっています。結果として、小規模なショップから大企業に至るまで、多様なビジネスがECを利用して世界市場へアクセスしやすくなりました。特に、翻訳技術の進歩は、言語の壁を大きく低減させ、コミュニケーションも取りやすくなっています。

この変化により、ユーザーは自国では手に入らない商品や、よりリーズナブルな価格の商品を国外から購入することができるようになりました。同時に、企業は国外市場への進出とユーザー基盤の拡大という新たなチャンスを掴むことが可能になりました。確かに、異なる国々の法規制、税制、文化的差異といった課題は存在しますが、これらを克服することで、自国の市場に限らず、国際市場でのビジネス展開において大きな可能性が広がっています。

Term

mixi（ミクシィ） 2004年に開始された日本のソーシャルネットワーキングサービス（SNS）です。友人同士でつながり、日記の投稿やコミュニティ参加を通じて交流することができるプラットフォームです。かつては日本国内で非常に人気がありましたが、他のSNSの台頭により、影響力は減少しています。

スマートフォン個人保有率

ソーシャルネットワークサービス（SNS）利用率・3.9G(LTE)の契約数の推移

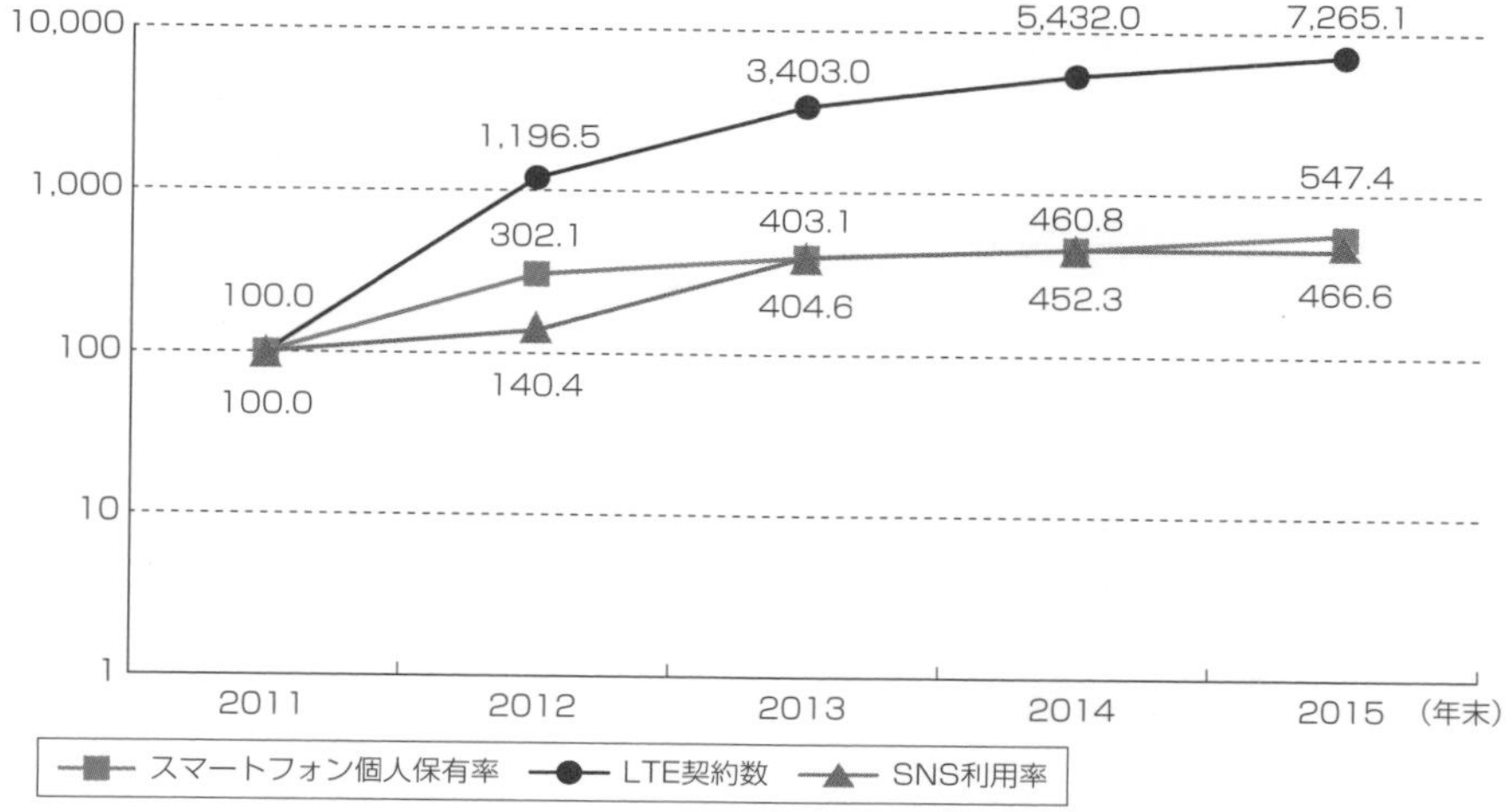

スマートフォン個人保有率

	2011年末	2012年末	2013年末	2014年末	2015年末
スマートフォン個人保有率（%）	9.7	29.3	39.1	44.7	53.1
LTE 契約数（万契約）	113.9	1,363	3,876	6,187	8,275
SNS 利用率（%）	10.5	14.7	42.4	47.4	48.9

ソーシャルネットワークサービス（SNS）利用率・3.9G（LTE）の契約数の推移総務省統計局ホームページより引用
https://www.stat.go.jp/index.html

Section

1-5 EC業界と通販会社が表裏一体だった時代

通信販売（通販）は、店舗を持たずに各種メディアを通じて商取引を行うビジネスを指します。ここでは、インターネット以前の通信販売、要はEC販売以前の歴史に触れてまいります。

■世界初の通信販売とは？

カタログによる販売手法は、15世紀ごろからはじまったとの諸説があります。現代の通信販売に近い形態は、1861年、イギリス・ウェールズの起業家、プライス・プライス・ジョーンズによる**通信販売カタログ**が世界初といわれています。インナーからスーツに至る最新のファッションアイテムのカタログをイギリス全土の20万人の顧客に送付し、郵便で注文を受け、商品は鉄道で配送されました。イギリスの公共放送局BBCは、「10億ポンドの産業を始めた通信販売のパイオニア」と称しています。

1872年、アメリカにおける最初の通販は、モンゴメリー・ワード社が**メールオーダー***で日用品を販売したとされています。その後、1886年にはシアーズ・ローバック社も通販を開始し、日本の通販の仕組みにも大きな影響を与えたと言われています。

■日本における通信販売の開始

日本における通信販売の源流は、1824年（文政7年）、大坂（現在の大阪）で発行された江戸のガイドブック「江戸買物独案内」（えどかいものひとりあんない）に掲載されている「四ツ目屋」（よつめや）の広告記事とされている。四ツ目屋は、媚薬・閨房秘薬などを扱う日本最古のアダルトショップといわれています。広告には「日本全国への通信販売を行うこと」「中身が分からないように封印梱包すること」「飛脚によるスピード配送が可能なこと」が記されています。現代に近い形態での日本初の通販は、1876年に農学者の津田仙が、「農業雑誌」（学農社雑誌局発行）にて、「アメリカ産のトウモロコシの種」を販売したこととされています。

Term

メールオーダー　郵便などの通信手段を用いて販売者から消費者に直接販売活動を行うダイレクト・マーケティングでの手法です。現在では、郵便のほか、新聞、雑誌、カタログ、ダイレクトメール、インターネットによる手法があります。

日本における通販の進化

1871年（明治4年）郵便制度が開始されて以降、百貨店が通販を開始し、通販専門業者も出現しました。1911年（明治44年）には、電話による受注が開始されます。また、毎月、提供者が選んださまざまな商品が届く頒布会（はんぷかい）という仕組みも広まっています。例えば、「毎月3,000円で、全国から厳選した地酒を月1本お届けします」といったサービスのことです。昭和に入った1930年代には、有名人を起用した「記事広告」（現在は「**タイアップ広告**」とも呼ばれる）が使われるようになります。戦後を経て、1950〜1960年代にはカタログ販売の主要業者が設立され、1970年代頃からは、テレビショッピング、ラジオショッピングも開始されました。1976年には、大和運輸（現在のヤマト運輸）が日本初の宅配便サービスを開始しました。通販事業の拡大は、誇大広告や契約不履行といった消費者被害も深刻化することになります。これらの問題に対応し、健全な通販業界の維持を目的に、1983年、**日本通信販売協会**＊（JADMA）が設立されました。1996年、日本で初めての通信販売専門チャンネル「ショップチャンネル」が放送を開始、また、1997年には、各テレビ局が深夜の通販番組の放送を開始しています。

主な通販事業者の設立やサービス開始時期

1955年（昭和30年）千趣会（「ベルメゾン」など）
1955年（昭和30年）東京人形学院（現ユーキャン）
1967年（昭和42年）二光通信販売（「二光お茶の間ショッピング」など）
1970年（昭和45年）ニッセンがカタログ通販開始
1971年（昭和46年）ディノス（現DINOS CORPORATION）
1974年（昭和49年）東洋物産（後のセシール）
1975年（昭和50年）日本文化センター
1976年（昭和51年）日本ヘルスメーカー（現カタログハウス）
1977年（昭和52年）日本直販
1980年（昭和55年）ジャパンファインケミカル（後のファンケル）
1993年（平成5年）オークローンマーケティング
1994年（平成6年）たかた（現・ジャパネットたかた）テレビ通販開始

Term **日本通信販売協会**　1983年に設立された、通信販売業界を代表する公益法人です。特定商取引法の第30条に位置づけられており、通信販売の健全な発展と、消費者の信頼の獲得を目的として、さまざまな活動を行っています。

1996年（平成8年）通信販売専門チャンネル「ショップチャンネル」放送開始

1997年（平成9年）テレビ東京「テレコンワールド」深夜枠で放送開始

2001年（平成13年）通信販売専門チャンネル「QVCジャパン」放送開始

1980年代初頭（昭和55年）日本直販「高枝切りばさみ」「スーパーはぼき」

1987年（昭和62年）カタログハウス「小林克也のアメリ缶」

1990年（平成2年）キューサイ「青汁」

2007年（平成19年）オークローンマーケティング「ビリーズブートキャンプDVD」

■通販でヒットをした代表的な商品

1946年（昭和21年）中山式産業「中山式快癒器」

1953年（昭和28年）（個人商店時代の）**千趣会**＊「こけしの頒布」

1967年（昭和42年）福発メタル「ブルワーカー」（筋力トレーニングのスポーツ器具）

1969年（昭和44年）リーダーズダイジェスト「世界大地球儀」

1974年（昭和49年）再春館製薬「ドモホルンリンクル」シリーズ発売開始

1976年（昭和51年）日本ヘルスメーカー（現カタログハウス）「ルームランナー」

1978年（昭和53年）サンパワー「ぶらさがり健康器」

■通販市場の売上高の推移

日本唯一の通販市場の週刊専門紙「通販新聞社」が実施している「通販・通教売上高ランキング調査」の結果によると、調査を開始した1983年には5743億円だった売上高が、2022年には10兆円を超え、約40年間で18倍の規模までに拡大しています。

Term

千趣会　大阪市北区に本社を置く、日本の大手通信販売会社です。1955年に創業し、現在は、衣料品、生活雑貨、家具、インテリア用品など、幅広い商品を扱っています。

当時のカタログの写真

◀プライス・ジョーンズの通信販売カタログ
英国放送協会（BBC）オフィシャルページより引用
https://www.bbc.co.uk/

◀「江戸買物独案内」に掲載されている「四ツ目屋忠兵衛」の広告
ウィキペディアより引用
https://ja.wikipedia.org/wiki/四目屋

過去40年間の通販売上高の推移

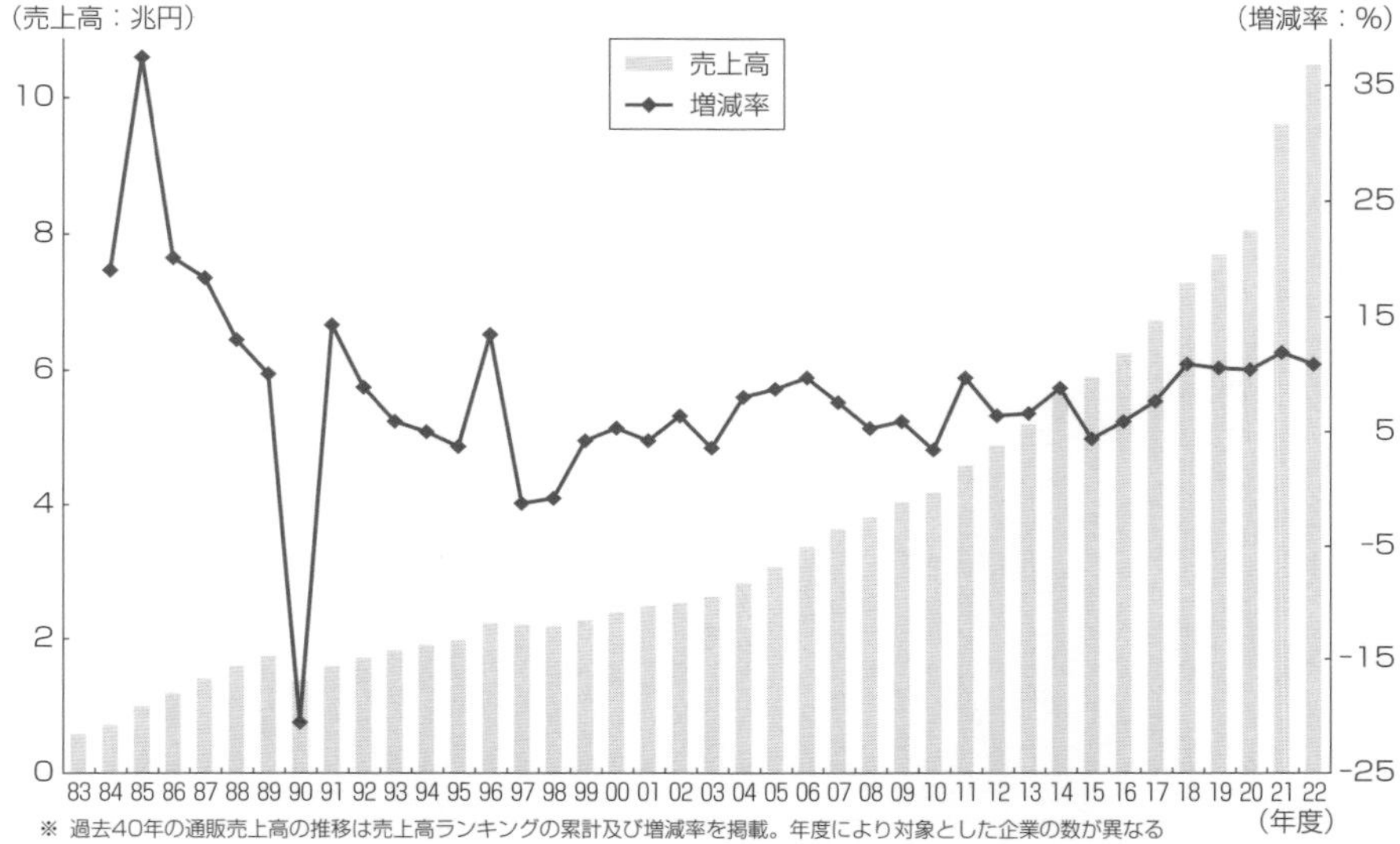

※ 過去40年の通販売上高の推移は売上高ランキングの累計及び増減率を掲載。年度により対象とした企業の数が異なる

通販新聞ホームページより引用
https://www.tsuhanshimbun.com/

Section
1-6 マンモスEC企業Amazon《アマゾン》の上陸

2000年11月、後に日本最大を誇るECサイトに成長するアマゾンが日本でのサービスを開始します。ここでは、アマゾンの誕生から日本での成功までの歴史に触れてまいります。

■アメリカのAmazon

1993年、アマゾンの前身となるCadabra, Inc. がアメリカで設立され、1995年7月、オンライン書籍販売として、**Amazon.com**がスタートしました。

「アマゾン」と命名した理由は、「世界最大のアマゾン川のように広大な、世界最大のオンラインストアにすること」、「アルファベット順に並べた場合に、一番上に現れる「A」から始まる名称が望ましい」と考えた、創業者であるジェフ・ベゾスの想いが込められています。

1997年5月には早くも株式を公開しました。1998年には、音楽とビデオの販売を、1999年にはビデオゲーム、家庭用電化製品、ホームセンター用品、ソフトウェア、おもちゃなど、幅広い製品の販売を開始しました。

1998年以降、イギリス、ドイツ、フランスにも進出し、2000年には4番目の海外拠点として、日本にも進出しました。

■日本のAmazon

2000年11月1日、Amazon.comの日本版サイト「**Amazon.co.jp***」が開業しました。

CEOのジェフ・ベゾスは、開業初日に、Amazon.co.jpを「日本最大のネット書店」と表現しています。その理由は、すでにアメリカ本国のAmazon.comを利用していた日本人ユーザーは19万3000人、日本における年間売上高は3400万USドルに達していたためです。これらのユーザーの多くが、日本のサービスも利用してくれるだろう、という根拠のある自信でした。結果、ユーザー数は、サービス開始初月の2000年11月に40万人、その2ヶ月後の2001年2月には、62万人と急激に増加していきました。

Term
Amazon.co.jp　Amazon.com, Inc.の日本法人であるアマゾンジャパン合同会社が運営する、インターネットショッピングサイトです。Amazon.co.jpは、1998年に開設され、現在は、書籍、音楽、映像、ゲーム、家電、ファッション、食品など、さまざまな商品を取り扱っています。

アメリカのアマゾン開業当時のサイト

オフィシャルページより引用
https://www.amazon.com/

アマゾン開業当時のオフィス

インドニュースチャンネル「CNBC TV18」オフィシャルページより引用
https://www.cnbctv18.com/

当初の取扱商品は、書籍のみでしたが、2001年以降は、「音楽」「DVD」「ゲーム」「家電」「ホーム&キッチン」なども随時拡充されていきました。そして2002年11月には、「**Amazonマーケットプレイス***」が開設され、個人でも法人でもアマゾンの出品者として商品の販売が可能となりました。

2007年6月には、有料会員制プログラム「**アマゾンプライム**」が開始されました。当初は、「お急ぎ便」「お届け日時指定便」といった物流面のサービスのみでしたが、2015年に「Prime Video」、2010年「Amazon MP3」（現・Amazon Music）、2016年に「**Amazon Photos**」、2017年に「**Amazonフレッシュ**」などのサービスが展開されています。

急成長を支えるため、物流センターを随時拡充し2023年6月現在では、全国25ヶ所以上に展開されています。

2008年4月には、「フルフィルメント by Amazon」（FBA）が開始されました。これは、アマゾンの出品者が在庫商品をアマゾンの倉庫に予め納品しておくことで、注文が入った際、梱包・発送作業をアマゾンが代行してくれるサービスのことです。

2012年10月には、電子書籍サービス「**Kindleストア**」のサービスが開始されました。

日本のアマゾンの売上高は、2022年は約3・2兆円であり、ネット販売企業では2位のヨドバシカメラの2,099億円を大きく引き離し、圧倒的な1位となっています。

このように、アマゾンは、EC市場において、圧倒的な存在感を持ち、ユーザー志向のサービスや効率的な物流体系が成功の要因とされています。ユーザーにとって使いやすいプラットフォームを提供し、商品の多様性と迅速な配送を実現しています。また、テクノロジーを駆使した効率的な運営やデータ活用も大きな特徴です。

Term

Amazonマーケットプレイス　Amazonが提供するオンラインショッピングモールです。個人や法人が、Amazonのプラットフォームを利用して、商品を販売することができます。日本では、2000年に開始され、2022年3月末時点で、約100万の出品者が、約5億点の商品を販売しています。

サービスを終了したECサイト

Column

年々様々なECサイトがオープンするも、業績不振などで終了したサービスも少なくないです。

ここでは「あ〜、あったなあ」と思わせる、サービスを終了した主なECサイトや関連サービスを紹介します。

●ECサイト・モール

- カラメル（GMOグループ）（2006年〜2018年9月）
- 楽天グローバルマーケット（楽天の越境ECサイト）（2008年〜2020年6月）
- スタブハブジャパン（チケット売買）（2017年2月〜2019年9月頃）
- チケットストリート（2011年〜2021年3月）
- au WALLET Market（2015年8月〜2021年10月・au PAY マーケットダイレクトストアへ引継）
- ストライプデパートメント（2018年2月〜2022年2月）
- PayPayモール（2019年10月〜2022年10月・Yahoo!ショッピングに統合）
- オムニ7（セブン&アイホールディングス）（2015年11月〜2023年1月・各社通販サイトへ移行）

●オークション・フリマサイト

- イーベイジャパン（2000年3月〜2002年3月・現在は日本セラーのサポート業務）
- Livedoor オークション（2004年〜2006年7月）
- Yahoo!バザール（2012年10月〜2013年5月）
- ビッダーズ（1999年〜2014年3月）
- LINE MALL（2013年12月〜2016年5月）
- 楽天オークション（2006年11月〜2016年10月）
- ZOZOフリマ（2015年12月〜2017年6月）
- メルカリアッテ/メルカリNOW/メルカリメゾンズ(2018年)
- フリル（2012年7月〜2018年2月・ラクマと統合）
- Yahoo!官公庁オークション（2004年〜2021年3月・KSI官公庁オークションへ引継）
- オタマート （2014年3月〜2021年8月）

●EC決済サービス

- 三菱UFJニコスEC決済ソリューション（2022年3月終了・ペイジェントと統合）

●キャッシュレス決済

- Origami Pay （2015年 〜2020年6月・メルペイに統合）

●ライブコマース

- メルカリチャンネル （2017年7月〜2019年7月）

Section

1-7 楽天市場

楽天市場は、日本を代表するオンラインショッピングプラットフォームとして、その歴史を着実に積み重ねてきました。ここでは、楽天市場の興隆と進化を解説してまいります。

■日本初のオンラインモールの誕生

1997年2月、楽天の前身である株式会社エム・ディー・エムが設立され、同年5月に「楽天市場」が開設されました。設立者である三木谷浩史は、「無限大の可能性があるインターネット上に、地方の商店でも個人商店でも、誰でも簡単にお店を開く事ができる」というコンセプトを掲げました。そして、出店者を集め、従業員6人、サーバー1台、13店舗でサービスを開始しています。既存の単独店舗と全く異なる点は、楽天市場は、最初から複数の出店者で構成される「**オンラインモール***」を形成したことです。「楽天」の名前には、安土桃山時代、織田信長などの戦国武将によって行われた経済政策「楽市楽座」のような「自由な商売が活発に行われる経済の実現」と、「明るく前向きな意味の『楽天主義』」という意味が込められています。正に、「多くの人々で賑わうインターネット上の市場」の実現といえます。

ちなみに、同じオンラインモールである**Yahoo!ショッピング**のサービス開始は、楽天市場開設の2年後1999年9月、日本のアマゾンにおける出店型サービス「Amazonマーケットプレイス」が開設されたのは、5年後の2002年11月となります。

■楽天の発展

1998年7月、楽天市場に出店しているショップによる「**楽天スーパーオークション**」のサービスを開始されました。これは、後の2005年11月、個人が出品できる「楽天オークション」の前身でした。(同サービスは2016年に終了)

1999年、株式会社エム・ディー・エムより、楽天株式会社(現楽天グループ株式会社)へ社名変更しました。

Term **モール** 屋根付きの歩行者専用通路を中心に、複数の店舗や施設が集合した複合商業施設です。モールには、衣料品店、家電量販店、スーパーマーケット、レストラン、映画館、娯楽施設など、さまざまな店舗や施設が集まっています。

２０００年４月には株式を公開しました。知名度が飛躍的に伸び、資金調達が容易になったことから、企業買収・子会社化を進め、いわゆる「**楽天グループ**」が形成されていきます。

■楽天エコシステムの構想

２００２年には、「楽天ポイント」のサービスを開始します。楽天グループ内での購入やサービス利用によりポイントを貯めたり使ったりできるリワードプログラムを通じて、ユーザーとの密接な関係を築いています。この戦略を基盤として、楽天は保険、証券、銀行、広告、旅行、クレジット、モバイル通信、動画配信サービス、電子マネーなど、様々な業種に進出することになります。

２００４年には、日本のプロ野球界へと参入します。約50年ぶりとなる新規球団「東北楽天ゴールデンイーグルス」が誕生したことで、更に「楽天」の知名度がアップします。

２００６年には、楽天グループの更なる拡大に向けた「楽天エコシステム」の構想を発表します。「エコシステム」とは、元々、生物群の循環系を意味する用語です。これをビジネスに置き換え、企業や組織が相互に関連し合い、共存・共栄する状態を指しています。

■楽天のグローバル化への挑戦

楽天の三木谷浩史会長兼社長は、２０１０年当時、「日本経済が縮小傾向にある中で、国際展開は必ずしなくてはいけない」「国際展開はオプションではなくマスト」「楽天は日本企業を止めてグローバル企業になる」との発言をしています。

楽天グループの海外進出は、２００５年９月のアメリカの広告会社**リンクシェア**を買収したことに始まります。リンクシェアは、**アフィリエイト**＊（成功報酬型広告）という言葉をはじめて使った会社で、１９９６年に世界初のアフィリエイトサービスプロバイダ（ＡＳＰ）を立ち上げています。

２００８年５月には台湾に進出し、初の海外ＥＣ事業となる「台湾楽天市場」を開設します。

２００９年には、タイ、中国、米国、インドネシア、フランスと拠点の拡大を進めました。

楽天によって継続的に行われている現地の企業買収や合弁においては、いわゆるそれまでの楽天ブランドの押しつけではなく、国や地域の市場や実情に合わせて、プラットフォームの共有化を図り、ビジネスモデル、サービスモデルを変えて展開を行なっています。よくありがちなのは、

Term

アフィリエイト　インターネット広告の一種で、成果報酬型広告とも呼ばれます。企業が商品やサービスを販売する際に、アフィリエイターと呼ばれる個人や法人に広告を掲載してもらい、その広告経由で商品やサービスが売れると、アフィリエイターに報酬が支払われる仕組みです。

アメリカ企業が他国へ進出する際に、アメリカ国内のビジネスモデルを押し付ける方法です。日本においても、鳴り物入りで上陸した海外企業が、日本の商習慣などを全く理解することなく、数年で撤退している事例が数多くみられます。楽天のグローバル化へのアプローチは、そういった事例とは、全く異なるものであるといえます。

2010年7月には、アメリカのECサイト「Buy.com」、フランスのECサイト「PriceMinister」、2012年1月カナダの電子書籍「Kobo＊」を完全子会社化しています。

2011年前後は、外国為替市場で一時1ドル＝76円台まで進んだ円高が追い風となり、大型の企業買収が多数進められました。

楽天グループ社内公用語の英語化

前述の通り、ビジネスモデルやサービスモデルは、現地法人のリーダーシップのもと、楽天と調整しながら進められました。その現場レベルでのコミュニケーションや、楽天の企業スピリッツともいえる経営モデル「楽天主義（Rakuten Shugi）」の共有の強化を徹底するため、2012年7月、日本国内の楽天グループにおいて、英語を共通言語とする事が発表されました。

これにより、海外の優秀な人材を採用し、グローバル化に弾みをつけています。

楽天のホームページによると、2023年現在、従業員の国籍数は100を超えており、国籍比率は、日本人が78・6%、外国人が21・4%と、従業員のおよそ5人に1人が外国人従業員です。

楽天の売上の推移

1997年、楽天市場の開業初月の売上は32万円でした。楽天グループの2022年12月期決算で売上高は前期比14・6%増の1兆9278億円と過去最高となりました。そのうち「楽天市場」を中心とした2022年国内EC流通総額は、前年比で12・3%増の約5・6兆円となりました。これは、**国内ECモール**第1位です。

日本におけるEC市場の売上のシェア率29%という圧倒的な集客力に加え、グループ企業の楽天ブランドへの統一化によるロイヤルカスタマーの創出、すなわち、「楽天市場で楽天カードを使って買い物をして、貯まったポイントを楽天トラベルで使ったり、楽天証券で投資をするために楽天銀行の口座を開設したり」といった経済圏（＝前述の「楽天エコシステム」）の拡大によるひとつの証であるといえます。

Term

Kobo　電子書籍リーダーと電子書籍を販売する企業です。カナダのトロントに本拠を構え、2009年8月28日に設立されました。Koboの電子書籍リーダーは、軽量で持ち運びやすく、高解像度のディスプレイを搭載しています。

このように、楽天は日本国内では大きな経済圏を確率する事ができました。しかしながら、海外事業は見直しの連続となっています。まず、**ECモール事業**は、海外の大半が数年で撤退しています。巨額な先行投資が必要な事業から、着実に収益貢献できる体質へと変化をしています。アメリカでは、前述の通り、現地のEC事業を買収したにも関わらず、現地の**アマゾン**や**eBay**には全く歯が立たず、2014年にキャッシュバック&クーポンサイトの大手イーベイツを買収し、「Rakuten Rewards」として、増収増益を重ねています。電子書籍の楽天 Koboや、動画配信の**Rakuten TV**、メッセージアプリのViberなどのデジタルコンテンツは、着実に拡大をしています。

楽天市場の創業時のメンバー

▲楽天市場の創業時のメンバ
楽天グループ株式会社
公式コーポレートブログ
「Rakuten Today」より引用
https://rakuten.today/?lang=ja

楽天グループ株式会社連結売上高

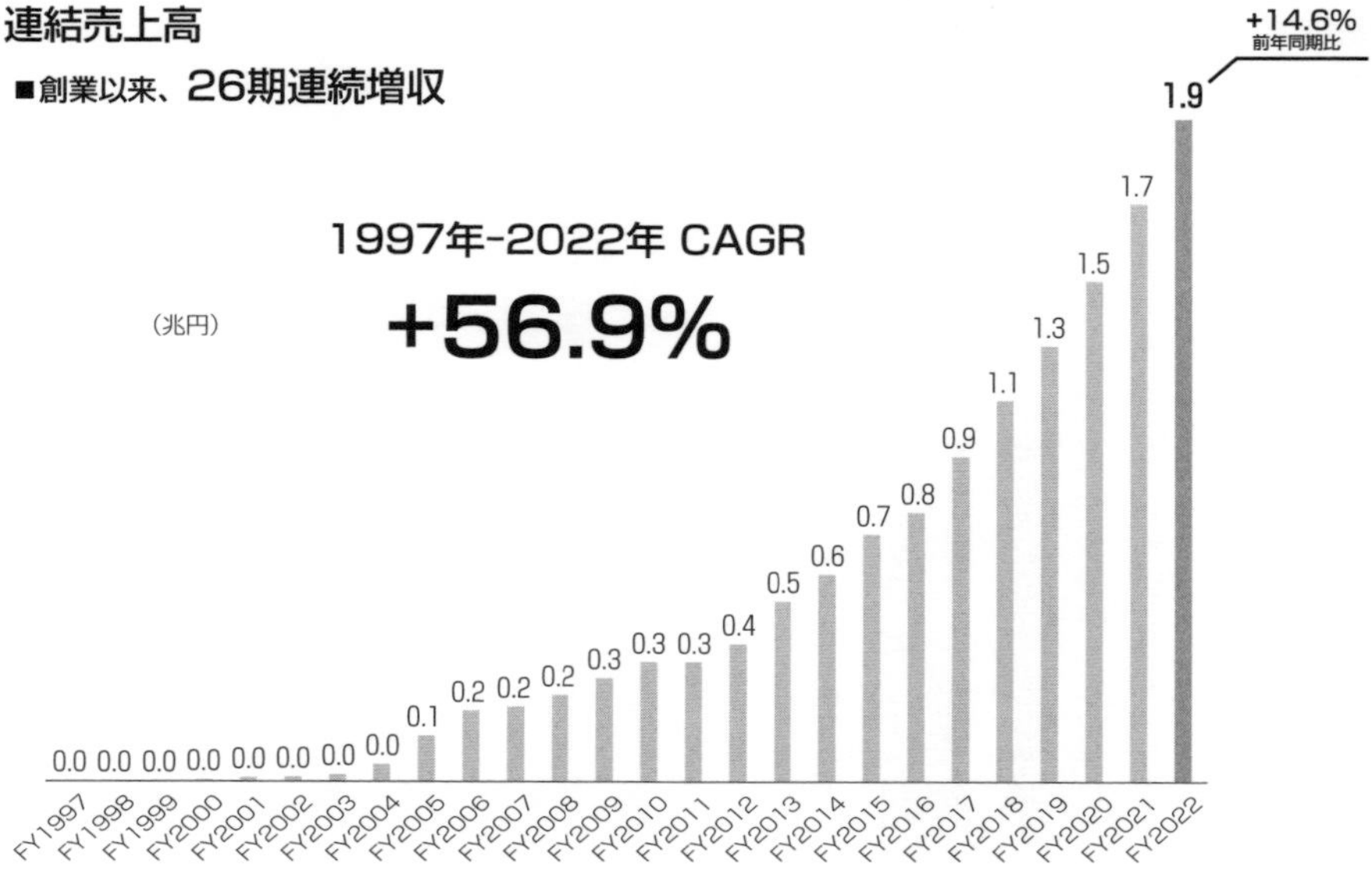

楽天グループ株式会社 2022年度通期及び第4四半期
CEOグループ戦略プレゼンテーション資料より引用
https://corp.rakuten.co.jp/investors/documents/results/2022.html

Section
1-8
Yahoo! JAPAN

Yahoo! JAPANは、日本を代表するポータルサイトとして、また、各種ショッピングやサービスなどを提供しています。ここでは、アメリカのYahoo!から日本での展開について解説してまいります。

■アメリカのYahoo!について

1994年、スタンフォード大学のキャンパスで、ジェリー・ヤン（楊致遠）とデビッド・ファイロが、自分たちがお気に入りだったウェブサイトのリンク集を掲載した「Jerry and David's Guide to the World Wide Web」というサイトを共同作成しました。やがて、分野ごとにサイトを分類してユーザーに提供し始めました。この便利なサービスは評判を呼び、アクセスの殺到で、スタンフォード大学の回線がパンクしてしまうほどでした。その後、事業化を決断し、1995年3月に**Yahoo!**を共同設立しています。

翌1996年、**NASDAQ***で株式公開し、2人はたちまち資産1億ドル以上の資産家となりました。

その後、ゲーム、電子メール、ホームページ作成、インターネットラジオなどのありとあらゆるサービス企業を買収し、傘下に収めていきました。1998年、Yahoo!は、同業他社とは一線を画す、世界で最も人気の高いポータルサイト且つ検索エンジンとなりました。

しかし、2001年のドットコムバブル以降、新興勢力の台頭により、徐々に勢いに陰りが出始めました。アメリカのウェブサイドストーリー（現アドビエクスペリエンスクラウド）によると、アメリカにおける**検索エンジン市場**において、Yahoo!とGoogleのシェア率が2002年に逆転し、2004年3月には、1位はGoogleの40・91%、2位はYahoo!の27・4%と、両者の差が拡大しはじめました。このような流れから、Yahoo!の経営状態は悪化し、従業員の削減やCEOの交代が相次いで行われました。そ

Term

NASDAQ（ナスダック）　アメリカの株式市場で、特にテクノロジー関連の大手企業が多く上場しています。全電子取引方式を採用しており、NYSE（ニューヨーク証券取引所）と並ぶアメリカの主要な証券取引所の一つです。他には、バイオテクノロジー、金融、消費者サービスなど多岐に渡る業界の企業が含まれています。

の都度、再建に向けた新事業の投資や経営戦略を見直されましたが、常に買収や売却の危機にさらされ、迷走が続きました。

2016年7月、アメリカの通信大手**ベライゾンコミュニケーションズ***がYahoo!の中核インターネット事業をほぼ買収し、事業部門はベライゾン傘下のAOLとともに新会社（オース、後にベライゾンメディアグループ）に統合されました。2021年9月、ベライゾンコミュニケーションズは、ベライゾンメディアグループを、アメリカの投資会社アポログローバルマネジメントへ売却しました。その後、**ベライゾンメディアグループ**は、社名を「Yahoo!」に変更し、4年ぶりに社名としてのYahoo!が復活しました。

日本のYahoo!について（Yahoo! JAPAN）

1995年、ソフトバンクの孫正義は、アメリカで設立されたばかりのYahoo!の事業に関心を寄せ、億単位の投資を行いました。その後、1996年、Yahoo!とソフトバンクは、ヤフー株式会社を設立しました。ちなみに、この時のコンテンツ開発における統括責任者は、孫正義の実弟で、当時東京大学の学生だった孫泰蔵でした。同年1997年、日本国内初のポータルサイトとして、「**Yahoo! JAPAN**」のサービスが開始されました。

2000年1月、日本史上初となる株価1億円を突破し、翌2月には、株価1億6790万円と、日本株史上最高値を記録しました。同年7月には、1日あたりのアクセス数が1億ページビューを突破しました。同年10月、東京証券取引所第一部市場に上場しました。

この間、様々なサービス事業が開始されています。1998年7月に「Yahoo!ゲーム」、1999年9月「**Yahoo!オークション**」および「Yahoo!ショッピング」などの自社によるものから、無料ウェブサイトサービス、音声・動画配信サービスなど、資本提携・業務提携・経営統合・合併などを経たものが挙げられます。

2003年10月には、東京証券取引所第一部市場に上場しました。

2003年1月、日本国内初となる個人間クレジット決済サービス「Yahoo!ペイメント」（現Yahoo!かんたん決済）が開始されました。

2015年4月「Yahoo! JAPANカード」（現PayPayカード）の提供開始、2018年2月ジャパンネット銀行（現PayPay銀行）の連結子会社化など、金融業にも進出しました。同年10月、QRコード決済「PayPay」のサービスが

Term **ベライゾン・コミュニケーションズ**　アメリカの大手通信会社で、携帯電話サービスや固定回線サービスを提供しています。特にワイヤレスネットワーク事業で知られ、広範なカバレッジ（網羅）と高速なデータ通信サービスを提供し、また、インターネット接続やデジタルテレビサービスなども手掛けています。

スタートしました。元々、Yahoo! JAPAN関連のオンライン決済サービス「**Yahoo!ウォレット***」を有していましたが、PayPayによって、リアル店舗での決済サービスへも進出したことになりました。2023年10月、サービス開始から5年で、登録ユーザーは6,000万人を突破しました。

前述のアメリカのYahoo!は、2016年、アメリカのベライゾンコミュニケーションズへYahoo!の中核インターネット事業をほぼ売却した際、アルタバと社名変更しました。その後、アルタバは、投資会社として、ヤフー株式会社の株を所有していましたが、2018年9月に売却しました。これによって、アルタバ、すなわち元々のアメリカのYahoo!と日本のヤフー株式会社との資本関係はなくなりました。

2019年10月、フリマサイト「PayPayフリマ」(現Yahoo!フリマ)、及び「**PayPayモール**」(2023年12月「Yahoo!ショッピング」と統合)のサービスが開始されました。

2019年11月、日本最大級のファッション通販サイト「**ZOZOTOWN**」などを展開する株式会社ZOZOを株式公開買付け(TOB)により、連結子会社化しました。

「Yahoo!」ブランドの商標権は、2016年7月以降、ベライゾンコミュニケーションズの傘下であるベライゾンメディアグループが所有していました。ヤフー株式会社が、日本国内で「Yahoo!」ブランドを利用する際は、ライセンス手数料をベライゾンに支払う必要があり、長年の課題となっていました。2021年5月、ベライゾンコミュニケーションズが、ベライゾンメディアグループを、アメリカの投資会社アポログローバルマネジメンに売却した際、そのライセンス契約が終了しました。同年7月、ヤフー株式会社は、「Yahoo!」ブランドを、ライセンス手数料なしで日本国内にて永久に利用する契約を、アポログローバルマネジメントと締結しています。

2019年10月、ヤフー株式会社は、持ち株会社体制に移行し、「Zホールディングス株式会社」と社名変更をしました。2021年3月には、LINE株式会社との経営統合を実施しました。

2023年10月、グループの再編実施の上、「**LINEヤフー株式会社**」と社名変更しました。

■LINEヤフー株式会社の売上と今後の見通し

LINEヤフー株式会社の2022年の売上収益は、過去最高の1兆6700億円、営業利益も過去最高の3,

Yahoo!ウォレット　Yahoo! JAPAN IDとパスワードで認証することにより、Yahoo! JAPAN IDに登録したクレジットカードやPayPayから、商品などの代金を支払ったり、Yahoo!オークションなどでの売上を受け取ったりすることができるLINEヤフーグループの決済手段です。

145兆円でした。メインの一つである広告収入は、アカウント（顧客）広告の売上収益は2桁成長しています。金融事業の柱である**QRコード決済「PayPay」**は、登録ユーザー数5,664万人（前年比＋21・1％）、2018年10月のサービス開始から、4年半という異例の速さで単体で7・9兆円の取扱高となっています。eコマース取扱高は4兆1,143億円と、経済再開により国内サービス系が伸びた他、リユース事業などが安定的に成長突破と大きく成長しています。

経営統合により、2023年10月に、LINE、Yahoo! JAPANのID連携がはじまり、2024年にはPayPayとのID連携も予定されています。

2023年11月には、LYPプレミアム会員サービスを開始しました。これまでの「Yahoo!プレミアム」の既存特典に加えて、新たにLINE特典が利用可能になりました。

楽天グループは、「**楽天エコシステム**」という構想を掲げていますが、LINEヤフーグループは、「ライフプラットフォーム」というミッションを掲げています。「ユーザーの日常をあらゆる場面で支えること」に必要な「幅広い領域のプロダクトの提供」とし、ユーザーに寄り添うイメージとなっています。

▼LINEヤフー株式会社の2019年～2023年までの売上収益
LINEヤフー株式会社企業ホームページ
IR情報>業績・財務>業績ハイライトより引用
https://www.lycorp.co.jp/ja/ir/finance/highlight.html

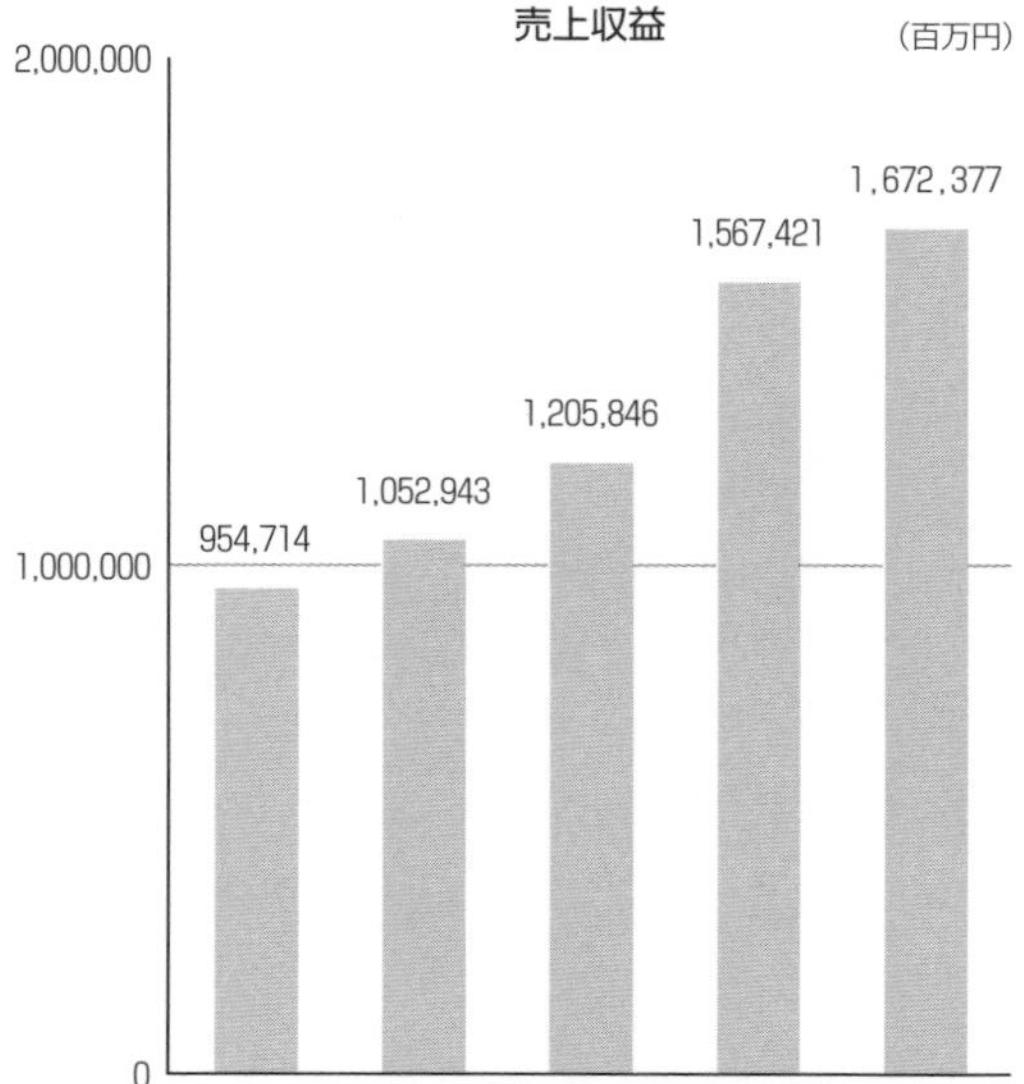

▲ジェリー・ヤン（楊致遠）とデビッド・ファイロ
http://www.empireinternet.org
INTERNET ARCHIVEより引用
https://archive.org/web/

Section
1-9 ZOZO《ゾゾ》

日本最大級のファッション通販サイト「ZOZOTOWN」を運営する株式会社ZOZO。それまで、「EC向けではない」とされたファッション業界に革新をもたらしたと言っても過言ではありません。

■ZOZOの原点はハードコア系CDショップだった!!

ZOZO創業者である前澤友作氏は、元々バンドマンであり、1993年、ハードコア・パンクバンド「Switch Style」に「YOU X SUCK」名義でドラムとして参加していました。1998年にはメジャーデビューを果たしています。(事業に専念するため、2001年活動停止)

1995年、バンド活動と並行して、ハードコア系輸入CD・レコードのカタログ通信販売を開始し、1998年5月、有限会社スタートトゥデイとして法人化しました。

2000年1月、インターネットの普及を鑑み、CD販売事業をカタログ通販からECサイトへ変更し、「STMonline」(STMオンライン)を開設しました(2006年8月分社化・2020年閉鎖)、同年4月に株式会社化しています。

同年10月、「音楽とファッションは関連が深い」と考え、その購買層に合わせた男性向けオリジナルセレクトオンラインショップ「EPROZE」(イープローズ)を開設しました。

「STMonline」の「EPROZE」も、自社による買付商品の販売で、その後のZOZOのスタイルとなる受託販売型ではありませんでした。

■ZOZOTOWNの誕生

2004年12月、17のインターネット上のセレクトショップを集積した「**ZOZOTOWN**」*を新たに開設しました。いわゆる「ZOZOブランド」としての、本格的なスタートとなりました。

Term
ZOZTOWN 日本最大級のファッション通販サイトです。2004年に開設され、2023年7月時点で、約1,000ブランド、約100万点の商品を取り扱っています。2019年にヤフー株式会社の連結子会社となりました。

単なるECサイトではなく「ファッションの街」をイメージしたサイトデザインは若者を惹きつけ、アパレル販売を中心に会社は急成長を遂げ、10期連続の増収増益を達成しています。

特に、2005年のファッション大手のユナイテッドアローズ、そして、BEAMS、SHIPSと、日本の3代セレクトショップが相次いで出店したことで、競合企業も続々とZOZOに出店し、その認知度が高まるきっかけとなりました。

ZOZOの成功の鍵は物流にあった

ZOZOは、ECの成功の鍵ともいえる物流にも、外部委託をせず、継続した大型投資を行いました。2006年8月、千葉県習志野市に物流センター「**ZOZOBASE**」を開設しました。

ファッションという賞味期限の短い商品を、いかに素早く顧客へ届けるか、という点に着目しました。この物流センターには、カメラマンとモデルが常駐しており、商品入荷から、最短1日以内に自社サイトへ掲載されていました。顧客からの注文に対しても、最短3時間で発送できる体制づくりを行いました。

これにより、ECサイトそのものの運営に加えて、「採寸・商品撮影・在庫保管・梱包・発送」いわゆる「フルフィルメント」業務を請け負うことで、当時のECサイトの一般的な販売手数料であった10%程度の相場より高い20%以上の手数料率を設定することができました。

その後、2007年12月に東京証券取引所マザーズに上場しました。

ZOZOのスマホ時代への早期対応

ZOZOは、他のファッションサイトに先駆けたスマホ時代への対応も革新的でした。それまでの携帯サイトは、PC版の簡易版的な位置づけで、スマホでは使いづらいものでした。

そこで、ユーザーがスマホでもスムーズに使えるよう、**UI**＊（ユーザインターフェイス）の最適化を図りました。

まず、2010年12月にiPhone版アプリをリリースし、1年弱でダウンロード数は累計70万件を突破しました。2012年5月にはAndroid版アプリをリリースし、ファッション業界におけるアプリ対応の先駆けとなりました。

そもそもファッション業界では、「ネットでは現物が手に

Term
UI（ユーザーインターフェイス）　人とコンピューターシステムとの相互作用を可能にする視覚的、触覚的、聴覚的な手段の総称です。これには、ボタン、メニュー、アイコンなどの画面上の要素や、音声コマンド、ジェスチャーなどの入力方法が含まれます。使い勝手の良いUIは、直感的な操作性と高い効率性を提供します。

取れない、試着できない」という理由で、ネットショッピングに対しては消極的な考え方が根強く残っていました。

2013年10月リリースのアプリ「WEAR」では、その課題に着目し、著名人などを含めた大量のコーディネートをカテゴリーやシーン別に紹介しました。これにより、着用したイメージが想像しやすいコーディネートを探すことができるようになりました。また、着用アイテムをタップすると、ZOZOTOWN の商品ページに移り、簡単に購入することができる仕組みをつくりました。このアプリは瞬く間に話題となり、WEAR 経由での売上は、2年後の2015年には月間10億円を突破し、現在では、日本最大級のファッションコーディネートアプリとして1600万ダウンロードを突破し、1100万枚以上のコーディネートが紹介されています。

ZOZOは更に「ECにおけるファッション」に切り込んでいきます。2018年には専用のボディスーツを着用し、スマートフォンで撮影して詳細な体型を採寸できるサービス「**ZOZOSUIT**」（2022年6月サービス終了）を、2020年にはネットでの靴の購入のハードルを解消すべく、**AR**＊（拡張現実）を活用した、ミリ単位の精度で足を3D計測をする「ZOZOMAT」を公開しています。これらは、ネット販売での課題であった、返品率の低減にも大きく寄与しています。2021年にはネットでは診断が難しいとされるパーソナルカラーの計測ツール「ZOZOGLASS」を公開しています。

■LINE ヤフーによるZOZOの子会社化

2016年12月、千葉ロッテマリーンズの本拠地である千葉マリンスタジアムのネーミングライツを取得し、「ZOZOマリンスタジアム」と命名したことで、ZOZOの知名度は、ファッション業界のみならず、世間一般に飛躍的に拡大しました。

2018年10月、株式会社スタートトゥデイは、株式会社ZOZOに商号変更しました。

しかしながら、2019年は、PB（プライベートブランド）の不調や、ZOZOTOWN の商品が常時10%引きで購入できる会員制サービス「ZOZOARIGATO」に対する出店ブランド側の反発などによる「ZOZO離れ」などにより、上場来初の減益となりました。

2019年9月、Yahoo! JAPAN を運営するヤフー株式会社（現 LINE ヤフー株式会社）と業務提携を発表し、同時に、創業者の前澤友作は「イーロンマスクが設立した

Term

AR　Augmented Reality の略で、日本語では「拡張現実」と訳されます。現実世界に仮想の情報を重ね合わせることで、現実を拡張する技術です。スマートフォンやタブレット、ARグラスなどのデバイスを使用して利用することができます。

宇宙開発ベンチャースペースXへの参加」と「新たな事業の立ち上げ」に専念するため、代表取締役を辞任しました。同年11月には、株式公開買付け（TOB）により、Zホールディングス株式会社（現・LINEヤフー株式会社）の連結子会社となりました。2019年12月、PayPayモール（後にYahoo!ショッピングに統合）に「ZOZOTOWN PayPayモール店（現在のYahoo!店）」を出店しました。

ZOZOの売上

1998年、CD通販から始まった当時の月商は500万円、それから紆余曲折を経て、2023年3月期の商品取扱高は5443.1億円で、前期比7.0%増。商品取扱高・営業利益ともに、過去最高実績を更新しています。前述のYahoo!ショッピングの比較的年齢が高めユーザー層と、ZOZOの若い世代のユーザー層の融合が、ユーザー拡大の要因となり、アクティブ会員数は、創業以来初の1000万人を超えました。

直近では、「似合う」をテーマに、**AI***とプロのスタイリストによるパーソナルなスタイリングを体験できるリアル施設「**niaulab**（似合うラボ）」の開設や、YouTubeチャンネル「niaulab TV by ZOZO」などを展開しています。

ZOZO最大規模の物流拠点「ZOZOBASEつくば3」

EC物流の拠点づくりは最大の投資

ZOZOオフィシャル企業サイトより引用
https://corp.zozo.com/

Term

AI（Artificial Intelligence・人工知能） 人間の知的行動を学習するコンピューターシステムです。学習、推論、自己修正、問題解決などの能力を持ち、言語理解、画像認識、データ分析など多様な分野で活用されています。この技術は、日々進化し、様々な産業に革新をもたらしています。

Section

1-10 ヨドバシカメラ

アメリカの19世紀頃の賛歌「リパブリック讃歌」の替え歌である「新宿西口 駅の前～」のCMソングがあまりにも有名なヨドバシカメラ。ここでは、その歴史とEC事業への取り組みについて開設します。

■カメラ店から家電を中心に総合小売業へ

ヨドバシカメラの原点は、60年以上前の1960年（昭和35年）、藤沢昭和（てるかず）が創業した藤沢写真商会でした。1967年（昭和42年）に東京・新宿区淀橋にその地名にちなんだ淀橋写真商会を設立し、1974年（昭和49年）に現在の株式会社ヨドバシカメラに社名を変更しています。

社名の通り、カメラや写真関連用品を中心としていましたが、利便性の高いターミナル立地への出店、いわゆるレールサイド戦略と、独自の品揃えによる**大量廉価販売***が人気を呼び、横浜、上野、八王子、仙台、札幌、新潟、千葉と店舗数を拡大しました。

1989年には、家電量販店として初めてポイントサービスを導入しました。

その後、カメラ関連以外の家電やPC、玩具、ブランド品などを取り扱うようになり、1997年3月の仙台を皮切りに、店舗面積と取扱品目を大幅に増やした「マルチメディア館」と呼ばれる業態へ移行していきました。

西日本進出の足がかりとして、2001年大阪駅北口にカフェ、レストラン、ファッション衣料雑貨専門店を併設した「マルチメディア梅田」をオープンしました。日本の家電量販店の中では最大規模の3万㎡以上を有しており、単独店舗での年間売上高は1，000億円以上と、日本一となっています。更に2019年には、ホテル、商業テナントを有する複合施設「ヨドバシ梅田タワー」を開業しました。

Term

大量廉価販売　大量に仕入れた商品を低価格で販売する販売戦略です。スーパーマーケットやディスカウントストアなどでよく見られる販売戦略です。大量廉価販売は、現代の消費者のニーズに合致した販売戦略であり、今後もさまざまな業種で活用されていくことが予想されます。

■ECへの進出

ヨドバシカメラは、1998年インターネットショッピングサイト「Yodobashi.co.jp（現Yodobashi.com）」を開設しました。

前述の通り、リアル店舗では、レールサイド戦略、いわゆる駅前立地への出店を展開していたことから、元々、その場で持ち帰ることができない大型家電については、自社の物流センターから直送する仕組みを構築していました。

そこで、通販部門でも、その仕組みを利用することにより、規模の拡充を進めてきました。

リアル店舗においては、「**ショールーミング**」いわゆる、ユーザーがリアル店舗に出向き、商品を見て試した後、その店舗では購入せず、最も安い価格で販売しているネットショップで商品を購入することへの対策が課題となっていました。

しかしながら、ヨドバシカメラは、そもそも、リアル店舗→物流センターから直送という、ネットショップの構造の近い仕組みを作っていたことから、リアル店舗のショールーム化は、課題ではなく、むしろ強みに変えていきました。現在では、リアル店舗にWi-Fiを整備し、「写真撮影OK」「SNS投稿OK」と、一般店舗では敬遠されるような「ショールーム化」を積極的に展開しています。

2000年には在庫状況をネット上に公開し、2003年にはネットショップから直送のみならず、リアル店舗での取り置き注文も実現しています。これはリアル店舗で取扱いがない商品の注文にも一役買っています。現在では、コンビニ取り置きや宅配ポストが当たり前の時代ですが、利便性の高い駅前立地を活かしたリアル店舗との融合の意味合いを更に強めたといえます。

2010年にはリアル店舗とネットショップの価格の一元管理を行い、ユーザーの利便性を向上させています。2011年6月には送料無料を導入し、同年8月には、東京23区限定でネットショップ商品の当日配送を開始しました。

アマゾンなどの出現により、EC他社との競争が激化する中、「いかに早く届けるか」という配達スピードを最重要課題としました。まず、これまで構築した自社の物流センターの大幅な拠点増設に加え、自社による300台の配達車両と配達社員の拡充を行いました。更に、専業のIT企業よりも、IT企業然とした自社クラウドを使ったアプリケーション開発による支援システムの構築をし、2016

Point
フォートレス・インベストメント・グループ　1998年に設立されたアメリカの大手投資管理会社です。不動産、クレジット市場、プライベートエクイティなど幅広い分野で資産運用を行い、世界中の投資家にサービスを提供しています。

年に「ヨドバシエクストリームサービス便」を導入しました。

注文確認後、わずか5分で商品をピッキングし、物流センターから30分以内に出荷することが可能となり、最短2時間30分で、しかも送料無料というサービスです。対象地域は東京都23区全域＋東京都一部からスタートしていますが、現在では、その地域は拡大されています。

当時、アマゾンは1～2時間で注文商品を届ける「**プライム・ナウ**」（2022年3月サービス終了）を展開していましたが、有料のプライム会員である事、最低注文金額が必要、そして送料が有料だったことを考えると、他社では再現することが困難な、画期的な仕組みであるといえます。

配送を自社で請け負う理由として、システム的なことのみならず、「配送がお客さまと唯一つながっているポイントであり、お客さまの声を聞きやすい」という**CS***（顧客満足度）におけるメリットも挙げています。

「**JCSI**（日本版顧客満足度指数）」による2022年度第3回調査（2022年8～9月実施）の結果が発表された。家電量販店は6企業・ブランドのなかから、ヨドバシカメラが13年連続で満足度1位に輝いており、他業種を含む2022年度顧客満足年間総合順位でも2位を獲得しています。

■ヨドバシカメラの業績

2022年におけるヨドバシカメラの売上高は、7,530億円と前年比＋2.8%でした。

家電量販店ランキングでは、1位ヤマダ電機（1兆6,193億円）、2位ビックカメラ（7,923億円）に次ぐ第3位であり、前年ではヨドバシカメラの上位であったケーズデンキとエディオンの2社を追い抜く結果となりました。

家電量販店業界全体は飽和状態といわれており、業界トップのヤマダ電機も2009～10年に売上高2兆円台を記録して以降、低迷状態にあります。

そのような状況下でも、ヨドバシカメラはジリジリと売上を拡大しています。

直近の売上高は、2015年は6,796億円の売上でしたが、2019年に7,000億円を突破し、2021年には7,530億円を達成しています。

特に、力を入れてきたEC事業での成功の影響は大きく、2012年は500億円程度だったEC売上高は、5年後の2017年には、2倍の1,000億円を突破し、会社全体の売上高に対する構成比は15%を超えました。

コロナ禍における巣ごもり需要もあり、2021年には、

Term

CS（Customer Satisfaction・顧客満足） 製品やサービスが顧客の期待やニーズをどれだけ満たしているかを示す指標です。高いCS度は、リピートの購入や口コミによる新規顧客獲得につながり、企業の長期的な成功に重要な役割を果たします。サービス品質、価格、利便性、サポートなどがCS度を高める要因となります。

2，221億円とEC売上率は、全体の30・3％と3割を超えました。Amazon以外でEC売上高2，000億円を突破したのは、ヨドバシカメラが初となっています。

2022年の売上高経常利益率においては、1位 ヨドバシカメラ（6・57％）2位 ノジマ（6・33％）3位 ケーズデンキ（6・22％）と、ヨドバシカメラがトップとなっています。これは、利益率がリアル店舗より、ネットショップのほうが高いことが要因の一つといえます。

自社配送を中心としたECの効率的な運営が寄与し、送料無料でも、高利益率の維持ができています。

2028年までに、配送拠点を現在の4倍の100カ所に増やすべく、200億円弱を投じて、当日配送できる地域を全国で広げる計画を発表しています。

リアル店舗においても、セブン&アイ・ホールディングスの百貨店事業の売却先である米投資ファンドのフォートレス・インベストメント・グループと連携し、西武池袋本店などへの出店が検討されています。

ヨドバシ梅田タワー内の複合商業施設「LINKS UMEDA」

ヨドバシカメラ
関西進出の
最大拠点
LINKS

LINKS UMEDAオフィシャルホームページより引用
https://links-umeda.jp/

Section
1-11 Qoo10《キューテン》

Qoo10（キューテン）は、アメリカに本社を置くグローバルEC企業「eBay（イーベイ）」が、日本で展開しているマーケットプレイス型総合ECモールのこと。通常価格よりも安く商品が手に入ることも多く、ファッションや美容に関心の高い女性を中心に、多くの人が活用しています。

■Qoo10の前身「Gmarket」とは

Qoo10の歴史の出発点は、1999年にオープンした韓国初のインターネットショッピングモール**Interpark**（インターパーク）まで遡ります。そのインターパークの子会社としてQoo10の前身となる「**Gmarket**」が設立されました。2000年、韓国のショッピングモールサイト「Interpark Gmarket」（インターパークジーマーケット）がオープンしました。

2008年1月には、Gmarketの日本サイト、11月には、シンガポールサイトがオープンしました。

2009年4月、アメリカのインターネットオークションの最大手**eBay***が、InterparkにおけるGmarketの株式を買収し、Gmarketは、eBayの子会社となり、eBay Gmarketとなりました。更にeBayは、2010年同社の韓国における子会社eBay AuctionとeBay Gmarketを合併させ、eBay Koreaへと社名を変更しています。

2021年に、韓国の新世界（シンセゲ）グループである「emart（イーマート）」が、eBayからeBay Koreaを買収し、社名は、最初のGmarketに戻りました。これにより、韓国のGmarket事業は、eBay傘下から、新世界傘下となっています。日本におけるGmarketは、2023年現在、楽天市場やQoo10に出店をしています。

■Qoo10の誕生

前述のeBayがGmarketを買収後、2010年6月、Gmarketの創業者であるク・ヨンベとeBayとの合弁事業として、Giosis（ジオシス）グループが設立され、ア

Term
eBay（イーベイ）　1995年にアメリカで設立されたEC企業で、2024年現在、世界190カ国、出点数18億点、バイヤー数1億3,400万人と、グローバルマーケットプレイスでは世界最多の利用者を有しています。ユーザーは新品や中古品を売買でき、オークション形式での競売や定額価格での購入が可能です。

Qoo10の「共同購入」ページ

eBayの日本公式購入代行サービス「eBay Direct Shop」

ジア戦略の中枢として、シンガポールと日本に拠点が置かれました。日本法人は「ジオシス合同会社」で、オープンマーケットプレイス「Gmarket」をオープンしました。2011年4月には、インドネシアとマレーシアで、2012年7月には中国（上海）と香港にGmarketのサイトを開設しました。9月には、韓国に国際対応が可能なGlobal Gmarketを開設しました。

2012年5月より、ジオシスグループ傘下の韓国国外でのブランド名をGmarketからQoo10（キューテン）に変更しました。2013年1月に中国（上海）に、2015年1月には香港にQoo10が設立されました

2018年から、ジオシスグループから、Qoo10の日本国内事業のみを、eBay本体が買収しました。それに伴い、ジオシス合同会社は、**eBay Japan**（イーベイ・ジャパン）合同会社と社名を変更し、Qoo10.jpの運営を行なっています。ジオシスグループのQoo10における日本事業以外については、eBayは手を引き、従来の日本以外のジオシスは、新たに設立された親会社であるQoo10 Pvtの傘下に移り、シンガポールのQoo10 **Pte Ltd***として、運営を行なっています。同じQoo10の屋号でも、日本と日本国外では資本関係が異なる、ということになります。

eBay傘下によるQoo10の急成長

Qoo10が「**Gmarket**」として日本に進出したのは2010年です。日本では、2002年の日韓ワールドカップ、2003年の韓国ドラマ「冬のソナタ」を中心に起こった第1次韓流ブームに次ぐ、2010年頃からの東方神起、少女時代、KARAなどのK-POPを中心とした第2次韓流ブームを背景に、主に韓国コスメなどが10代を中心とした若年層に人気となり、徐々に、会員数を伸ばしていきました。

この流れから、前述の通り、アメリカのeBayがQoo10事業を買収することになりました。

eBayは、2000年に「インターネットオークションの黒船」として、鳴り物入りで日本に進出しました。しかしながら、既に巨大化していたYahoo!オークションの牙城を崩すことはできず、たった2年後の2002年に日本から撤退をしました。eBayにとっては、eBay本体ではないものの、16年ぶりの日本における販売プラットホームは大いに注目を集めました。

Qoo10の取扱商品は、ファッションやビューティー生活、日用品、食品、飲料、エンタメなど多岐にわたり、ユー

Term
Pvt, Pte　「Pte. Ltd.」や「Pvt. Ltd.」は、「Private Limited」という意味で、私的株式会社を指します。非公開株式の株式会社もしくは個人商店を指します。アジア、特にシンガポールやインドの企業に多く見られる企業形態です。

ザーの8割近くが女性で、年齢層も10代～30代が約7割を占めているのが特徴的です。

会員数は2022年2月時点で2,300万人に達し、巨大な総合ショッピングモールと成長を遂げています。日本国内の総合ECモールでは、第4位の流通総額を誇っている（1位は楽天、2位はAmazon、3位はYahoo!ショッピング）。

Qoo10の未来

Qoo10を「買い物ってエンタメだ。」というヴィジョンを掲げています。ただ商品を売るだけではなく、ショッピングを通じて楽しさも届けることを意識しています。クーポンや独自イベントなどのキャンペーンも盛んに行われております。例として、注文数量がまとまると、安く購入できるチャンスがある「**共同購入**」、出店者とユーザーが双方でコミュニケーションが取れる「**ライブショッピング**」、「メガポ」というポイントバックセールなどが挙げられます。

とりわけ有名なのは「**メガ割***」という最大20%オフのクーポンを配布するイベントで、Z世代と言われる29歳以下からの認知度が60%以上とかなり浸透しています。

2023年は、食品カテゴリーの強化を図っており、特に、Qoo10のユーザー層を狙った韓国グルメ商品、食品やスイーツのカテゴリー拡大や、サプリメント、果物の取扱いを強化しています。

Qoo10のサイト内には、本家eBayの公式購入代行ショップ「eBay Direct Shop」が設けられており、日本語でアメリカのサイトの商品も購入することができます。

各社は販売形態を工夫している

Term
メガ割　Qoo10（キューテン）が年に4回開催する大規模なセールイベントです。2019年9月に初めて開催され、2023年3月で15回連続の最高記録を更新中です。メガ割では、20%オフクーポンが配布されるほか、タイムセールや人気商品の特別企画など、さまざまなお得なイベントが開催されます。

Section

1-12 リアル店舗とECのハイブリッド型の成功

リアル店舗とECの融合は、オムニチャネル、OMOの戦略を活用し、ユーザーの利便性を向上させることで小売業の新たな地平を切り拓いています。ここでは、これらの具体例や、ハイブリッド戦略がもたらした成功事例について解説をします。

オムニチャネルという考え方

「**オムニチャネル**」とは、複数の販売チャネル（媒体・手段）が連携し、ユーザーとの接点を作り、ユーザーに対し、一貫性のある購入体験が提供するビジネスモデルのことです。

具体的には、ユーザーが、リアル店舗、ECサイト、通販カタログ、テレフォンショッピングなど、好きなチャネルで商品を購入することができ、ユーザーの都合のよい場所で商品を受け取ることができれば、より固定ファンが増える、という考え方です。

例えば、リアル店舗で商品を確認して、ECサイトで購入する「**ショールーミング**」、その逆である「**ウェブルーミング**」、ECサイトで注文し、リアル店舗やコンビニ、宅配ボックスなど、自宅以外で商品を受け取る「**クリック&コレクト**＊」が挙げられます。

ちなみに、似た言葉である「**マルチチャネル**」は、複数の販売チャネルであることは共通していますが、リアル店舗はリアル店舗、ECサイトはECサイト、と連携を伴わないモデルです。

オムニチャネルによるハイブリッド化への具体的な手法

ここでは、オムニチャネルを活用したリアル店舗と**ECサイトの**ハイブリッド化＊への具体的な手法を3つ挙げます。

まず、「共通のID作成によるユーザー管理」です。リアル店舗でもECサイトでも、共通のIDを使用することで、属性のほか、購入履歴や購入場所などのデータ活用により、

Term

クリック&コレクト　オンラインで商品を購入した後、自宅以外の場所で商品を受け取るショッピングスタイルのことです。具体的には、ECサイトで商品を選んで購入すると、購入した商品は、店舗の店頭、宅配ボックス、コンビニエンスストアなどの受け取り場所に保管され、購入者は、受け取り場所で受け取ることができます。

次のマーケティングの成功へのヒントとなります。また、共通のポイントカードやクーポンなど、相互の利用を促す販促活動も有効といえます。

　次に、在庫管理システムの活用です。ユーザーに対し、リアル店舗とECサイト両方の在庫情報を案内することで、リアル店舗で品切れの商品をECサイトに誘導したり、その逆を行うこともできます。

　最後に、ECサイト購入におけるリアル店舗での受取拠点の設置です。単なる受け取りのみならず、修理や交換などのアフターサービスの拠点として活用されるケースもあります。

■オムニチャネル化の成功事例

　ヨドバシカメラは、1-10で紹介しました通り、ネット、店舗の在庫状況をネット上に公開しています。例えば、すぐに商品が欲しい場合、近隣の店舗に在庫があるなら、店舗に足を運ぶことができます。留守しがちな場合や、家に配達されたくない場合は、ネットで注文、あるいは店舗取り置きを指定し、店舗で受取ることができます。また、**リアル店舗**とネットショップの価格の統一化や、ポイントカードも両方で使える利便性を実現しています。

　ユニクロでは、ヨドバシカメラと同じような仕組みに加え、店舗では取り扱いが少ないオーバーサイズやウェブ限定品などで、オンラインユーザーを増やし、各種問い合わせに対する一次対応の仕組みとして、AI接客アプリ「UNIQLO IQ」を導入しています。

■オムニチャネルからOMOへ

　昨今では、オムニチャネルから更に進化した「OMO」(Online Merges with Offline)という考え方への移行が始まっています。OMOとは「オンラインとオフラインの融合」という意味です。オムニチャネルでは、主にリアル店舗とECショップにおけるユーザーの機能面に着目していましたが、OMOでは、機能面のみならず、リアル店舗、ECサイトにおけるユーザーの購入プロセスをデータ化し、それを相互に活用することにあります。

　例えば、リアル店舗での購入履歴を、ECサイトでのリコメンド機能などに活用したり、ECサイトでの閲覧履歴から、単なる割引券でなく、そのユーザーの特性に合致したリアル店舗で利用できるクーポンを発行するなど、リアル、ECを一体的に買いまわってもらえるようなビジネスモデルに期待が集まっています。

Term

ECサイトのハイブリッド化　リアル店舗とECサイトを連携させた、オンラインとオフラインの両方のチャネルを活用した販売戦略のことです。在庫連携・客情報連携・決済連携などのメリットがあります。

Section

1-13 BtoB BtoC CtoC という概念とは

企業が提供する商品やサービスのビジネスモデルは、大きく分けて3つが存在します。企業・法人向けの「BtoB」（Business to Business）、一般消費者向けの「BtoC」（Business to Consumer）、一般消費者同士の取引「CtoC」（Consumer to Consumer）と呼ばれています。

■BtoBとは

BtoBとは、Business to Businessの略称の通り、企業どうしの商取引全般を指します。

メーカーから卸売業者への販売、卸売業者から小売店への販売をはじめ、**ベンダー***が企業に対してソフトウェアやツールの販売や、**コンサルティング**などの提供もBtoBにあたります。

受注量や金額が比較的大きく、単発ではなく継続的に取引が行われる傾向があります。例えば、事務用品の通信販売会社であるアスクル株式会社が運営する「ASKUL」は、中小事業所から中堅大企業へ文具、トナーカートリッジ、コピー用紙など各種オフィス用品の販売を行うBtoB事業となります。

■BtoCとは

BtoCとは、Business to Customerの略称のとおり、企業が一般消費者に対して商品やサービスを提供する商取引全般を指します。コンビニエンスストアやスーパーマーケット、ショッピングセンターなどの小売店をはじめ、レストランや映画館などもBtoCの一例です。もちろん、一般消費者向けのECサイトもBtoCです。要は、日常生活のなかにおけるショッピングの大半はBtoCにあたります。

BtoCは、BtoBと比較して、取引数や金額は低いですが、当然のことながら、企業数より一般消費者の数のほうが圧倒的に多いため、その社会的な影響が大きいことが特徴であるといえます。よって、その商品やサービスの品質はもとより、そのイメージも重要であり、そのための様々な販

Term

ベンダー　売り手、販売者を意味する言葉で、製品やサービスを供給する企業や個人のことを指します。製造業者、卸売業者、販売代理店などが含まれます。

促や広告が多数行われる傾向があります。

　BtoB、BtoCの両方を手掛けている企業もあります。例えば、前述のアスクル株式会社は、「ASKUL」のBtoB事業とは別に、一般消費者者向けのECサイト「**LOHACO**」(ロハコ)をBtoC事業として運営しています。

■CtoCとは

　企業が企業へ、企業が一般消費者へ商品やサービスを提供することは、ごく当たり前のことですが、昨今では、**CtoC**(Consumer to Consumer)という、一般消費者が一般消費者に対して、商品やサービスを提供する概念が一般化しています。個人のユーザーがインターネット上で自由に売買ができるネットオークションやフリマアプリが、CtoCのプラットフォームにあたります。代表格であるYahoo!オークションやメルカリでは、より使いやすく、そして、安全なサイト運営が進み、そのユーザー数は各々2,000万人を超えています。

　2022年のYahoo!オークションにおける**GMV**＊(流通総額)は9,794億円(当時のヤフオク!、PayPayフリマ、ZOZOUSEDを含む)で前年比6.8%増、メルカリにおけるGMV(流通総額)は、9,325億円で、前年比9.4%増となっており、CtoCの市場規模は年々拡大しています。

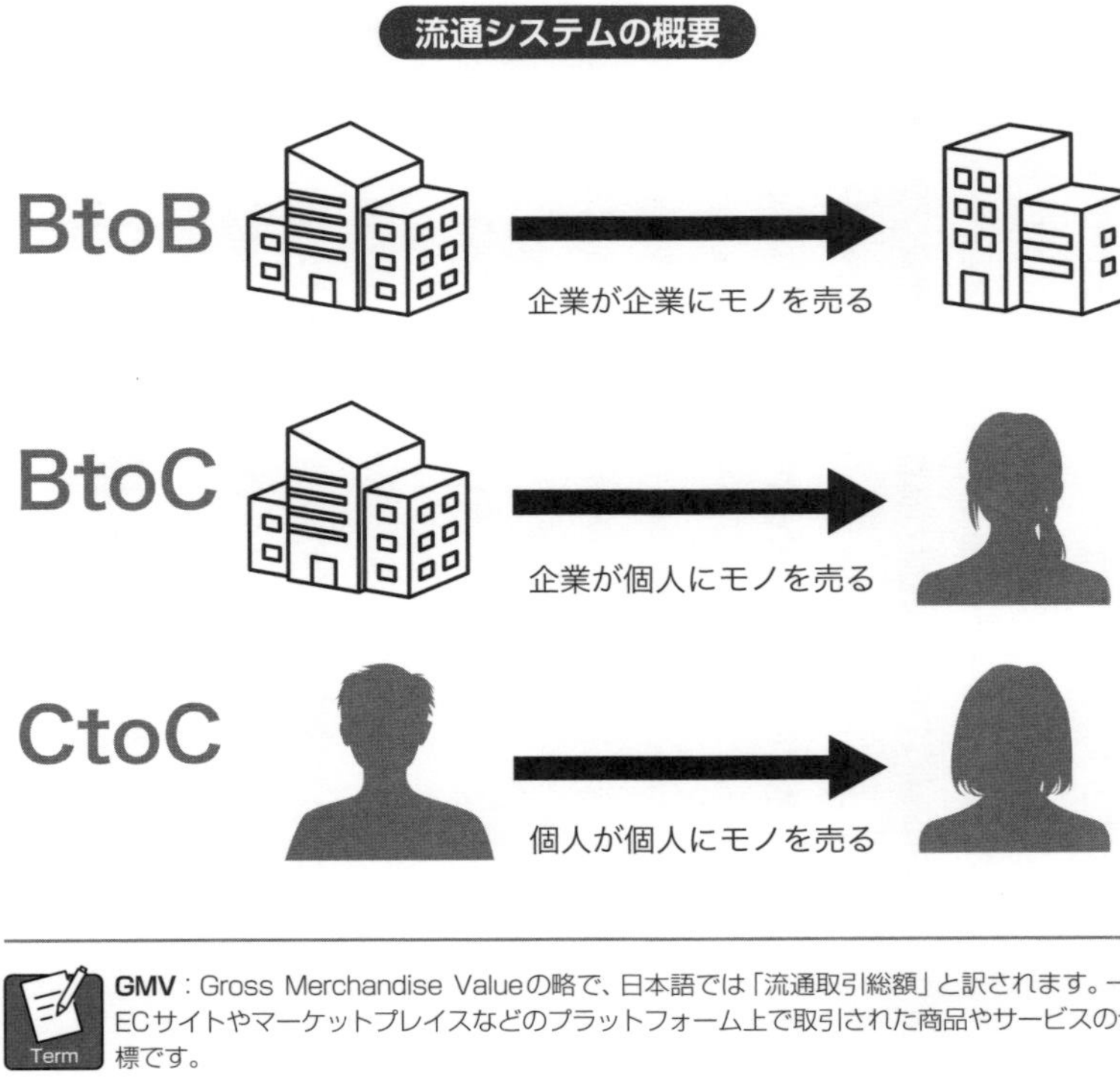
流通システムの概要
BtoB
企業が企業にモノを売る
BtoC
企業が個人にモノを売る
CtoC
個人が個人にモノを売る

Term **GMV**：Gross Merchandise Valueの略で、日本語では「流通取引総額」と訳されます。一定期間において、ECサイトやマーケットプレイスなどのプラットフォーム上で取引された商品やサービスの合計金額を表す指標です。

Section
1-14 BtoBが抱える問題とその解決方法

企業間の取引である「BtoB」は、受注量や金額がBtoCに対して大きく、一見安定商売のように思えますが、そこには様々な課題があります。ここでは、その課題と解決方法について考察してまいります。

■BtoBが抱える問題とは

B2Bにおいては、その顧客が企業であるため、その売上は一般的に安定することから、新規顧客を誘致するマーケティング活動がおろそかになりがちです。

マーケティング活動は、既に顧客として取り込んでいる企業に対するサポートとは全く異なり、自社の商品やサービスをまだ利用していないリード（見込み）企業に対して、自社の専門性や強み、課題解決能力、更に競合他社と比較しての優位性が重要となります。

また、企業と企業の取引であり、契約金額、契約期間など一過性の衝動的な取引ではないため、簡単に契約先の変更を行うような「トライ&エラー」的な考え方は困難と言えます。よって、当然ながら、企業の意思決定、契約締結に至るまで、膨大な時間を要します。

マーケティングは、そういった重要な活動であるにも関わらず、「良い商品やサービスを提供できれば自ずと売れる」という考え方や、既存顧客の売上を頼る背景から、いわゆる営業や販促チームとの兼務が減らない理由であるといえます。具体的には、新規顧客を拡大しようと、**ギフトショー***などの展示会に出展し、営業担当が名刺をばらまいたとしても、日常の既存顧客の対応に追われ、その後のフォローがままならず、結局、新規顧客を獲得できない、といった事例は少なくないはずです。

■BtoBが抱える問題に対する解決方法

まず、前述の理由から、営業とマーケティング部門を兼務することは避けるべきです。マーケティングも営業も、どち

Term
ギフトショー　日本最大のパーソナルギフトと生活雑貨の国際見本市で、東京、大阪、京都にて、年6回ほど開催されています。ショップ、百貨店、専門店、商社、卸売業者などのバイヤーが商談を目的に来場します。

らも顧客に向けて行うものですが、明確な違いがあります。

マーケティング部門は、不特定多数のリード（見込み）顧客がいる市場全体を対象としています。

それに対し、営業部門は、現在既に取引のある顧客を対象としています。

マーケティング部門は、市場全体を俯瞰し、自社のポジションを把握することで、「誰に、何を、どれくらいの対価で、どのように提供していくか」という企業のブランド戦略やマーケティング活動を行います。営業部門は、既存顧客のサポートを行うことで、その関係をより密にし、契約の継続や、更なる売上の向上に対する活動を行います。このように各々の専門職に一点集中することが望ましい結果が得られます。

次に、データの収集と整理、分析、活用方法を見直すことです。現在では、市場やリード(見込み)顧客に関するデータを、インターネットやSNSなどにより、多種多様の収集が行えるようになっています。しかしながら、その膨大なデータの整理や分析ができず、活用に至らない場合があります。これはMA（マーケティングオートメーション）、**SFA***（営業支援ツール）、CRM（顧客関係管理）などのデジタル支援ツールを活用することで、情報を一元化し、作業時間の軽減や、個人の能力によって左右されるいわゆる属人化を防ぐことで、精度の高い分析やその後の活動につなげることができます。

SFAとCRMの管理領域イメージ

マーケティング	営　業	顧客サービス

・企業情報管理	・予算実績管理	・ルート訪問
・顧客情報管理	・ターゲッティング	・問い合わせ管理
・セミナー／ 　展示会名刺管理	・アポイント	・デリバリー
・商品情報管理	・提案書管理	・顧客サポート
・メール一斉送信	・見積作成	・FAQ
・Webマーケティ 　ング	・訪問/商談活動	
・テレマーケティ 　ング	・メール履歴	
	・商談・案件・ 　人脈管理	
	・受注/売上管理	

グループウェア（スケジュール管理・ワークフローなど）

Term
SFA　Sales Force Automationの略で、日本語では「営業支援システム」と訳されます。SFAは、営業活動の効率化と高度化を目的としたシステムです。SFAは、「SFAソフトウェア」「SFA戦略」大きく分けて2つの領域に分類されます。

Section

1-15 D2C向けECプラットフォームの誕生

急速な成長を遂げているEC市場において、昨今注目を集めているビジネスモデルが「D2C」です。ここでは「D2C」の意味や特徴、「BtoB」「BtoC」「CtoC」またはアマゾンや楽天市場に代表されるECモールとの違い、D2Cプラットフォームついて紹介します!

D2Cとは

「D2C」(Direct to Consumer)とは、企業が自社のECサイトにおいて、ユーザーへ直接自社の商品を製品を販売するビジネスモデルです。

「企業がユーザーに販売するなら、相手が企業ならB2C、相手が一般ユーザーならB2Cと同じではないか」との疑問がわくところですが、例えば、メーカーと取引先企業の間に商社が入ってもB2B、メーカーと一般ユーザーの間に小売店が入ってもB2Cとなります。それに対して、D2Cは、製品メーカーと企業、または一般ユーザーと中間企業を介さず、ダイレクトにつながった状態を指します。

D2Cのメリット

D2Cのメリットは大きく3つに分けることができます。

まず、前述の通り、メーカーがユーザーへ直接販売を行うため、商社や小売店などで発生する**中間コスト**＊が発生せず、高い利益率を得ることができます。アマゾンやや楽天市場など大手**ECプラットフォーム**へ出店する場合は、出品や販売に関わる手数料が発生しますが、自社ECサイトで販売すれば、発生するのは決済手数料のみで、大幅に販売コストを削減することができます。

次に、自社のコンセプトに基づいた自社ならではの販売手法やプロモーションを行う事ができます。大手ECプラットフォームへの出店の場合は、そのプラットフォームでの統一された運営ルールに沿った運営を行う必要があるため、

中間コスト 生産者から最終消費者に商品やサービスが届くまでの間に、卸売業者や小売業者などの中間業者が取る利益や手数料のことです。中間コストが高いと、消費者にとっては商品やサービスの価格が高くなり、競争力が低下する可能性があります。

2021年アメリカでのEコマース流通総額シェア率

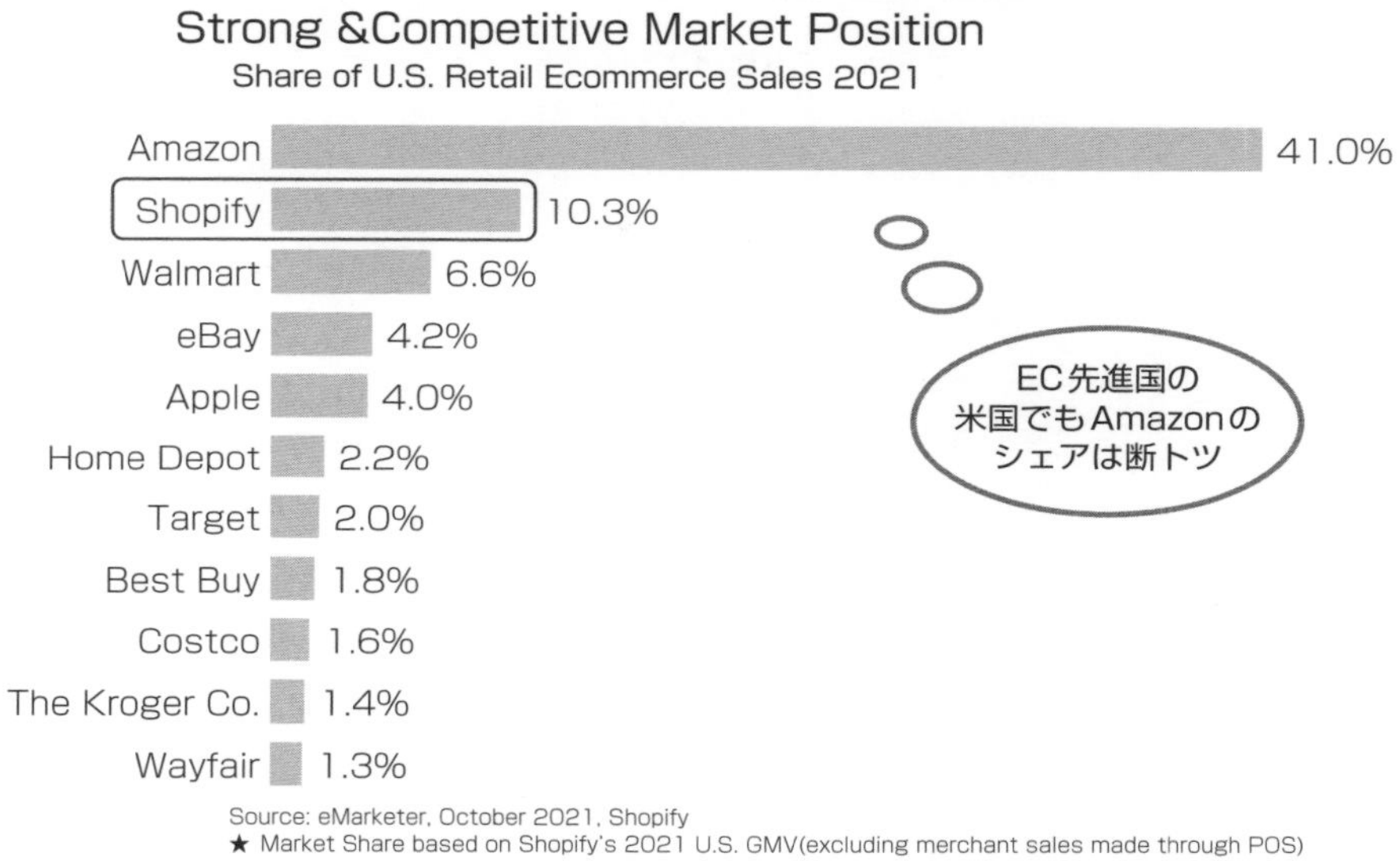

Source: eMarketer, October 2021, Shopify
★ Market Share based on Shopify's 2021 U.S. GMV(excluding merchant sales made through POS)

出典：eMarketerより

デジタルD2C市場規模推計と予測

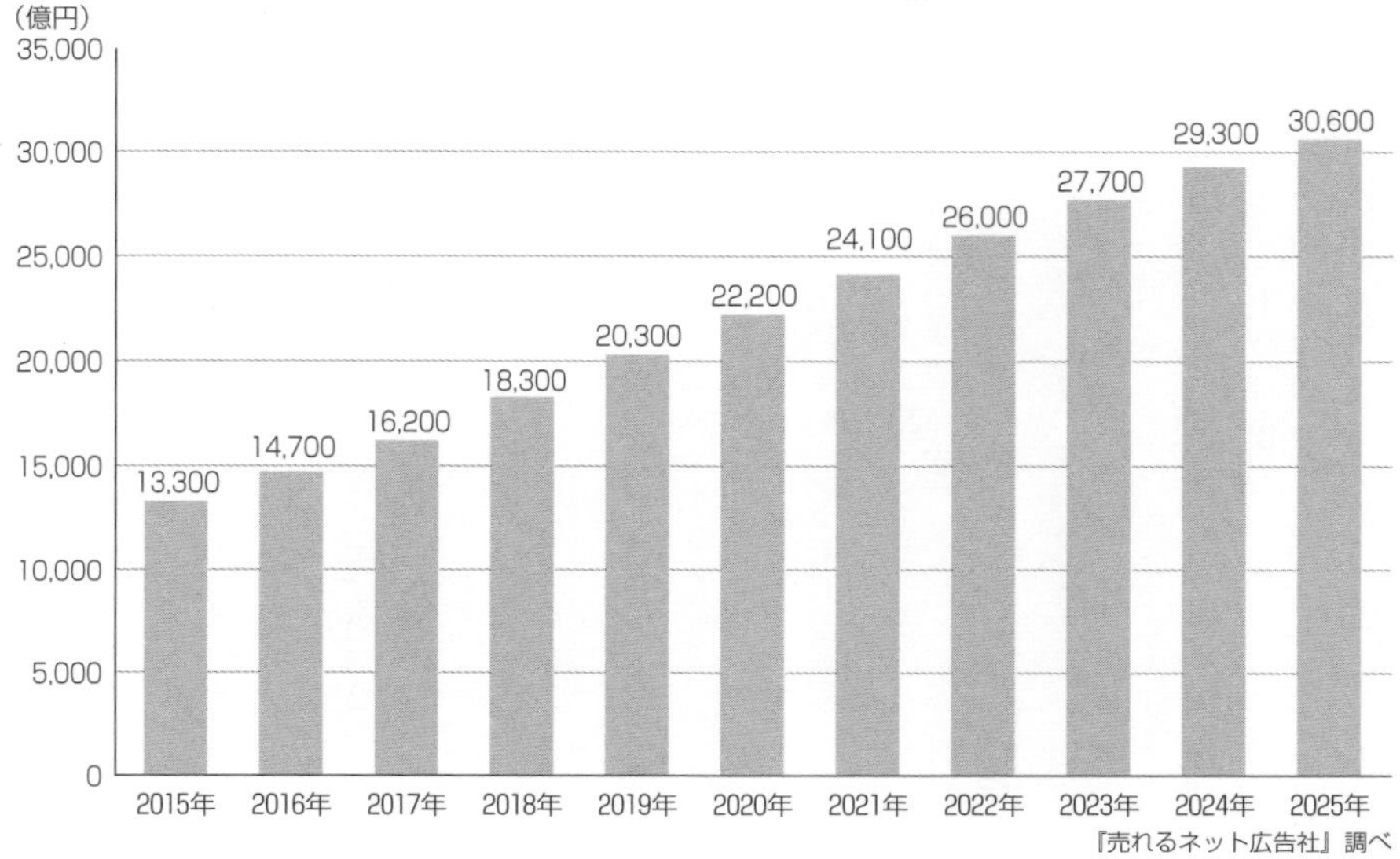

出典：株式会社売れるネット広告社調べ（2020年9月調査）

必ずしも自社の魅力が最大限に引き出せるとは限りません。自社サイトであれば、自社商品のコンセプトやブランドイメージを思ったように訴求する事が可能です。

最後に、詳細なユーザーのデータの収集や分析が行えることです。大手ECプラットフォームでの販売におけるユーザーの詳細データは、出店者へその全ては開示されません。自社サイトであれば、滞在時間、閲覧履歴、購入履歴など、詳細なユーザーのデータから、その後のマーケティング活動や、新商品の開発などに活用することができます。

D2Cのデメリット

「中間業者を介さず、直接ユーザーと取引する」D2Cはメリットばかりのように映りますが、

大手企業や有名ブランドなどでない限り、デメリットも存在します。

まず、自社における「**商品力**」です。ここでいう商品力とは、単なる品質のことではありません。

そのコンセプトやイメージがユーザーに伝わるようなマーケティング力を有しているか、という事も含みます。「良いものを作りさえすれば、自社のサイトを立ち上げれば勝手に売れてくれる」という訳ではない、という事です。

次に、**ECサイト**の製作です。大手ECモールでは、出店するに当たっての機能が全て揃っていますので、極論、出品する商品があれば、すぐに販売が可能ですが、ゼロベースからECサイトを構築する場合、費用や膨大な時間を要することになります。

最後に、ECサイトの認知や売上安定までに程度の時間を要する点です。ECサイトの売上は「アクセス数（訪問数）×**コンバージョン率**（購入率）×客単価」です。まず、新規のECサイトの場合は、誰も知りませんので、その認知度を上げることに注力する必要があります。リアル店舗を有している場合は店頭で、**SNS**やメールマガジンを使うことも有効です。また、Googleなどの検索エンジンで検索上位に表示されるような「**SEO対策***」も必要となります。

D2Cプラットフォームの誕生

このように、大手企業や有名ブランドなどでない限り、自社でゼロからECサイトを立ち上げ、軌道に乗せることは、大変な労力が発生します。

そこで登場したのが、そういった手間や費用を大幅に削減できる「**D2Cプラットフォーム**」です。

D2Cプラットフォームには、「ページのテンプレート」

Term

SEO対策　Search Engine Optimizationの略で、検索エンジン最適化と訳されます。検索エンジンの検索結果で上位表示させるための施策の総称です。SEO対策を行うことで、サイトへのアクセス数の増加、ブランド力の向上、売上の向上などのメリットがあります。

「受注・在庫管理」「顧客管理」「決済機能」など、自社ECサイトを立ち上げるために必要な機能があらかじめ備わっています。

いわば、「**ECサイトのテンプレート**」のようなものと考えるとよいでしょう。

主なD2Cプラットフォームとして、「**Shopify**＊」（ショピファイ）「**BASE**」（ベイス）「**STORES**」（ストアーズ）「ecforce」（イーシーフォース）などが挙げられます。

各々特徴はありますが、特に「Shopify」は最も人気が高いプラットフォームです。使いやすさと豊富なデザインテンプレートが好評で、カスタマイズの自由度により、独自のブランドイメージを構築することができます。また、様々な拡張機能や、セキュリティや決済処理などでも高い評価を得ています。

D2C市場規模の拡大

前述の「Shopify」は、アメリカにおける2021年のEコマース市場におけるGMV（流通総額）シェア率では、1位のアマゾンとは大きく差はあるものの、第2位につけており、老舗のウォルマートや**eBay**を既に凌駕しています。

日本における「デジタルD2C」と呼ばれるEC市場も、年々拡大傾向にあります。2020年に行われた調査では、2020年は前年比109％の2兆2,200億円に達する見通しで、2021年には2兆4,100億円、2025年には3兆円に達する見込みとの調査結果が出ています。

Shopify ホームページ

Term

Shopify　カナダのオタワに本社を置く、マルチチャネルコマースプラットフォームを提供する企業です。同社が提供するShopifyは、オンラインストアやPOSシステムを構築するためのプラットフォームです。

Section

1-16 EC決済サービスのプラットフォーム獲得競争

各ECサイトでは、独自のものから、予めパッケージされたものまで、様々な決済サービスが採用されています。ここでは、その決済サービスの特徴と種類について解説をします。

■ECにおける決済サービスの元祖

PayPal＊（ペイパル）は、インターネット、ECの黎明期である1998年にアメリカで創業しました。ECサイトでの購入の際、クレジットカード情報などの面倒な入力や認証などを、予めPayPalに登録しておくことで、決済を簡単に行える事が可能となりました。

2002年に世界最大のインターネットオークション会社**eBay**に買収され、子会社化されましたが、2015年7月に独立しています。

2023年現在では、200以上の国と地域において、100以上の通貨での決済に対応し、全世界4億以上のユーザーを有しています。

ちなみに、PayPalの創業者は、現X（旧Twitter）のCEOである**イーロン・マスク**、**Meta**（旧Facebook）への初期投資や、後に**Chap GPT**を公開する**OpenAI**の設立などに携わったピーター・ティールです。

後のYouTube創業者となるチャド・ハーリー、スティーブ・チェン、ジョード・カリムらもPayPal出身です。

PayPalは、ウェブサイトへの決済ボタンやカートの設置や、サブスクリプション（定期支払い）にも対応しています。また、個人間の送金にも対応しています。

■決済サービス導入の特徴

決済サービスの最大のメリットは、本来個別に必要な契約が1社で済む事にあります。

例えば、クレジットカードの場合、VISA、MASTER、JCBなどといった導入したいカード会社と1社ずつ契約をする必要があります。電子マネーや**QRコード**決済の場合も同様です。

Point

PayPal　PayPalを共同創業したメンバーたちは、YouTube、テスラ、LinkedIn、パランティアテクノロジーズ、スペースX、Affirm、Slide、Kiva、Yelp及びYammerといったテクノロジー企業を率いて、世界で大きな変革をもたらしました。この起業家グループは「PayPalマフィア」と呼ばれています。

それに対し、決済サービスの場合であれば、既に様々な決済方法と契約をしていますので、決済サービス1社を選択し契約するだけで、初期準備やその後の決済処理や回収を一元化することができます。その代わり、各サービスと個別に契約するより、決済手数料などが割高になる場合もあります。

Stripe と Square

PayPal以降、アメリカでは決済サービスを提供する企業が増加しますが、代表的なものは、2009年の「**Square**」(スクエア)、2011年の「**Stripe**」(ストライプ)です。

特にStripeは後発であるにも関わらず、アメリカにおける2022年の決済サービスのシェアは、PayPalに次ぐ第2位となっています。

一般ユーザーがPayPal決済を利用するにあたっては、PayPalアカウントの作成が必要ですが、StripeやSquareは、アカウント作成が不要なため、利便性は高いといえます。また、Squareでは、専用端末を使うことで、リアル店舗の決済にも対応しています。

決済サービスの拡大

日本国内においても、前述の3社の他、様々な決済サービスが提供されています。

代表的なものとして、ソフトバンクグループの「SBペイメントサービス」、GMOインターネットグループの「GMOペイメントゲートウェイ」、などが挙げられます。

前述のD2Cプラットフォームにおいても、ECサイトの立ち上げに必要な機能が揃っているパッケージ型のサービスのみならず、**ASP***(Application Service Provider=開発済みのソフトウェアをクラウド上でレンタルできる仕組み)を使った「ASPカート」というECサイトのショッピングカート機能のみの提供も行なっています。

BASEによる「PAY.JP」、STORESによる「STORES決済」が代表例ですが、Shopifyのスタータープランでは、ブログやウェブサイト、SNSでの商品販売や、オプションのShopify POSと連携して、リアル店舗販売での決済にも活用できます。

Term **ASP** Application Service Providerの略で、アプリケーションサービスプロバイダーのことです。インターネットを介してソフトウェアやソフトウェア稼働環境を提供する事業者のことを指します。

アメリカにおける決済サービスのシェア

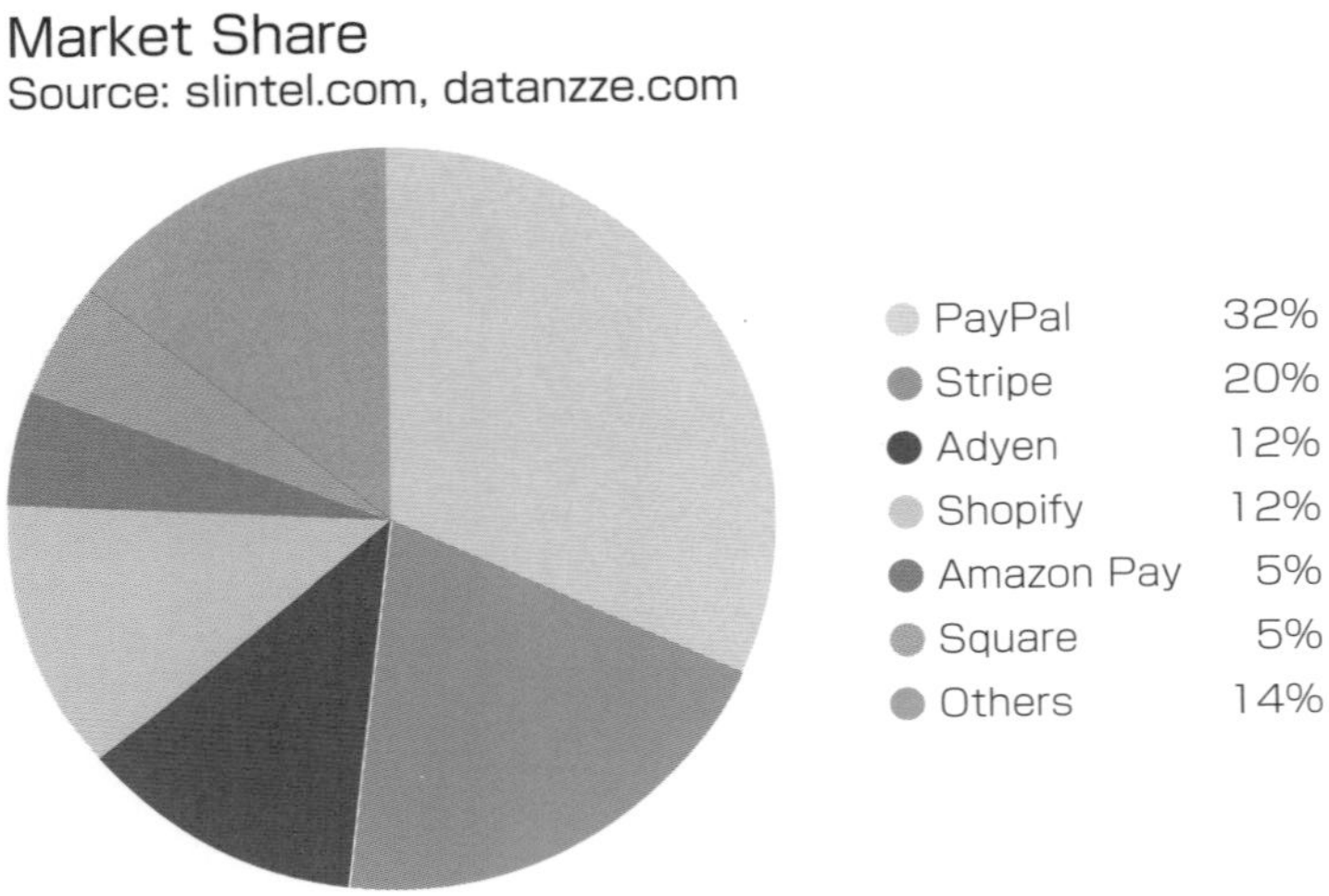

出典元：https://dizraptor.app/

第2章

EC企業が発展した背景

EC業界の発展は、アマゾンのような新興企業の台頭、スマートフォンの普及、物流の革新と、旧来の通販や紙媒体広告の変遷とが複雑に絡み合いながら進行しました。ここでは、その発展の様々な要因や背景について解説します。

Section

2-1 スマートフォンとEC市場拡大の推移

総務省の調査によると、スマートフォンを保有している世帯の割合は年々増加しており2022年には9割を超え、横ばいもしくは下落傾向にあるパソコンの約7割を大きく引き離しています。ここでは、EC市場におけるスマートフォンの位置づけについて解説をします。

スマートフォン経由のEC市場が拡大

経済産業省が2023年8月に発表した「令和4年度デジタル取引環境整備事業（電子商取引に関する市場調査）」によると、2022年の物販系分野におけるBtoC-EC市場規模は、13兆9,997億円（前年比5・37%増）、そのうちスマホ経由は、7兆8,375億円（前年比12・9%増）であり、スマホ比率は55・98%と過半数に達しています。

スマホの保有率も市場割合も共に、パソコンを超えており、今後は更にその差が生まれると予想されます。よって、今後のECの拡大においては、スマートフォンへの対応が最重要視されるといえます。

スマートフォンでの売上拡大はアプリ

まず、ECサイトでのショッピングについて、スマートフォンとパソコンで比較をしていきます。

スマホであれば、自宅に限らず移動中でも外出中でもどこでも操作が可能です。仮に**Wi-Fi**がない場合でも、携帯電話回線を利用した**モバイルデータ通信***を利用して各サイトへアクセスすることが可能です。パソコンの場合ですと、Wi-Fiなどインターネット接続ができる環境に利用が限られます。

次に、アプリかブラウザによる比較です。スマホのアプリは、一度インストールされれば、削除されない限り、繰返しの利用が期待できます。もちろん、インターネットブラウザのブックマーク機能を利用すれば、お目当てのサイ

Term

モバイルデータ通信　携帯電話会社が提供する携帯電話回線を利用したインターネット通信のことです。モバイルデータ通信を利用することで、Wi-Fi環境のない場所でもインターネットに接続することができます。

トにすぐアクセスすることはできますし、スマホのブラウザも同様です。しかしながら、ブラウザを立ち上げ、サイトを開くより、アプリをタップする方が、はるかに素早いといえます。

また、パソコンでのECサイトにおけるユーザーの囲い込みは、メルマガが中心で、一定の効果はあるものの、他のメールや、迷惑メールで埋もれてしまったり、メールアドレスが変わって未着になってしまったりする、などのデメリットがあります。

アプリの場合は、**プッシュ通知***の機能を用いて、ユーザーにリアルタイムでクーポンやセールの訴求ができたり、個々のユーザーに合わせたピンポイントのサービスを提供したりすることも可能です。

商品の検索機能も進化しており、文字入力だけではなく、写真やカメラでの検索ができたり、バーコードスキャンも活用されたりしています。

スマホアプリのデメリット

アプリのデメリットとして、まず挙げられるのは、頻繁にアップデートをする必要があることです。よって、OS毎に初期費用はもとより、維持管理費用が発生し続けてしまいます。また、ユーザー側のOSのバージョンが古くなると、アップデートしたアプリに対応できず、使えなくなってしまう事もあります。

次に、企業側がアプリ強化に力を入れていることが仇になり、ユーザー側は大量のアプリを整理したくなることがあります。ユーザーがアプリの断捨離をした場合、削除されてしまう事もあります。

最後に、Wi-Fi環境がなく、携帯電話回線を利用した場合、アプリ内で動画などを使っていると、スマホのデータ容量を大きく消費し、ユーザーの契約内容によっては、通信制限による極端な速度低下が起こる場合もあります。

物販系分野のEC化率

経産省の「令和4年度電子商取引に関する市場調査」の物販系分野のBtoC-EC市場規模によると、2022年のEC化率のトップ2は、

1位：「書籍、映像・音楽ソフト」52・16％
2位：「生活家電、AV機器、PC・周辺機器等」42・01％

となっています。これらは、いわゆる「型番・品番」を有している商材であり、リアル店舗でもネットショップでも、

Term
プッシュ通知　アプリがユーザーのスマートフォンやタブレットに直接送信するメッセージのことです。アプリを起動していなくても、ロック画面やステータスバーに表示されます。ユーザー側で表示・非表示の設定ができます。

どこで購入しても、価格は違えど、商品そのものは同じである特徴があります。場合によっては、リアル店舗での接客サービスが必要な家電などでも、いわゆる「リアル店舗で試してネットショップで購入する」といったショールーミングが進みやすい分野であることが分かります。

3位の「生活雑貨、家具、インテリア」29.59%、4位の「衣類・服装雑貨等」21.56%の分野でも、各種アプリの開発や、オムニチャネル、OMO化が進み、EC化率は伸びています。特に、インテリアのECサイトでは、AR（拡張現実）*表示させたバーチャルの家具を自宅に配置して、既存のインテリアとのバランスやスペースの確認をすることができます。また、アパレルのECサイトで導入されているバーチャル試着では、洋服のみならず、シューズやメガネ、時計、アクセサリー、ネイルに至るまで、様々なアイテムが試せるようになりました。

ただ、まだまだ「実際に目で見て手で触って質感を確認して購入したい」というマインドは当然ながら強いようです。

スマートフォン経由の物販の BtoC-EC 市場規模の推移

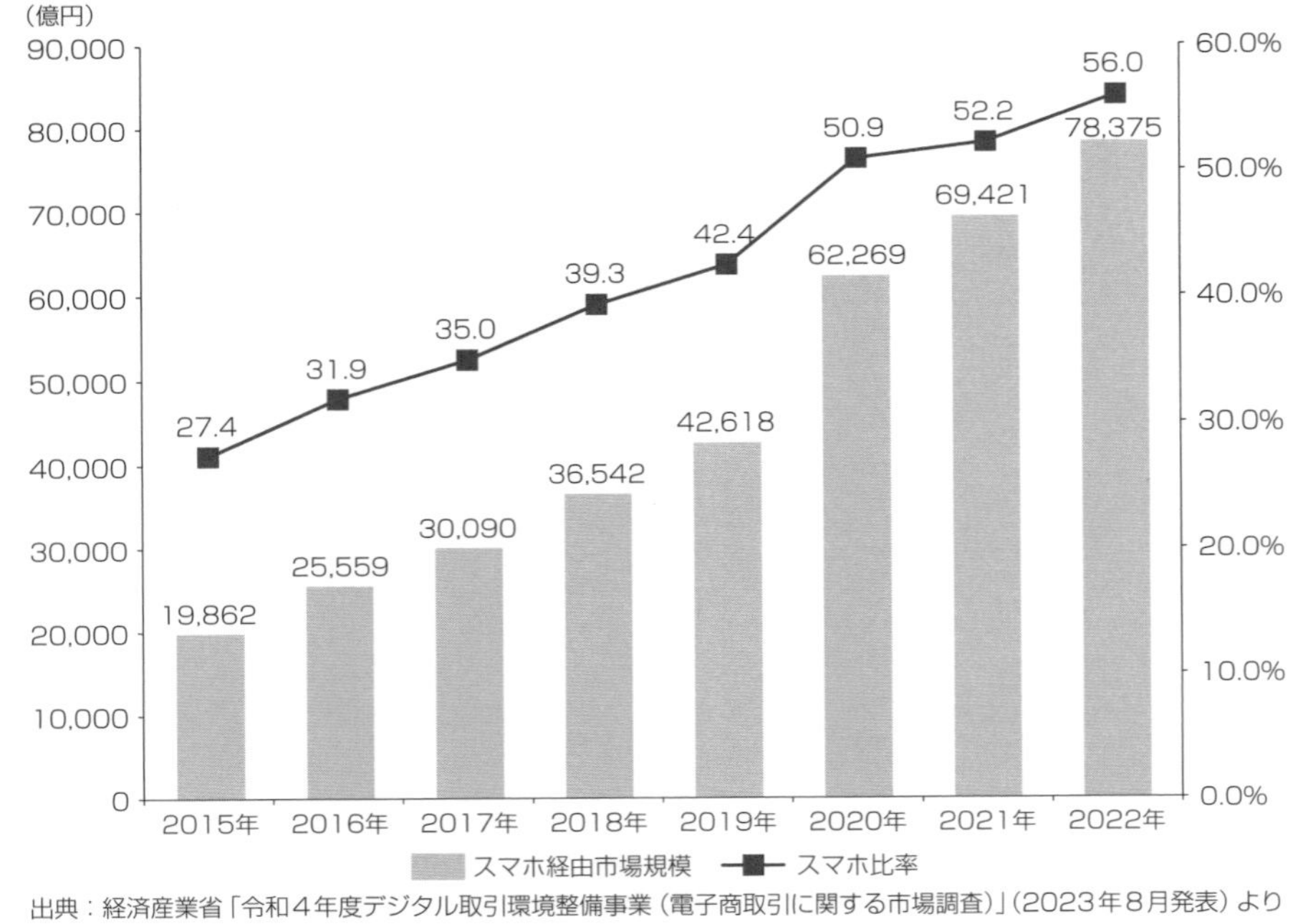

出典：経済産業省「令和４年度デジタル取引環境整備事業（電子商取引に関する市場調査）」（2023年８月発表）より

物販系分野のBtoC-EC市場規模

図表 4-19：物販系分野のBtoC-EC市場規模

分類		2021年		2022年	
		市場規模（億円）※下段：前年比	EC化率	市場規模（億円）※下段：前年比	EC化率
①	食品、飲料、酒類	25,199 （14.10%増）	3.77%	27,505 （9.15%増）	4.16%
②	生活家電、AV機器、PC・周辺機器等	24,584 （4.66%増）	38.13%	25,528 （3.84%増）	42.01%
③	書籍、映像・音楽ソフト	17,518 （7.88%増）	46.20%	18,222 （4.02%増）	52.16%
④	化粧品、医薬品	8,552 （9.82%増）	7.52%	9,191 （7.48%増）	8.24%
⑤	生活雑貨、家具、インテリア	22,752 （6.71%増）	28.25%	23,541 （3.47%増）	29.59%
⑥	衣類・服装雑貨等	24,279 （9.35%増）	21.15%	25,499 （5.02%増）	21.56%
⑦	自動車、自動二輪車、パーツ等	3,016 （8.33%増）	3.86%	3,183 （5.55%増）	3.98%
⑧	その他	6,964 （8.42%増）	1.96%	7,327 （5.22%増）	1.89%
	合計	132,865 （8.61%増）	8.78%	139,997 （5.37%増）	9.13%

出典：経済産業省「令和4年度電子商取引に関する市場調査報告書」より引用

業種によっては
ECが浸透していない
ところがある

Section
2-2 Amazonの日本上陸でECのシェアが拡大

1990年代後半に、楽天やYahoo!がECサイトをスタートさせ、2000年には、ユニクロや無印良品などの大手がEC業界に参入しはじめました。そして、アマゾンの登場は、日本のEC業界における画期的な出来事でした。ここでは、アマゾンが日本市場に進出した初期3年間の主要な出来事とその影響について解説します。

2000年：アマゾン日本進出

2000年11月、アマゾンは日本市場に進出しました。これは、日本のEC業界における大きな節目であり、日本のEC市場の構造に重要な変化をもたらしました。

アマゾンは、アメリカと同様、書籍を中心とした品揃えでスタートしました。日本には、既にドイツ・ベルテルスマンのオンライン書店「ビー・オー・エル（bol.com）」が進出し、日本国内でも「紀伊国屋書店」「丸善」「八重洲ブックセンター」といったリアル店舗を持つ老舗がオンライン書店を開設し、「bk1」「本屋さん」といった新興のEC専業書店も展開されていました。

日本には**再販制度**＊があり、国内書籍の割引販売ができませんでしたが、アマゾンはそれを逆手に取り、洋書の割引販売をはじめました。また、出版取次業者を介す日本独特の流通慣習を打ち破り、徐々に出版社との直接取引にも取り組みはじめました。

これは、「ユーザーが注文してから手元に商品が届くまでの時間を短縮したい」という出版社側のニーズでもありました。当時は期間限定であったものの送料無料にも着手し、オンライン書店の戦国時代がはじまりました。

2001年：品揃えと物流へのこだわり

アマゾンは、CD、DVD、ビデオゲームなど、書籍以外のカテゴリの取扱いを開始しました。豊富な品揃えと使いやすいインターフェースが好評を得て、急速に日本市場

Term

再販制度　出版社が出版した書籍を、一定期間を経て再度刊行する制度です。再版することで、書籍の流通量を増加させ、より多くの人に手に取ってもらうことができます。さらに、書籍の売り上げを伸ばすことができます。また、再版することで、書籍の寿命を延ばすことができます。

に浸透しました。

競合のビー・オー・エルは、わずか1年程度で日本から撤退し、bk1は丸善との資本・業務提携を開始し、早々にオンライン書籍業界の再編がはじまりました。

アマゾンは当初より「物流」が**CS***（顧客満足度）に直接関わる重要な要素と捉え、配送スピードとその品質にこだわりました。それは、物流を「補完的業務」と考えたり「利益を生まないコスト」と捉えたりする一般小売業とは一線を画す考え方です。配送を業者任せにするのではなく、アマゾンが主体的となり、販売と物流を一体化させ、情報連携をスムーズにすることで、サービスレベルを大きく引き上げました。

2002年：マーケットプレイスの開設

アマゾンは「**Amazonマーケットプレイス**」を開設しました。これにより、直販と出店型の2つのビジネスで急成長していきました。既に日本でサービスを開始していた楽天市場やYahoo!がモール型ECやオークションサイトとの競争が激化しはじめました。特に、楽天市場では、この年、独自のロイヤリティプログラム「**楽天スーパーポイント**」（現・楽天ポイント）のサービスを開始しました。

アマゾン進出が国内EC業界に打撃

アマゾンが日本市場に進出してからの3年間は、日本のEC業界全体の競争を活性化させ、その成長が促進された時期といえます。

アマゾンの戦略は、アメリカのやり方をそのまま行わず、日本市場の特性をうまく捉えた上で、商品の多様化、サービスの改善、物流の革新を進めたことで、多くのユーザーを引きつけました。**アマゾン進出**がきっかけとなり、この時期に起きた日本のEC業界での様々な変化は、その後の発展において、重要な基盤を築いたといえます。

Amazon上陸の
衝撃はすごかった

Term
CS Customer Satisfactionの略で、顧客満足度を意味します。顧客が商品やサービスに対してどの程度満足しているかを数値化したものであり、企業の経営にとって重要な指標のひとつです。

Section
2-3 ECと共存するカタログ通販・テレビ通販の独自性

従来型の通販とは、カタログやテレビ通販を通じて商品を提供するビジネスモデルです。このモデルは、インターネット普及以前から存在し、多くのユーザーにとって身近な購入手段でした。ここでは、従来型通販がEC企業から受けた影響と今後の展望について解説します。

■カタログ通販の誕生と最盛期

カタログ通販は、1970年代に登場しました。千趣会の「ベルメゾン」やカタログハウスの「**通販生活**＊」をはじめ、多種多様な企業が通販産業に参入し、カタログ誌の創刊も相次ぎました。

そんなカタログ通販は、ネット通販直前である1990年代に最盛期を迎えています。千趣会、ニッセン、ムトウ（現・スクロール）などが台頭し、特に、インナーを中心とした衣料品販売のセシールは、1992年、通販会社として初めて年商2,000億円を超えました。

■テレビ通販の誕生と成長

日本初の**テレビ通販**は、1970年に放送開始されたフジテレビ系のワイドショー「東京ホームジョッキー」内の番組内コーナーといわれています。その翌年、当時のフジサンケイグループが「ディノス」を設立することになります。

その後、テレビ通販はお茶の間に浸透し、**日本文化センター**、日本直販、二光などの大手が台頭しました。「キューサイの青汁」「ぶらさがり健康器」や「高枝切りばさみ」などの大ヒット商品が続々と生まれるようになりました。

1994年には「ジャパネットたかた」がテレビ通販に参入し、当時の高田明社長の独特のセールストークが話題を呼び、人気を博しました。「ショップジャパン」は、2012年、エイベックスとの共同企画としてダンササイズDVD「TRF EZ DO DANCERCIZE」を大ヒットさせています。

1990年代後半以降は、テレビ通販専門チャンネルが

Term **通販生活**　株式会社カタログハウスが発行する生活雑貨や健康食品、美容・化粧品などのカタログをベースとした通販事業です。1976年に創刊された「通販生活」は、現在では日本最大級の通信販売会社の一つであり、年商は約1,500億円にのぼります。

登場します。様々な企業が参入しますが、2023年現在展開されているのは、「ショップチャンネル」「QVC」などがあります。

■カタログ&テレビ通販「ならでは」の追求

2000年代初頭以降、インターネット技術の進化と普及に伴い、アマゾン、楽天市場、Yahoo!ショッピングなどの**ECプラットフォーム***が急速に成長しました。これらのプラットフォームは、便利さ、商品の多様性、比較の容易さなどを通じて、ユーザーの購買行動に革命をもたらしました。

このような背景の中、カタログ通販やテレビ通販は、その特徴を最大限に活かす必要があります。ネットではできない「ならでは」の追求です。

カタログ通販においては、その名の通り、具体的な製品情報の提供を、定期的に冊子という現物で届けられるため、商品の情報や魅力をしっかり伝えることができます。

また、最近のカタログ誌は雑誌的な要素も強く、ネットのようにサイトにわざわざアクセスも必要もないので、とても気軽であるといえます。特に、年配者などをネットでの購入に抵抗がある層、ネットが使えない層などへの特化したアプローチなどには効果的といえ、カタログ通販だけが為せる方法といえます。

テレビ通販は、依然として大きな影響力のあるテレビという媒体を通じることで、広範囲の視聴者層へのアクセスが最大のメリットといえます。番組内での商品デモンストレーションなど通じて、エンターテイメント的な要素も多分にあるものの、「楽しそう」「便利そう」といったビフォーアフターが分かりやすい事も特徴です。特に購入意思がなくても、最後には思わず注文の電話をしていた、という事は、テレビ通販ならではといえます。

今でも
旧来型の通販は
人気がある

Term

ECプラットフォーム　ECサイトを構築するための基盤となるシステムのことです。商品の登録から注文の受付、決済処理に至るまでの一連の流れをサポートする機能を持っています。これにより、企業や個人は技術的な深い知識がなくても、効率的にECサイトを立ち上げ・運営することが可能となります。

Section

2-4 新聞折込やテレビ・ラジオCMとネット広告

EC市場の成長とともに、インターネット上でも様々な広告が展開されています。では、新聞折込やテレビ・ラジオCMなどの従来型の広告はどのように位置づけられているのでしょうか。ここでは、各々の特徴と、効果的な活用方法について解説をします。

テレビCMの特徴

テレビCMは、ユーザーがテレビをつけている限り、不特定多数の人に見てもらえるため、その影響力は非常に高いといえます。また、計算され尽くした映像・音楽・ナレーションで表現されるため、短い時間で商品を印象づける事が可能です。

ただ、昨今では、録画でみる視聴者はCMを早送りしたり飛ばしたりするため、見てもらえないことや、ネットの普及により、テレビ離れが進んでいます。一昔前は、「亭主元気で留守がいい」「24時間タタカエマスカ」など、キャッチコピーを聞くだけで、そのCMが思い出される程の影響力がありましたが、昨今では、「今でしょ!」くらいで、その後は「ビズリーチ!」「ちちん PayPay」など、商品やサービスの名前の浸透に注力しているものが多いと言えます。

また、テレビ用のみならず、タクシー広告、**デジタルサイネージ広告***、YouTube などの配信媒体用広告と目的に合わせて、映像CMも細分化していることも注目されます。

ラジオCMの特徴

ラジオCMは、職場や車の運転中などラジオのリスナーの耳に自然に入る事が特徴です。

音声のみなので、表現できる内容が限られてしまうことから、企業名やサービスの認知には優れていますが、商品やサービスの特徴や魅力を十分に伝えることが難しい点があります。

Term

デジタルサイネージ広告　ジタルディスプレイを使用して配信される広告のことです。ビルボードや電車の中吊り広告などの従来の広告に比べ、動画や音声などを活用した、よりダイナミックな広告を配信することができます。

Web広告について

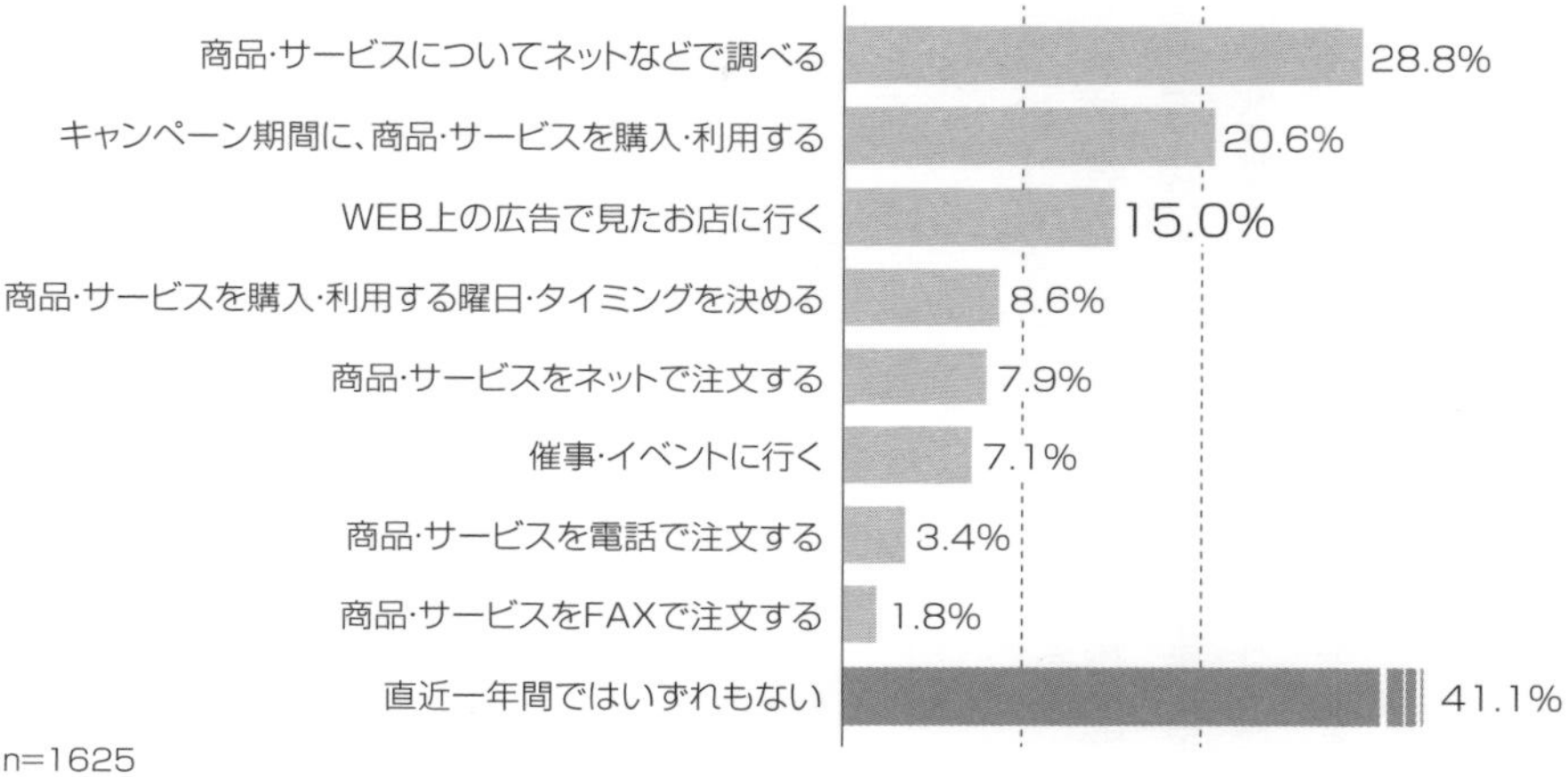

n=1625

オリコミサービス「折込チラシ・WEB広告を見て店に行く人に関する調査結果」より
https://www.orikomi.co.jp/

広告効果測定調査の概要と結果

実施概要		おもなクリエイティブ	広告投下週およびその前後週での売上変化			
			折込＋ネット	折込	ネット	広告なし
調査時期 実施地域 協力企業 商品	2019年2月 関東 カインズ 高機能フライパン		100 / 353 / 165	100 / 232 / 123	100 / 81 / 127	100 / 97 / 132
調査時期 実施地域 協力企業 商品	2020年11月 福岡県 トライアルカンパニー 肌着	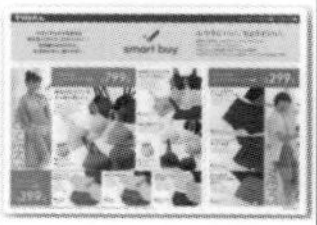	100 / 133 / 117	100 / 142 / 107	100 / 135 / 111	100 / 111 / 96
調査時期 実施地域 協力企業 商品	2021年7月 長野県 シューマート 高機能インソール		100 / 170 / 126	100 / 156 / 111	100 / 95 / 70	100 / 69 / 62

※棒グラフ(左から) ■広告投下前週(100) ■広告投下週 ■広告投下翌週

リテールアド・コンソーシアム「折込チラシに即効性、ネット併用で相乗効果」より
https://retailadconsortium.jp/

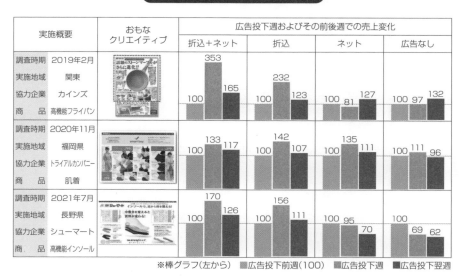

新聞折込の特徴

新聞折込では、ユーザーの行動範囲内の広告をタイムリーに配布できる事が大きな特徴です。

何気なく流れているテレビ・ラジオCMとは異なり「お得な情報を探したい」という目的意識を持って頂けることから、購買に繋がりやすいといえます。また、紙媒体のため、手元に残ることから、クーポンなどの訴求にも効果的です。

ただ、昨今は新聞購読者が減っていることから、自ずと多くの層に届けることは難しくなっています。更に、新聞には多くのチラシが折込まれているため、その中から一瞬で興味を惹く内容でないと、あっさり処分されてしまう、という事もあります。

インターネット広告の特徴

インターネット広告*は、その配信方法や頻度を予算などに合わせて、自由に設定する事ができます。また、ネット上に蓄積された情報をもとに、年代や性別など細かくターゲティングできたり、表示回数やクリックされた数などを計測できたりするため、データ化しやすく、その後の効果的なマーケティングにつなげることができます。これは、テレビ・ラジオCM、新聞折込では、なかなか測定しづらく、ネットならではの特徴といえます。

ただ、インターネット上には数多くの広告が繰り返し表示されてしまうため、それを嫌がるユーザーも存在します。

各媒体の広告の効果

東京都の広告代理店であるオリコミサービスが、2020年に「インターネット広告」と「新聞の折込チラシ」についての比較調査を実施し、それぞれ来店促進に果たす役割を分析しています。

その分析では「折込チラシを見て店に行く人は25・2%」「WEB広告を見て店に行く人は15・0%」と、リアル店舗向けには、折込チラシが効果的という結果が出ています。

ただ、「キャンペーン期間中に、商品・サービスを購入・利用する」「商品・サービスをネット／電話／FAXで注文する」と、「媒体を問わず実際に購入」という行動をとった割合の合計は、折込チラシでは20・8%、WEB広告では33・7%と、WEB広告の方が高い結果となっています。

また、読売新聞グループ本社、東急エージェンシーなどが参画する「リテールアド・コンソーシアム」が、2019年2月から2021年7月に計3回に亘り、新聞

Point

インターネット広告　インターネットのWebサイトや電子メール、検索エンジンなどのプラットフォームを使用して配信される広告のことです。テレビや雑誌などのマス広告に比べて、ターゲティングや効果測定が容易であることから、近年ますます注目を集めています。

折込チラシとネット広告の効果を測定する調査を実施しました。

　その結果、チラシ単体による売上の伸び率は前週比で42～132％増となり、いずれの調査でもネット広告単体を上回りました。さらに、チラシとネット広告を併用した場合は最大3・5倍と、売上を更に伸ばす余地のあることがある、という分析結果を発表しています。

　インターネットの時代になっても、引き続き即効性、瞬発力のある「折込広告」と即効性はないものの、一定のアクセスを保ち、持続した効果が得られる「**ネット広告**」を併用することにより、その相乗効果を高める事が期待できるといえます。

新聞折込チラシについて

直近１年間にあなたが、新聞の折込チラシを見たことがきっかけになってしたこと

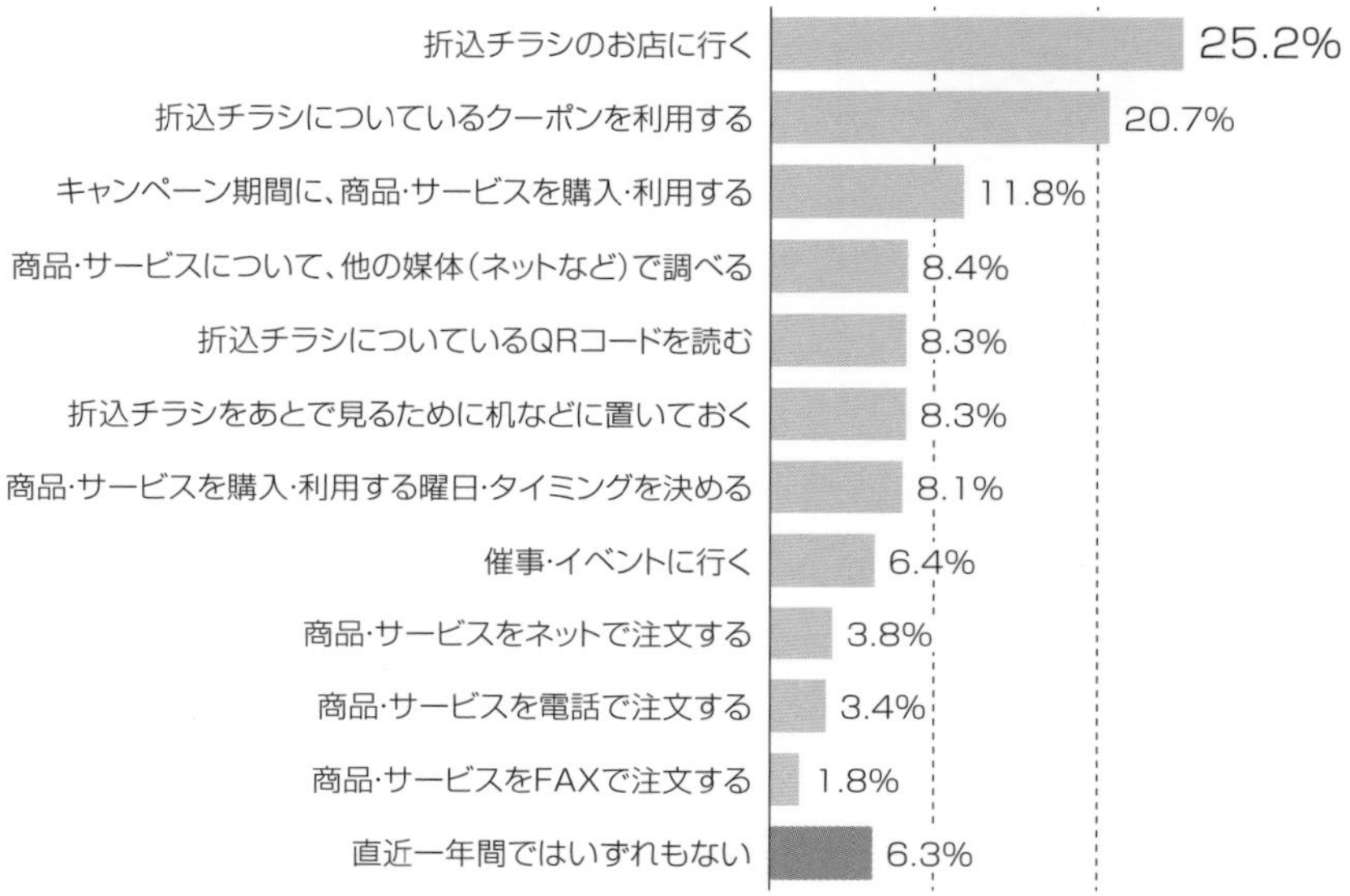

n=1625

Section

2-5 ケータイキャリアのユーザー取り込みとEC

携帯電話のキャリア各社は、通信料金と一緒にコンテンツやサービスの代金を合算して支払う「キャリア決済」の開始をきっかけに、EC事業に乗り出しました。

ガラケー時代のEC市場とは

1999年2月、NTTドコモによる世界初の携帯電話IP接続サービス、**i-mode**（アイモード）が開始されました。これにより、フィーチャーフォン（日本ではいわゆるガラケー）でメールの送受信やウェブページ閲覧ができるようになりました。銀行振込やチケット予約、グルメガイドや電話帳検索などが手元でできるという便利さは、瞬く間に話題を呼び、発売から約1年間で560万台を突破しました。

これに追従する形で、KDDI（現au）がEZwebを、J-PHONE（現ソフトバンク）がJ-SKYのサービスを開始しました。

キャリア決済の登場

NTTドコモは、i-modeのサービス開始と同時に、DoCommerceという決済サービスを試験的に行なっていました。これは、ゲームや着メロ・着うたといった携帯用のデジタルコンテンツを携帯の通話料金と一緒に支払う、といったもので、現在の「**キャリア決済***」の先駆けでした。

2005年「**ケータイ払いサービス**」（現d払い）という名称で本サービスを開始し、他社も2008年「ソフトバンクまとめて請求」2010年「auかんたん決済」というキャリア決済を導入し、追従しました。

2012年、ソフトバンクが、自社以外の他社のキャリア決済を導入したことから、「キャリア決済」が、その携帯電話会社専用のものではなくなり、一つの決済方法として確立をしました。2016年にはAppleが、2017年に

Term
キャリア決済　携帯電話会社のIDとパスワードを入力することで、携帯電話料金と合算して商品やサービスの代金を支払う決済サービスです。

iモードのトップ画面

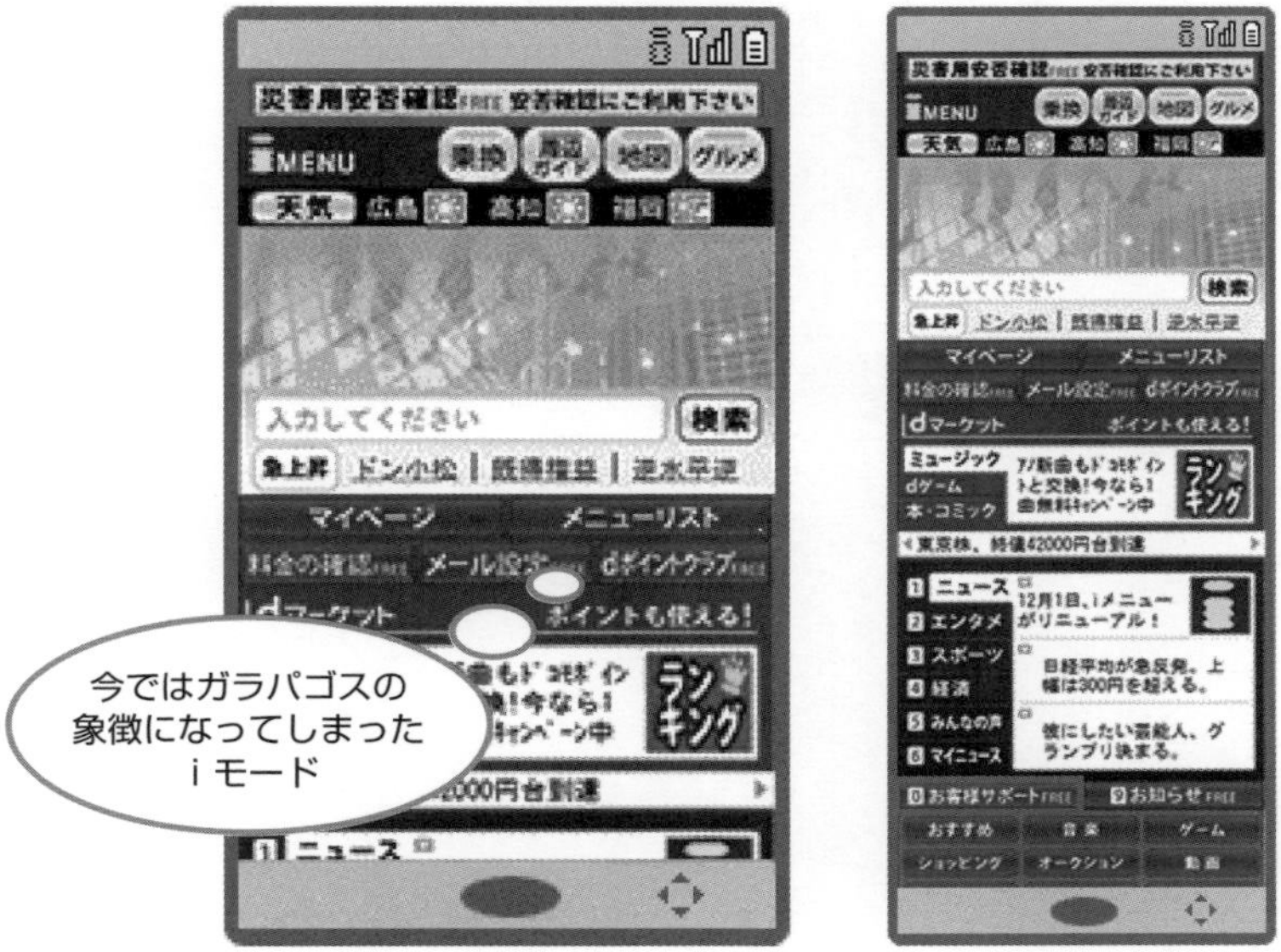

インターネットを使って商品等を購入する際の決済手段の推移（複数回答）

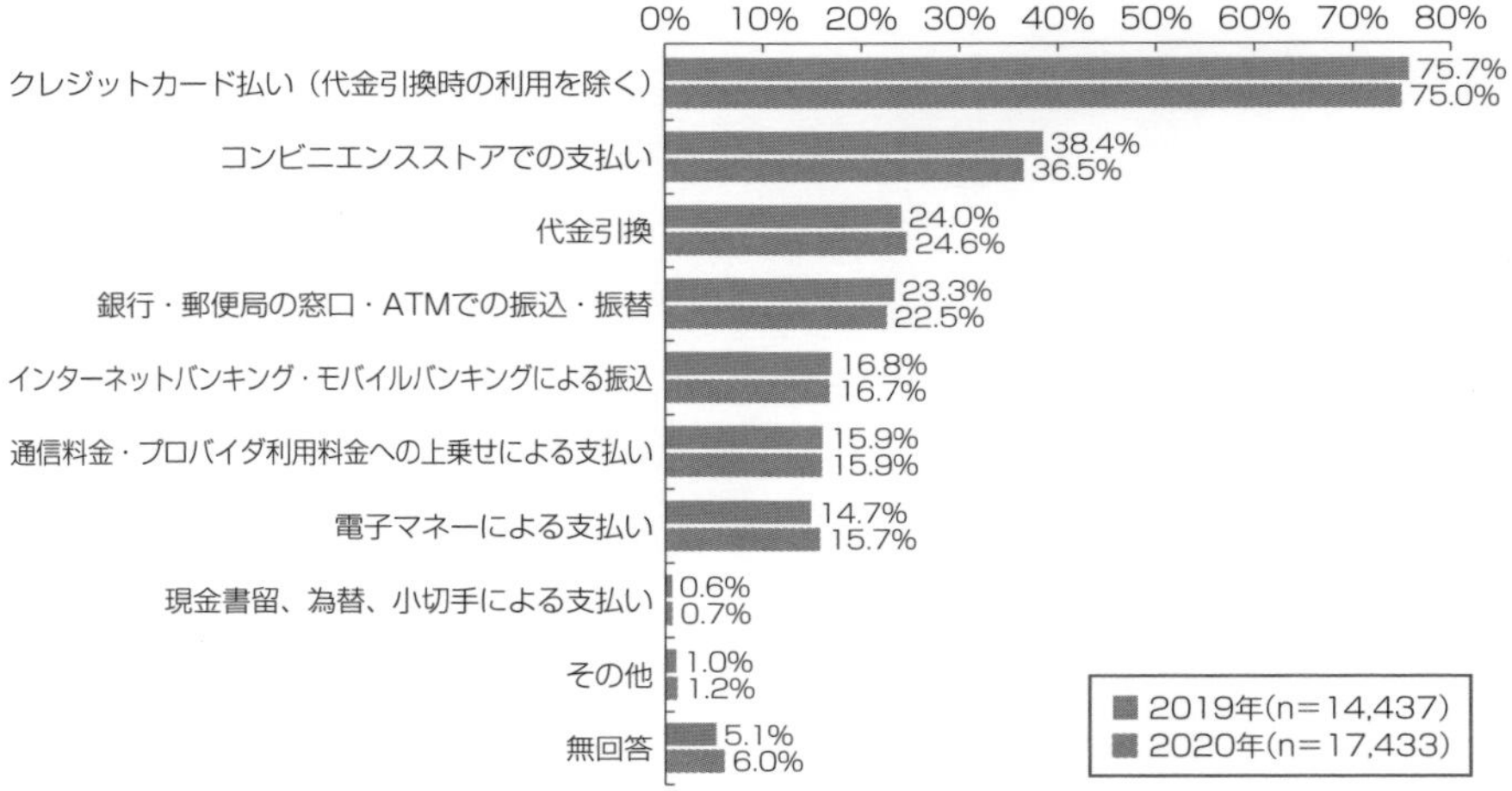

2021年9月28日　三菱UFJリサーチ＆コンサルティング
「キャリア決済を中心としたキャッシュレス決済の動向整理」より引用

はアマゾンが支払い方法として採用をはじめています。

　2021年、三菱UFJリサーチ&コンサルティングによる調査「キャリア決済を中心としたキャッシュレス決済の動向整理」によると、キャリア決済（通信料金・プロバイダ料金への上乗せによる支払い）は、2019年、2020年には15・9%であり、一定の利用率がある事が分かります。

携帯キャリア系ECの競争激化

　携帯電話の各社は「キャリア決済」の浸透をきっかけに、EC事業に乗り出しました。

　2006年「au Shopping Mall」（現・au pay マーケット）、2010年「**ドコモマーケット**」（現・dショッピング）がECモール事業に参入します。

　KDDIグループが運営する「**au PAY マーケット**」は、「Wowma!」「au Wowma!」といったサービス名称を経て、2019年に開始されたQRコード決済サービス「au PAY」をきっかけに、2020年5月に「au PAY マーケット」としてリニューアルされました。

　2022年の流通総額は3,155億、前年比13%増となっており、総合ECモールとしては、楽天、アマゾン、Yahoo!に次ぐ第4位につけています。

　NTTドコモと**オールアバウトライフマーケティング**＊が共同運営する「dショッピング」は、選別された店舗しか出店できないプレミアムモールというコンセプトが特徴です。2022年の流通総額は300億円、前年比29・2%となっており、10期連続の増収となっています。

　既にEC事業のあるソフトバンクは「Yahoo!」の各サービスに加えて、ZOZOの子会社化や、LINEとの経営統合を進め、楽天は、2019年に「**楽天モバイル**」のサービスを開始し、携帯業界に参入したことで、各社がどのように競争力を高めていくかが、注目される点である。

キャリアのサービスとしては世界的に珍しい

オールアバウトライフマーケティング　2014年に創業した日本のデジタルマーケティング企業です。日本最大級のサンプリングサイト「サンプル百貨店」や、話題の商品を気軽に試せる「ちょっプル」などの体験型サービスを提供しています。

「au PAY マーケット」ホームページ

「d ショッピング」ホームページ

Section

2-6 「すぐに手に入る」を実現した物流の功罪

ネットショッピングは、物流の進化により「欲しい物がすぐ届く」時代になりました。しかしながら、ラストワンマイル（地域の配送拠点からエンドユーザーまでの運送）におけるマンパワー不足が深刻化しています。ここでは、アマゾンでの事例を中心に、物流の進化とその背中合わせにある人的課題について解説をします。

EC物流とは

EC物流は、ECサイトでの商品購入から配送までの全てが含まれています。具体的には、商品の入庫、保管、注文管理、梱包、入荷、配送、返品対応といった、ネットショッピングに関連する物流活動全般を網羅しています。EC物流は、「1件あたりの商品数は少なく、配送件数は多い」という特徴があります。更に、迅速な配送が求められることから、安全かつ効率的な在庫管理のための**倉庫管理**や、ピッキング、梱包、送り状作成の効率化、また、配送パートナーとの連携強化による、配送状況の共有化や、配送ルートの最適化なども不可欠な要素です。

アマゾンがロジスティクスの概念を変えた

アマゾンは、**リアル店舗**を持たないEC事業者が、リアル店舗に勝つためには、「ユーザーの手元へ商品を迅速かつ正確に届ける」というサービスを最大限のレベルまで引き上げる事が最優先事項と考えました。創業者のジェフ・ベゾスは、アマゾンのことを「ほぼ**ロジスティクス**＊カンパニー」（一元管理された物流システムを扱う会社）と表現するくらいです。よって、アマゾンは、物流に関する設備やテクノロジー開発に対して、採算度外視のケタ外れの投資を行い続けています。

これは、「物流=単なるコスト」と考えるその他一般の企業と全く異なる概念といえます。

Term

ロジスティックス　物流における運送・保管・包装・システム・流通加工・荷役などさまざまな機能を高度化し、業務価値や商品価値を最適化することです。

CS（**顧客満足度**）に要素には様々な要因がありますが、「ネットで注文したものがすぐ届く」という、ある意味、最も基本的なニーズの実現に対し、こだわり抜いたことで、EC業界のトップに君臨しているといえます。

日本のアマゾンは、2023年現在、全国27ヶ所の**フルフィルメントセンター**（物流拠点）、50ヶ所以上の**デリバリーステーション**（配送センター）を配置しており、2017年以降、ロボットを活用した**アマゾンロボティクス***も順次導入されています。2023年8月にオープンした千葉みなとフルフィルメントセンターでは、商品在庫数は約1700万個以上、商品の入出荷数はいずれも1日あたり約60万個と国内拠点としては最大規模を取り扱っています。

返品もアマゾンは凄い

もし、商品が返品や交換になった場合でも、ユーザーが簡単に手続きができる方法の提供することで、CS（顧客満足度）を向上させ、リピートにつなげる事ができます。そして、返品された商品のメーカーへの返品や再在庫化、廃棄などの管理や、返品交換の理由をデータ化・分析することで、商品の品質改善やサービスの向上へつなげることも重要です。

アマゾンは返品においても、圧倒的なスムーズさを提供しています。商品の不具合等によるものであれば、サイト上で返品手続きを行い、返送方法もヤマト運輸の営業所やファミリーマートへの持ち込みか、自宅への無料集荷が選択できます。アマゾン指定の返品方法であれば、返品用の送り状の準備も必要ない点は、非常に利便性が高いといえます。

ちなみに、その他のEC企業における返品手続きは、プロセスが非常に多く労力を要する事が一般的です。日本有数のロジスティック環境を持つヨドバシカメラですら、返品の際は、事前にお客様センターへの電話かフォーム入力が必須となっており、返品理由などを手書きで記入した納品時の納品書の同梱も必要となっています。

アマゾンの宅配クライシスへの対応

どんなにテクノロジーが進化しても、エンドユーザーなど、配達の最後の地点へ届けるのは、人間です。前述の通り、EC物流の「1件あたりの商品数は少なく、配送件数は多い」といった特徴から、EC業界が好調になればなるほど、配達ドライバー1人あたりの配達荷物数が過剰になってい

Term

アマゾンロボティクス　アマゾンが設立したロボティクス企業。2012年にKiva Systemsを買収し、2015年にその名称をアマゾンロボティクスに変更しました。同社が開発したロボットやソフトウェアは、商品の棚入れや棚出し、ピッキングなどの作業を自動化することで、物流の効率化とコスト削減に貢献しています。

きます。

しかし、ドライバーの仕事は、一般的に激務と捉えられているため、離職率が高かったり、募集してもなかなか人材が集まらなかったりと、慢性的な人手不足が問題となっています。

昨今は、EC販売は企業だけのものではなく、フリマアプリやオークションなどの**CtoC**や、**eBay**などの越境ECも拡大しているため、もはや社会問題といっても過言ではありません。

日本では2016年9月、ヤマト運輸でドライバーの採用が進まず、2017年4月「**ヤマトショック**＊」と呼ばれる運賃のベースアップ、繁忙期における荷物の総量規制を発表し、宅配業界全体の「**宅配クライシス**（危機）」へとつながりました。

アマゾンは、それまで大半を頼ってきたヤマト運輸への発送委託率を下げ、大手のみならず、ローカルの運送会社や個人事業主と連携した配送サービスを提供しています。

現在では、アマゾンの**ラストワンマイル配送**プログラムとして、整理されています。特に、2019年にスタートしたアマゾンフレックスでは、個人事業主のドライバーを募り、貨物軽自動車運送事業者への登録のサポートから、軽車両のレンタルやリース、販売をも斡旋するという画期的なプログラムを開始しました。

更に、2021年にスタートしたAmazon Hubデリバリーにおいては、事務所や店舗の空きスペースを拠点とし、近隣限定で配達業務を行うプログラムの提供を始めています。

実は、その数年前にアメリカ本国で同様の宅配問題があった際、UPSが行なった総量規制に対応するため、FedExや**USPS**との取引を拡大したり、地域宅配会社の開拓など、配送方法の最適化に努めてきました。よって、アマゾンは、日本における「宅配クライシス」を予想し、着実に対処をしてきた、といえます。

また、コロナ禍を経由して一般化した「置き配指定サービス」による再配達の削減、コンビニなどの店頭やアマゾンロッカーに商品を届ける「自宅外受け取り」など、受け取り方法の多様化にも対応しています。

Term
ヤマトショック　2017年にヤマト運輸が宅配便の運賃を大幅に値上げしたことを指し、日本のEC業界に大きな影響を与えました。この値上げは、労働環境の改善と配達員の過重労働の解消を目的としていました。配送料の増加はコスト上昇につながり、ビジネスモデルの見直しを余儀なくされる事態となりました。

アマゾンロボティクス

アマゾン企業サイトより引用
https://www.aboutamazon.jp/

アマゾンフレックスの配達員（イメージ）

アマゾンフレックスホームページより引用
https://flex.amazon.co.jp/

Section
2-7 ショールーミングとウェブルーミング

「リアル店舗で現物を確認してネットで購入した」「ネットで事前に情報を確認してからリアル店舗で購入した」恐らく、多くの人が一度以上は経験しているのではないでしょうか。ここでは、「ショールーミング」「ウェブルーミング」についてと、効果的な事例について解説をします。

■「ショールーミング」「ウェブルーミング」

ショールーミングとは、その名の通り、「ショールーム＝展示場」が語源です。リアル店舗で商品を確認したり、試したりして、「ショールームのように」利用し、購入の意思決定をし、ECショップで商品を購入することを指します。

ウェブルーミングとは、ECショップで、ある程度の情報や比較検討をしてから、リアル店舗で購入することを指します。

ユーザーが「ショールーミング」「ウェブルーミング」をする理由は、言うまでもありませんが「安く買いたい」からです。

リアル店舗で商品を実際に試す他、日中は時間がないため、スキマ時間で偵察をして、**価格ドットコム***のような価格比較サイトから、最も安価なECショップで購入します。

逆に「リアル店舗で使えるクーポンがある」「配送料をかけたくない」「すぐに持ち帰りたい」「今すぐ使用したい」といった場合は、リアル店舗での購入を選びます。

■ショールーミングの課題と対策

筆者がショッピングセンターに勤務していた2000年代、楽器店からは「うちで散々試し弾きして、家電量販店やネットに流れてしまう」、靴を扱う店舗からは「靴のサイズを何足も試すだけ試して帰ってしまう客が多くなった」と嘆きの相談を受けることが非常に多かったです。確かに労力だけ使い、売上にならないのは虚しくなるものです。

アメリカなどでは、リアル店舗における試着等の際、

Term

価格ドットコム（価格.com、カカクコム） 日本の比較ショッピングサイトで、多種多様な商品やサービスの価格比較情報を提供しています。PC、家電、食品、日用品など幅広いカテゴリーにわたる商品の詳細情報やレビュー、店舗情報が掲載されています。

「フィッティングフィー」を徴収し、購入の際には、購入金額に充当する、といった対策が取られたりしています。

■ショールーミングの成功事例とは?

ヨドバシカメラは、この「ショールーミング」を逆手にとった成功企業の一つです。リアル店舗の商品の値札についている「バーコード」をヨドバシのアプリで読み取ると、**「ヨドバシドットコム」**の該当ページへジャンプしてくれます。リアル店舗もECショップも価格は統一で、ポイントカードも共通ですので、ユーザーは都合の良い方法で購入することができます。ヨドバシ自体も、利益率は異なるのでしょうが、リアル・ネットどちらで売れても良いと考えているのです。

Apple Store*では、リアル店舗を「ただモノを売るだけの場所ではない」と捉えています。

アップル製品を更に使いこなしてもらうための場として、常にスタッフが商品を手に取ったユーザーに対し、声をかけたり、「Today at Apple」という毎日行われる**ワークショップ**を通じて、初心者向けの使い方や、写真や動画の撮り方、iPadで絵を描く、といった体験を提供しています。

「Today at Apple」の様子（イメージ）

ワークショップも
盛んに
行われている

出典：アップル日本ホームページより
https://www.apple.com/jp/

Term **Apple Store**　Apple Inc.が直営する店舗で、iPhone、iPad、MacなどのApple製品や関連アクセサリーを展示・販売しています。ユーザーは製品を直接体験でき、技術的な支援やアドバイスを受けることが可能です。

Section

2-8 誰でもEC事業者になれるようになった

インターネットを使って誰でも起業できる時代になりました。実際、オークションやフリマアプリなどの流通額は年々増加しており、EC市場の売上を押し上げているひとつの要因となっています。そこからネットショップなどを使って本格的に副業・起業をする人が増えています。ここではその背景と具体的な手法について解説をします。

■個人のネット物販が副業、複業や起業で注目される背景

2018年、厚生労働省は「副業・兼業の促進に関するガイドライン」を発表し、同時期に「モデル就業規則」から副業禁止規則が削除されました。そして、翌年の「**働き方改革***」の施行により、副業・兼業の解禁を推奨されるようになりました。

更に、2020年春、新型コロナウイルスの蔓延より、これまでの労働に関する概念が大きく変化しました。「本業だけで大丈夫なんだろうか」「うちの会社は大丈夫なのだろうか」強く本気で思われている方は急増しています。ひとつの収入源だけでは、そのひとつに何かがあった場合、非常に危険である、という事が、まさに現実となったことから「複数の収入源を持つ時代」が到来した、といえます。

様々な副業、複業、起業の手段がある中「インターネット物販」に注目が集まりました。その理由として、インターネット物販は、コロナの影響を受けづらいビジネスのひとつであったこと、また、再現性が高いという事が挙げられます。

フリマアプリの代表格である**メルカリ**で、不用品を販売したことがある経験がある方は多いのではないでしょうか。スマホで写真を撮り、ちょっとした説明文を書き、適正価格で出品すれば、数日後には、500円とか1,000円以上の収入を得られる事は、再現性が高いと言われる根拠です。

Term **働き方改革**　働く人々がそれぞれの事情に応じた多様で柔軟な働き方を選択できる社会を実現するための改革です。長時間労働や非正規雇用の拡大、労働生産性の低迷など、働き方に関するさまざま課題を解決し、働く人々がより豊かな人生を送ることができる社会を実現するために、取り組むものです。

２０２３年８月に経済産業省が発表した「令和４年度 電子商取引に関する市場調査報告書」によると、２０２２年の **CtoC-EC**（個人間の電子商取引）の市場規模は2兆3,630億円で前年比６・８％増となっており、年々増加傾向にあります。

Yahoo! オークションやメルカリで起業の基礎を身につけることができる

インターネットオークションの **Yahoo! オークション**や フリマアプリの**メルカリ**は、各々２０００万の登録者を誇る、既に成熟した市場となっています。

商品画像、商品タイトル、商品説明を順に入力していく、というインターフェースが整っていますので、物販初心者の方でも、スマホだけで簡単に出品できるよう工夫されています。

予め登録された商品情報を活用したバーコード出品や、最近では、膨大な蓄積データから、適正な商品タイトルの生成や、相場に合わせた適正価格の提案など、ＡＩによるアシストも機能も充実しており、常にユーザーの結果が出やすい環境づくりが行われています。

最初は自身の不用品の販売から始め、徐々に販売するための商品を仕入れて、取り扱い商材を増やしていく、といった流れと一般的となります。

商品の仕入れ先は、リサイクルショップなどから商品を調達するいわゆる「**せどり**＊」と呼ばれる手法や、海外のオンラインショップ、古物市場などが挙げられます。

最近では、様々な条件はありますが、個人でもメーカーや卸売業者から直接調達が可能になっています。

お手軽ながらも、ネットショップの開設など、その後のビジネスの拡大や起業を目指している場合は、魅力的な商品の魅せ方、購入を促す事ができるライティングスキル、適切な商品の梱包や発送方法、クレーム対応、リピート対応などのアフターサービス、確定申告など商売についての基礎知識を習得できることも大きな特徴です。

なお、中古品や新古品を扱う場合は、古物商の許可申請が必要となります。

アマゾン

アマゾンが運営する「**アマゾンマーケットプレイス**」は、楽天や Yahoo! ショッピングなどのモールと比較して、参入しやすい事が特徴です。アマゾンは、企業理念である「地球上で最も豊富な品揃え」を実現するため、個人を含めた

せどり　安く仕入れた商品を高く売ることで利益を得るビジネスモデルです。古本やブランド品、家電、ゲームなど、さまざまな商品がせどりの対象となります。

多くの出店者を広く募っている、という事です。

アマゾンマーケットプレイスへの出店には「小口出品」と「大口出品」の2つのプランがあります。

小口出品は、取扱商品が少ない出品者向けのプランです。**月額登録料**は無料で、1点売れるごとに基本成約料と販売手数料が発生します。大口出品は、月額登録料が発生しますが、基本成約料は無料で販売手数料のみとなります。

2023年現在、基本成約料は100円、月額登録料は4,900円ですので、月50点以上の商品を売るのであれば、大口出品の方がお得となります。

予め準備されたアマゾンのカタログ情報にそって、商品を登録していくだけなので、出品は簡単です。

大口出品者であれば、アマゾンに登録されていないオリジナル商品の出品も可能です。

安価な出店費用、出品が簡単である事、アマゾンには圧倒的な信頼や集客力がある事、売上金の入金サイクルが14日と他のモールと比較して短いことが参入障壁を下げています。

更に、アマゾンの配送システム**FBA**(フルフィルメントby Amazon)では、在庫商品を予めアマゾンの倉庫に預けることで、注文後の梱包や発送、返品などの配送業務を代行するサービスを提供しています。自身の商品をアマゾンの商品と同じ扱いをしてくれますので、ユーザーに対しても、安心で迅速な対応が提供できます。

アマゾンで売れた商品を、Yahoo!オークションやメルカリのように、自己発送することも可能ですが、FBAを利用することで、自身での梱包・発送する必要がなく、在庫を保管する場所も不要となりますので、副業で小さく始める方には利便性が高い機能といえます。

参入障壁は低いものの、販売手数料が約15%であることや、参入者が多いため競争が激しいこと、モールにそった出品のため、返品等については、アマゾンのルールに従う必要があるなど、がデメリットとして挙げられます。

D2Cプラットフォームによるネットショップの開設

Yahoo!オークションやメルカリ、アマゾンマーケットプレイスは、EC事業に参入しやすいですが、そのプラットフォームのルールがありますので、独自性を出しづらいことが難点といえます。

昨今では、オリジナル商品や**OEM***商品の取り扱いや、専門特化型の商材の販売に、大手プラットフォームではな

Term

OEM(Original Equipment Manufacturer)　メーカーが自社でない他社ブランドの製品を製造することを指します。商品の企画や設計は発注者側が行い、製造のみをメーカーが行うことが一般的です。発注者は、設備投資や人材投資などを行わずに、オリジナル商品を生産できるメリットがあります。

く、**D2Cプラットフォーム**が多く使われるようになりました。

　D2Cプラットフォームの代表格である「**Shipify**」「**BASE**」「**STORES**」などでは、ネットショップに必要な様々なテンプレートや決済システムが準備されており、ゼロからページを立ち上げる必要はありません。発生する費用は、基本、月額利用料と決済手数料となりますので、利益幅を確保できることも特徴です。

　ただし、大手モールと異なり、その宣伝については、自身で行う必要があるため、各種SNSの活用やSEO対策などが必要となります。

D2Cプラットフォーム「BASE」（ベイス）

Section

2-9 コロナがきっかけになった巣ごもり需要の現在

1980年、アメリカの未来学者であるアルビン・トフラーの著書「第三の波」によって提唱された情報革命は、コロナ禍において、10年分かそれ以上のスピードで、在宅勤務などを半強制的に社会に定着させられました。ここでは、コロナ禍を起点とした「巣ごもり需要」に対するECの推移について解説をします。

2023年上期の小売業全体では「巣ごもり需要」は終息へ

2023年10月に経済産業省から発表された「2023年上期　小売業販売を振り返る」によると、2023年上期の商業販売額は、約290兆円であり、前年同期比1・9%の増加となっています。

そのうち、約3割を占める小売業は、前年同期比5・9%の増加となっています。

小売業の中では「自動車小売業」が最も好調で、コロナ禍に起因した部材不足による供給制約の解消等が要因とされています。

次いで「飲食料品小売業」「その他小売業」の順となりますが、価格要因で販売額が大きく変動する傾向がある飲食料品小売業と燃料小売業を除くと、前年同期比で7・2%の増加となっています。

業態別では、百貨店、ドラッグストア、コンビニエンスストア、スーパーの販売額が増加しています。特に、百貨店は、外出機会の増加やインバウンド需要の回復により、ファッション関連を中心とした売上拡大により、前年同期比9・7%と大幅増となっています。

ドラッグストアでは、「食品」「**OTC医薬品***」※OTC=処方箋を必要としない一般薬「調剤医薬品」「ビューティケア（化粧品・小物）」などが好調で、前年同期比7・7%の増加となっています。

逆に、減少傾向にあるのは、「家電大型専門店」「ホーム

Term

OTC医薬薬　処方箋なしで購入できる身近で一般的な風邪薬、解熱鎮痛剤、胃腸薬など指します。カウンター越し（Over The Counter）にお薬を販売する事に由来し、かつては「市販薬」「家庭薬」「大衆薬」と呼ばれていました。

センター」です。「家電大型専門店」は、巣ごもり需要期に好調だった生活家電やAV家電等が減少し、前年同期比3・2%の減少。

「ホームセンター」も、インテリア、DIY用具・素材、家庭用品・日用品といった室内向けのジャンルが減少し、前年同期比0・8の減少となっています。

■アフターコロナのECは、物販・サービスは引き続き増加、デジタル系が減少

2023年8月に経済産業省から発表された「令和4年度デジタル取引環境整備事業（電子商取引に関する市場調査）」によると、2022年の日本国内のBtoC-ECの市場規模は、22・7兆円で、前年比9・91%増と大幅に拡大しています。

分野では、「物販系分野」が13兆9,997億円で5・37%増、「サービス系分野」は6兆1,477億円で32・43%増となっていますが、「デジタル系分野」は2兆5,974億円と6・10%減となっています。

「物販系分野」は全ての分類において、前年を上回っています。中でも、「食品、飲料、酒類」は、2兆7,505億円で9・15%増、「化粧品、医薬品」は、9,191億円で7・48%増と、物販系分野で大幅に伸びている業種です。

元々EC率が約50%前後と高い「生活家電、AV機器、PC・周辺機器等」も2兆5,528億円で3・84%増、「書籍、映像・音楽ソフト」は、1兆8,222億円で4・02%増と、その増加傾向は全く衰えていません。どちらも、商品名や型番がはっきりしていて、リアル店舗でもネットでも変わらないという特徴があります。

「サービス系分野」でも、全ての分類において、前年を上回っています。中でも、「旅行サービス」は、2兆3,518億円で前年比67・95%増、「飲食サービス」は、6,601億円で33・69%増、「チケット販売」は、5,581億円で73・89%増と大幅増になっています。これは、コロナ禍による売上低迷の反動によるもので、大きく業績が回復傾向にあると捉えることができます。

「デジタル系分野」では、オンラインゲーム以外の分類は全て増加傾向にあります。「**有料音楽配信**＊」「有料動画配信」は、共に前年比2桁増です。特に、動画配信はコロナ禍という特需がありましたが、レンタルビデオのように店へ足を運ぶことなく、スマホ、PC、テレビで自由に視聴でき

Term

有料音楽配信　月額や年額などの料金を支払うことで、一定期間、音楽を聴き放題できるサービスです。有料音楽配信のメリットは、①好きな音楽を好きなだけ聴ける ②手軽に音楽を楽しむことができる ③最新の音楽をいち早く楽しめる　です。

るメリットが根付き、ワールドカップ全試合放送などのコンテンツ力や、動画再生時に広告が入る安価なプランなどが増加の要因として、売上を押し上げているといえます。

ただ、Yahoo!グループのGYAO!（ギャオ）や**Paravi**（パラビ）の終了など、業界内の再編成も進んでいるのも注目されるところです。

オンラインゲームは、1兆3,097億円で18・79%減となっています。デジタル系分野の約半分の売上を占めていることから、デジタル系全体の売上も押し下げる結果となっています。

ゲーム業界そのものは、利用人口5,000万人を超えると推計されていますが、やはりコロナ禍の特需であったアプリ系やPC系のゲームが減少しているものと思われます。

コロナ禍において、一通りのEC体験をしている中、「これはECで、あれはリアル店舗で」

または「店舗で現物確認したから、後はネットで」などと、使い分けが一層増加するのでは、と推測されます。

BtoC-EC 市場規模の経年推移

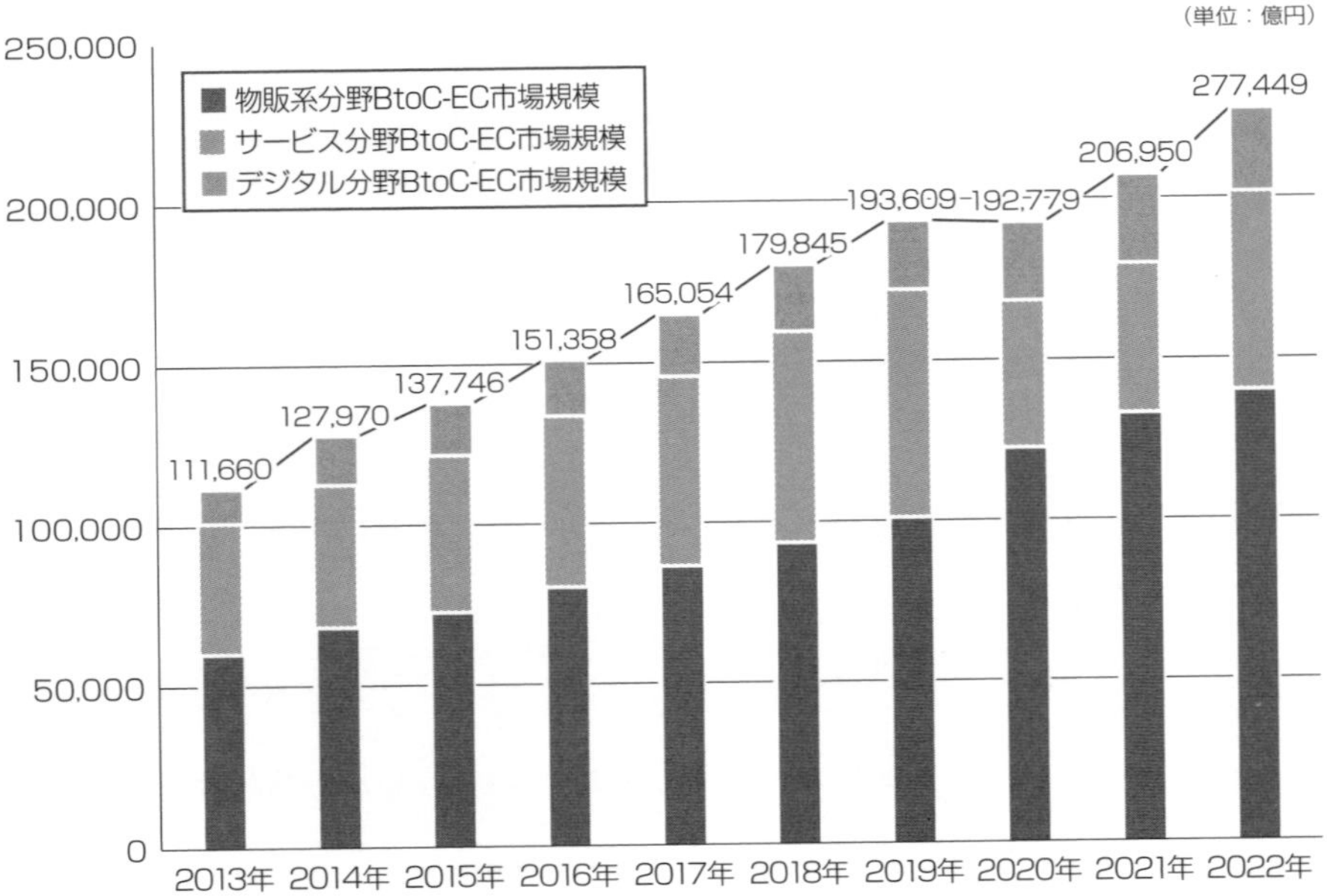

経済産業省ホームページより引用
https://www.meti.go.jp

第3章

ECとSNSの深い関係

ECとソーシャルメディアの連携は、各SNSプラットフォームを通じた各企業の取組みの他、インフルエンサーを活用したり、ユーザーを取り込こんだりする拡張性の高いマーケティングも行われています。ここでは、各SNSの特徴や、それらを活用したプロモーション手法、そして期待できる効果について解説します。

Section

3-1 ECとソーシャルメディア、SNSとの関係

ECサイトにおける集客やプロモーションには、SEO対策やユーザーの検索結果と連動するリスティング広告などがあります。昨今では、ソーシャルメディア、特にSNSを活用したプロモーションや広告によって、集客や売上を増やしている事例が増加しています。

■マスメディアとソーシャルメディアの違い

マスメディアとは、テレビやラジオ、雑誌や新聞といった、マス＝大衆に向けた媒体を指します。

発信される情報は、不特定多数が対象となりますので、一方通行型のメディアであるといえます。

それに対して、**ソーシャルメディア**は、個人や企業によって形成されるインターネットを通じた情報交流サービスの総称となります。発信される情報は、共有や拡散されることから、双方向型のメディアであるといえます。

■ソーシャルメディアの種類

ソーシャルメディアには、ブログやBBS（電子掲示板）、動画共有サービス、各種レビューサイト、そして、**SNS**（ソーシャルネットワーキングサービス）など、様々な種類が存在します。

ソーシャルメディア＝SNSと捉えられがちですが、SNSはソーシャルメディアのひとつです。

（主な例）

BBS：5ちゃんねる（旧・2ちゃんねる）

ブログ：Amebaブログ、note、楽天ブログ、livedoor Blog、WordPress

SNS：X（旧Twitter）、Facebook、Instagram、Thread

メッセンジャーアプリ：LINE、Messenger、WhatsApp、Discord、WeChat、Chatwork

ビデオ会議アプリ：Zoom、Google Meet、Skype

画像・動画共有サービス：**YouTube**、**TikTok**、ニコニコ動画、vimeo

Point **主なSNSサービスと特徴**　X/旧Twitter（短文の投稿）、LINE（メッセージのやり取り）Facebook（日記風の投稿）、YouTube（動画投稿）、Instagram、Pinterest（写真投稿）Tik Tok（短編の動画投稿）、LinkedIn（ビジネス系）

ライブ動画配信サービス：YouTube Live、LINE LIVE、V LIVE、Twitch、ツイキャス、ニコニコ生放送
音声配信サービス：Voicy、**Clubhouse**、Podcast
レビューサイト：食べログ、ぐるなび、HOTPEPPER ビューティー

SNSとは

SNSとは、ソーシャルネットワーキングサービス(Social Networking Service)の略で、インターネット上の**コミュニティサイト***のことを指します。

ユーザーは自身のプロフィールや写真などを登録することで、自身の日記や写真、動画などの投稿を通じての情報発信や、他の投稿を閲覧したり、拡散したりすることができます。それらを通じて、ユーザー同士とのつながりを持つこともできます。メッセージの送受信や、友達検索などの機能もあります。自身の投稿は、公開範囲を設定できるため、自分が見せたい相手だけに閲覧を限定することもできます。

ソーシャルメディアの企業による活用

SNSを含むソーシャルメディアは、個人のみならず、企業でも集客や販売に活用されています。

インターネット以前は、企業がユーザーへ商品情報を知らせる手段は、店頭や、前述のマスメディア、DMなどの営業が中心でした。昨今は、急速なソーシャルメディアの普及により、商品情報を容易に発信できるようになりました。

まず、マスメディアを使った広告宣伝には、膨大な費用が発生しますが、SNSであれば、自社の情報発信は、無料で行うことができます。一方通行型の広告媒体とは異なり、SNSには拡散機能があります。商品や情報内容によっては、予期しないところで、話題や売上につながる事があります。

次に、ユーザーにとって有益な情報発信を定期的に行うことで、企業のブランドイメージや安心感を形成することができます。

また、SNSではユーザーとリアルタイムで双方向のコミュニケーションができます。商品やサービスの評判や使用感などをリアルタイムで確認したり、アンケートなども容易に実施したりすることも可能です。

Term　**コミュニティサイト**　共通の趣味や関心事、目的などを持つ人が集まり、情報交換や交流を行うインターネット上のサイトのことです。具体的には以下のような機能を持ったサイトのことを指します。

Section
3-2 インスタグラムとECの相性が良い理由とは？

インスタグラム（Instagram）は、「インスタ映え」という言葉が流行した通り、写真と動画をメインとしたSNSです。企業にとっては、商品のイメージやブランディングをより伝えられるツールとしても使われています。ここでは、インスタグラムについてと、現状の課題などについて解説をします。

インスタグラムとは？

インスタグラムは、Facebook の Meta 社の運営によるSNSで、2010年にリリースされました。日本では、2014年2月に開設され、2019年6月時点で3,300万人のユーザー数を有しています。

インスタが人気な理由として、文字中心ではなく、日記のように写真や動画を気軽に投稿できることです。

また、観光地やレストランからは、いわゆる「インスタ映え」で話題になったスポットやスイーツなどに人が押し寄せたり、「**インスタ映え**＊」を狙った商品開発も盛んに行われています。

EC業界においては、インスタのプロフィールURLから、すぐに自社のサイトに飛べる、という利点から相性が良いとされました。企業のブランドイメージをはじめ、具体的な商品やその使い方を発信したり、インスタグラマー（Instagramer：インスタを使ったインフルエンサー）などとタイアップをしたりと、大きな宣伝・広告効果を持つようになりました。

インスタグラムがきっかけによる購入経験は70％

体験型情報サイトのファンくる（株式会社ROI）が、2023年に行なった「インスタグラムについての意識調査」を行なったところ、

SNSを利用しているユーザーは89％、うち20代は98％、

インスタ映え　インスタグラムで多くの「いいね！」を集めるような魅力的な写真やビジュアルのことを指します。色鮮やかでアーティスティックな内容が好まれ、食事、風景、ファッションなど様々なシーンで用いられます。このトレンドは、見た目の美しさを重視する文化を反映しています。

インスタグラムを利用しているユーザーは74%、うち20代は91%と、流行に敏感な若い層への浸透度が高い事が分かります。

また、インスタグラムがきっかけで、商品やサービスを知った体験のあるユーザーは80%で、実際に何らかの方法で購入した経験のあるユーザーは70%にも及びます。きっかけはフォローしているインフルエンサーの投稿が46%と最も多く、コスメなどのヘルス&ビューティ商材が多く購入されています。その購入方法は、検索エンジンによって検索されたネットショップや、投稿に添付されたURLからが多いとの結果となっています。

インスタのショップタブ廃止でECとの連携はどうなる?

2020年7月、インスタグラムのタブに「**ショップ機能**」が追加されました。インスタに掲載されている商品をタップすると､その商品ページに飛び､すぐに購入ができる､という優れものでした。

この画期的な機能により、ますます、インスタとECの連携が進むかと思いきや、この**ショップタブ**は、2023年2月にわずか2年半弱で廃止されました。

「**TikTok**の人気を踏まえたリール動画への強化」「写真・動画のSNSであることの原点回帰」などといった報道がなされていますが、要は、インスタのショップは思ったより売れなかった、という事が要因であると考えられます。

まず、ショップタブにリンクできるECショップは、インスタ側が指定した**Shopify**などプラットフォームのみとなっていました。既存のオンラインショップ、アマゾン、楽天内ショップのリンクは貼れない、といった不便さがありました。よって、企業側にとっては、インスタに対応したショップを新たに開設する必要がありました。

更に､前述の「インスタグラムについての意識調査」では、インスタで商品を知っても、検索やプロフィール欄のURLから商品を購入しており、インスタグラムのショップからの利用率は18%と低い結果となっています。

既存のオフィシャルショップや、アマゾン、楽天等使い慣れたサイトでの購入や、ポイント目当てなどの理由なども考えられます。

インスタグラムは、商品の販促ツールとしては最適ですが、そのまま販売につなげる事には向いていない、とされているのが現状といえます。

Term

TikTok　音楽や音声に合わせて、15秒から3分程度の短い動画を撮影・編集・投稿できるソーシャル・ネットワーキング・サービスです。TikTokは、2016年に中国で「Douyin（ドウイン）」という名前でリリースされました。その後、2017年に「TikTok」に名称を変更し、世界各国で展開を開始しました。

世代別インスタグラムを経由した商品購入経験

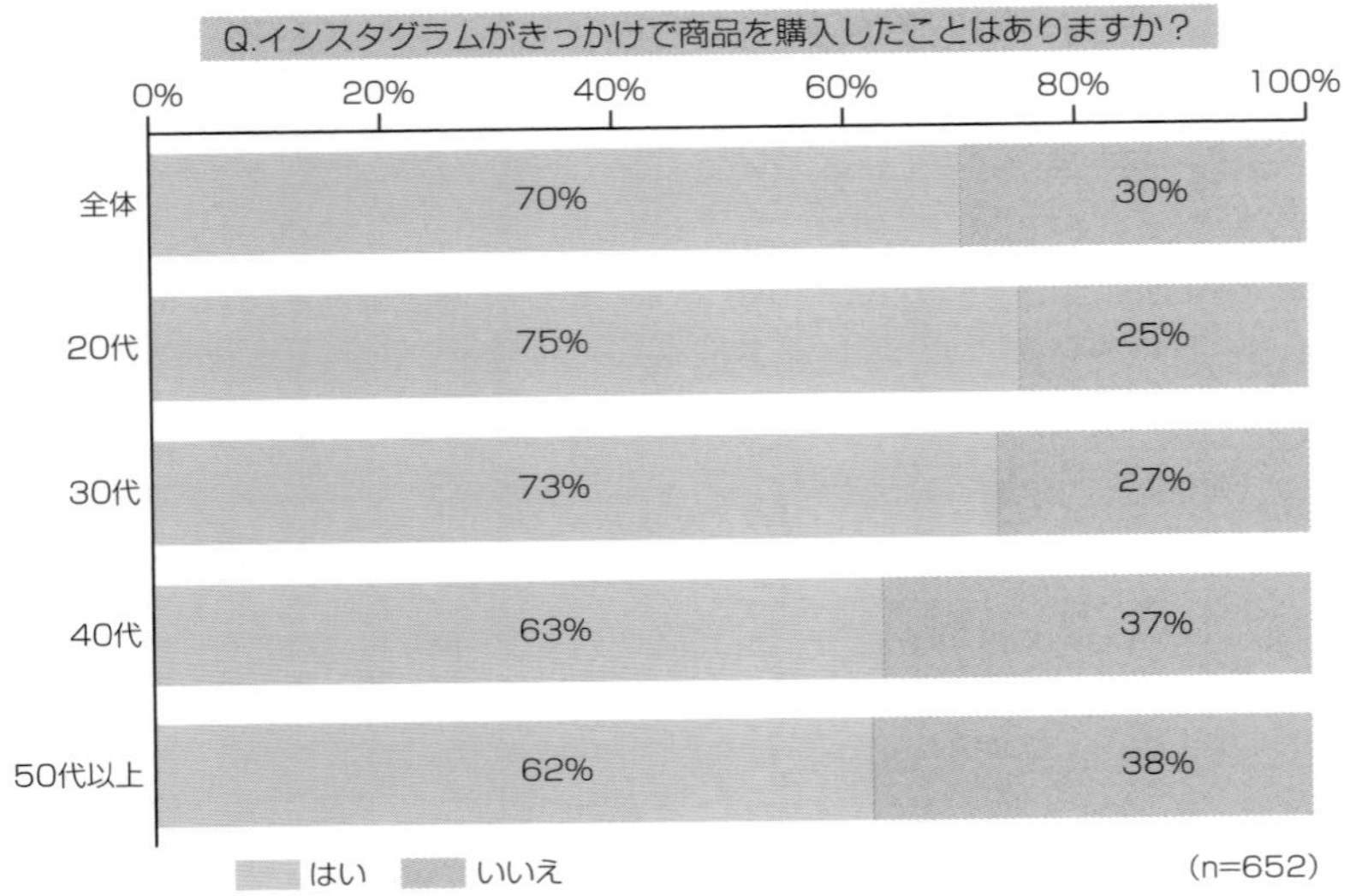

「ファンくる（株式会社 ROI）調べ」より引用

インターネットサービス別購入経路

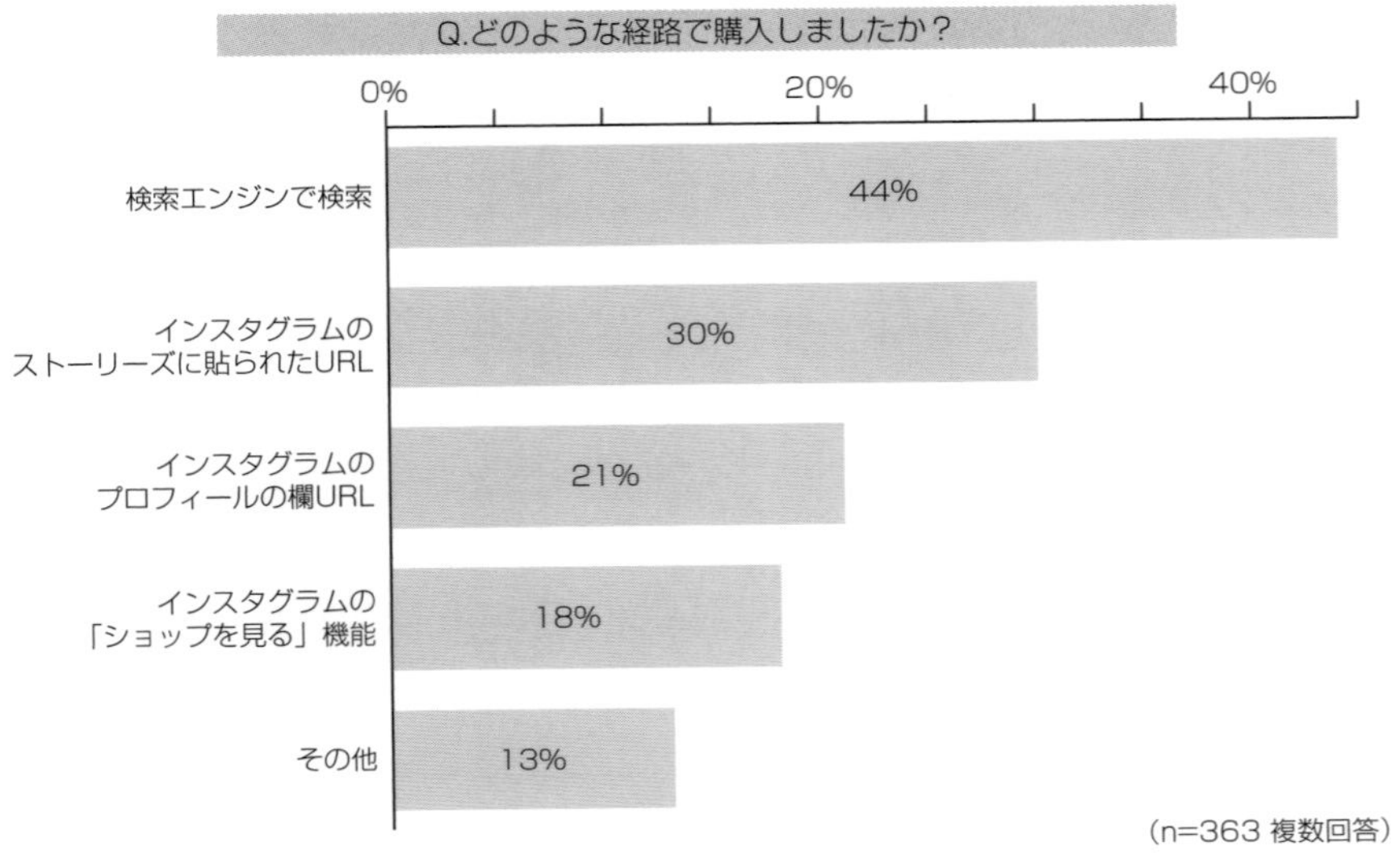

「ファンくる（株式会社 ROI）調べ」より引用

Column

「ユーザーの囲い込み」の功罪

ユーザーの囲い込みとは、自社の商品やサービスの利用を促すとともに、他店舗や他サービスに流出することを防ぐことです。安定的な収益を目的に、各企業は、この囲い込みに躍起になっています。ECサイトであれば、楽天の「楽天エコシステム」、LINEヤフーグループの「ライフプラットフォーム」など、いわゆる「経済圏」の考え方がそれにあたります。

しかしながら、その囲い込みのための大量のメールマガジンや行動ターゲティング広告が実際ユーザーからどう見えているのかは大きな課題です。

まず、メールマガジンは、一見「お役立ち情報」に見えますが。過剰になると、迷惑メールと同様に感じられることは多くのユーザーが体験していると思われます。1日に何通も送られてくると、例え1つ1つが有益であっても、鬱陶しいとしか感じなくなります。購入ページ内の目立たない箇所にメルマガ購読のチェックボックスがあり、購入後、いつの間にかメルマガ登録されていることも不快感につながっています。

次に、ユーザーがオンラインで検索した内容がすぐにSNSなどの広告に反映されることは、個人のプライバシーに対する懸念を生じさせます。この類は「行動ターゲティング広告」と呼ばれ、ユーザーのオンライン行動を追跡し、そのデータに基づいて関連する広告を表示します。

しかし、多くのユーザーは、自分のオンライン行動が監視され、それが広告に利用されることに対して不快感を覚える傾向があります。筆者自身も、この本を執筆中にネット上で調査した事が即座にSNSに反映され、大量の広告で溢れかえりました（苦笑）

したがって、ECサイト運営者は、囲い込みも大事ですが、ユーザーにストレスのかからない、プライバシーと快適性を尊重したバランスが重要と考えられます。

これには、ユーザー側が、情報の要不要を容易に選択できる仕組みが重要です。例えば、メルマガの解除は、ワンクリックで簡単にできる必要があります。いちいちログインしないと解除できない場合、ユーザーは迷惑メールとして処理してしまい、結局、企業側にとっては、迷惑メール割合が高くなるといった悪影響に繋がります。長期的にユーザーとの信頼関係を構築するには、「必要な情報を必要なだけ」に徹する事が不可欠です。

ユーザーの
囲い込みにも
功罪がある

Section

3-3 ECとX(旧Twitter)の拡散効果

X（旧Twitter）とは、140字（半角は280字）以内の短文でコミュニケーションをするSNSとして生まれた「Twitter」の現在の名称です。個人はもとより、企業や芸能人も公式アカウントを開設しています。ここでは、X（旧Twitter）についての基本から、企業の販促での活用方法の事例について解説をします。

■X（旧Twitter）とは？

X（旧Twitter）は、元々、アメリカのTwitter社が2006年3月にスタートしたサービスでしたが、2022年10月、実業家の**イーロン・マスク***がTwitter社を買収をしました。

その後、2023年4月に社名を「X社」とし、7月に、「X」というサービス名に変更しました。

Twitter時代は、投稿を「**ツイート**」、拡散（再度ツイートすること）を「リツイート」と呼んでいましたが、Xでは、各々「**ポスト**」「**リポスト**」へと変更されました。

なお、有料サービスのXプレミアム（旧Twitter Blue）では、長文ポストや動画投稿などの機能が利用できます。

日本では、2008年8月にサービスが開始され、ブログに書くまでもない日常やニュースなどの発信が盛んに行われるようになりました。現在の状況を表す「○○なう」や、投稿の検索や共有に使われる「**ハッシュタグ**」（#○○）といった言葉も急激に浸透しました。

2011年の東日本大震災をきっかけに、災害時での情報発信・収集などにも活用されています。

日本での直近のユーザー数は約4,500万人であり、日本のSNSではトップクラスの利用率となっています。

■Xの「バズる」とは？

SNS上での出来事を表す事によく使われている「**バズる**」という言葉があります。これは、主にSNSなどのインターネット上で、短期間で爆発的にその話題が広がり、多くの人の注目を集める事を指します。

Term

イーロン・マスク　南アフリカ出身の実業家。PayPal、スペースX、テスラ、ボーリング・カンパニー、ニューラリンクなどを創業し、電気自動車、宇宙開発における革新者で、持続可能なエネルギーと火星移住のビジョンで知られる。21世紀のテクノロジーと起業家精神の象徴的な人物です。

「バズる」の語源は、英語の「**Buzz**＊」（バズ）で、「口コミ」を表す言葉です。「バズる」の他、「バズマーケティング」などの言葉も生まれました。

日本における「バズる」という現象の基準は、旧Twitter社によると、1，300リポスト以上と言われています。ちなみに、日本のリポストの99％は、1～1，299リポストであることから、「バズる」確率は、0・1％と言われています。

このように、X（旧Twitter）は、拡散力のあるSNSですが、何気ない発言や行動が大きな批判、いわゆる「炎上」する事例も少なくありません。よって、企業の担当者などはその取扱いに十分留意する必要があります。

■企業によるXの活用

企業にとって、Xでのキャンペーンは、無料で実施する事ができ、ユーザーにとっても、簡単な手続きで気軽に参加できるメリットがあります。

総務省情報通信政策研究所が2023年8月に発表した「令和4年度情報通信メディアの利用時間と情報行動に関する調査報告書」によると、X（旧Twitter）における利用率の高い層は、10～30代（10代：54・3％、20代：78・8％、30代：55・5％）であることから、**ターゲティング**も容易に行える事も大きな特徴です。

企業による具体的なキャンペーンの手法は、X（旧Twitter）の基本操作である「**フォロー**」「**指定のハッシュタグ**をつけて引用リポスト」が中心となります。企業はフォロー数を集める、更に拡散してもらうことで、自社の発信する情報が多くの人にリーチさせる事ができます。

リポストの際につけるハッシュタグには、商品名やサービス名、キャンペーン名の他、クイズの答えやアンケート、投票などを兼ねた選択形式のものもあります。

また、感想やオススメの使い方、体験談など、一言コメントを頂く引用リツイートも活用されています。

キャンペーン応募に対しては、先着や抽選、または全員へプレゼントが行われています。

対象者へ商品を郵送することもありますが、個人情報の管理や郵送料が不要な、待ち受け画面、無料券、クーポン、ギフト券などといったデジタルギフトに人気が集まっているようです。

更に、企業は「バズらせる」ために、影響力が大きいインフルエンサーとの交流も重要となります。

Term

Buzz　元々は「ハチ・機械などがブンブンと音を立てること」ですが、「話題になる」「広まる」という意味でも使われています。主にインターネットやSNSなどのソーシャルメディアを通じて、短期間で急速に話題が広がり、多くの人の注目を集めることを指します。

Section

3-4

ECとインフルエンサー／アンバサダーマーケティング

インフルエンサーマーケティング、アンバサダーマーケティングは、インスタグラムやYouTubeなどのソーシャルメディア上にて情報発信力の高い「インフルエンサー」「アンバサダー」を活用して商品PRや販売を促すマーケティングの事です。ここでは、「インフルエンサー」「アンバサダー」とは何か、そして、ECとの関係について解説します。

インフルエンサーマーケティング

インフルエンサーの意味は、「Influence／インフルエンスする人＝人々に影響を与える」です。

インフルエンサーは、ファッション、美容、ゲームなど自身が興味のあるテーマについての情報発信をしており、その情報に共鳴するファン＝SNSでのフォロワー数が多い特徴があります。

よって、1つの投稿に対する**エンゲージメント**＊（リポスト、いいね!、コメント数など）が多い傾向にあります。

企業によるインフルエンサーを起用した商品PRやブランディングのことを**インフルエンサーマーケティング**と呼びます。有名芸能人を使った一般的なCMとは異なり、ターゲティングは絞り込まれ、更に、インフルエンサー自身のリアルな感想が付加されるため、効果的なファンづくりが期待できます。

アンバサダーマーケティングとは

アンバサダーの意味は、「大使」です。本来の意味は、国を代表して、外国に派遣されている最高の外交官の事です。一般では、観光大使、親善大使といった言葉が使われています。ビジネスにおけるアンバサダーとは、「企業や商品の宣伝大使」という意味になります。

そのアンバサダーに任命される人は、「元々その商品やブランドのファン」です。例えば、LUNA SEA/X JAPANのギタリストSUGIZO氏は、こってりラーメンで

Term

エンゲージメント　日本語で「関与」や「約束」を意味する言葉です。ビジネスシーンでは、主に従業員の会社に対する愛着心や思い入れ、顧客の企業に対する信頼関係などの意味で使用されます。

有名な「**天下一品***」の熱烈なファンで、元々、自身のYouTubeなどで、これでもか、というくらいその魅力や食べ方など、全身全霊で発信をしていました。

それが、企業側の目にとまったことから、イメージキャラクターを努めるほどになり、コラボ商品がECサイトで販売されるようにもなりました。これは正にアンバサダーマーケティングの典型例といえます。

インフルエンサーマーケティングとアンバサダーマーケティングの違いとは？

インフルエンサーマーケティングは、企業側のブランディング戦略にあったインフルエンサーへ依頼がなされます。よって、認知数を高めながら、高いエンゲージメントによる質も確保することができます。現在では、インフルエンサーのマッチングサービスといったビジネスも盛んです。

それに対して、**アンバサダーマーケティング**が重視するのは「自社製品に対する熱量のある発信」です。インフルエンサーは「依頼があって動く」ですが、アンバサダーは、前述のSUGI-ZO氏のように、はじまりは「極めて自発的」である事が大きな違いです。

また、インフルエンサーは単発的で、ある意味商業的に感じられることもありますが、アンバサダーの場合は長期的で、本当のファンによる発信であることから、真実性が高い事が特徴です。

インフルエンサーに対しては、必ず報酬が発生しますが、アンバサダーの場合は必ずしもそうではありません。「我こそは○○ファンである」と、無償でもアンバサダーに立候補する人たちが沢山存在します。

ECにおけるインフルエンサー、アンバサダーの活用

インフルエンサーやアンバサダーは、単に情報を拡散するだけでなく、その商品やサービスが有する長所を発見することに長けています。企業側や一般ユーザーも知らない使い方や魅力に気づき、それを、写真や動画、テキストなど、各々の**SNSプラットフォーム**にあった適切な方法で発信してくれる事が特徴です。そういった背景もあり、昨今では、SNSがきっかけで、商品やブランドを知る機会が急増しています。

また、Googleや**Yahoo!**などの検索エンジンを使うような感覚で、SNSを検索ツールとして使っているユーザーも増加しているとのことです。

Term
天下一品　京都市左京区に本店を構えるラーメンのチェーン店です。通称「天一」（てんいち）と呼ばれています。鶏がらをじっくりと炊き上げ、十数種類の野菜なども加えた濃厚な「こってりスープ」が特徴です。2024年1月現在、218店舗を展開中。

Section

3-5 UGCが今後のECに欠かせない理由とは?

昨今、UGCというユーザー側が主体的となって、SNS上で企業の商品やブランドに関する情報を発信するマーケティングが盛んとなりはじめました。ここでは、UGCについて、そしてUGCがECに与える影響について解説をします。

UGCとは?

UGCとは「User Generated Content」の略称で「ユーザー生成コンテンツ」というマーケティング用語です。

SNSの発達により、ユーザーは自分の必要としている情報を検索で探し、収集をするため、企業側が一方的に自社商品のPRやブランディングを情報発信しても、ある意味押しつけ的であり、必ずしもユーザーに響かない状況になってきました。

そこで、ユーザー目線から、商品の本質的な魅力を伝える方法として「UGC」が活用されています。

例えば、企業側が、SNSでの投稿でハッシュタグの利用を促し、ユーザー側はそのハッシュタグとともに、主体的にその商品やブランドに関する情報を発信する、いわば「**クチコミ**」してもらうという流れです。

よって、UGCは「一般ユーザー」が自らコンテンツを生成し、自らの考えを発信したものを指します。そこには企業の主張は含まれていないというのが大きく異なるポイントです。

UGCを活用したメリット・デメリット

企業側は、「クチコミ」を発生される仕組みをつくるにとどまるため、商品PRや**ブランディング***そのものに対するコンテンツ作成費用がかからないため、比較的安価なマーケティングを行うことができます。

また、ユーザー目線からの発信のため、リアルな意見や評価が集まり、時には企業側が想定していないような活用方法が飛び出すことで、親近感や共感を生み出すことがで

Term **ブランディング** 企業や商品、サービスなどのブランドを形成し、価値を高めるための活動のことです。ブランドとは、商品やサービス、企業などの、人々の心の中にあるイメージや価値観のことです。

きます。

発信される写真や動画は、いわゆる一般家庭やオフィスで利用しているシーンなので、専門のスタジオなどでは絶対に出す事ができない日常感が醸成されます。

発信された情報を元に、企業側が商品やサービスの内容を見直していく事は、更なるCS（顧客満足度）の向上や、自分の情報で貢献できた！というユーザーとの一体感を生み出すこともできます。

ただ、ユーザーの発信した情報は、必ずしも写真などのクオリティが高いとは限らず、時には、不正確な情報が拡散してしまう場合があります。

企業側で設定した**ハッシュタグキャンペーン***などにおいて、2次使用する場合があることが応募要項に入っていない場合は、ユーザーの発信内容の著作権はユーザー側にあるため、無断で使用することはできません。

何気ない日常の一コマという情報であることから、悪気はなくても、企業側のライバル商品や第三者が写り込んでしまうような事も注意が必要です。

ECがUGCを活用する方法とは？

SNS以前も、各種グルメサイトや大手モールのレビューなどに、一般ユーザーによる「クチコミ」が投稿されてきましたが、SNSを使ったUGCには、インスタグラムなどを活用したテキストだけでない、ビジュアルを中心としたクチコミは、ユーザーへ伝わりやすいものへ変化しています。よって、画像を中心としたECサイトとの相性はとても良いものと考えられます。

前述のX（旧Twitter）での事例で紹介した企業のSNSや、自社のECサイトにて、ハッシュタグキャンペーンなどを行なったり、SNSにおける強い影響力を持つ**インフルエンサー**に商品を紹介してもらったりすることで、まず、UGCが形成されるため基盤を整えていきます。

また、一般から、自社の商品やサービスに対する愛情が強い「濃いユーザー」、いわゆるアンバサダーとして募集することも、UGCを形成する方法の1つです。

Term **ハッシュタグキャンペーン**　特定の#（ハッシュタグ）を使ってソーシャルメディア上で製品やイベントを宣伝する手法です。企業はブランド認知度を高めることができ、ユーザーはSNSにおける自身の投稿が広がることで影響力を持つことが可能になります。

Section
3-6 海外では人気のピンタレストとは？

Pinterest（ピンタレスト）とは、写真や動画を閲覧したり投稿したりできるSNSです。日本ではあまり馴染みがなく、SNSの各種統計情報にも取り上げられていませんが、世界的にはX（旧Twitter）の5億4,000万人に次ぎ、4億6,300万人のユーザーを有しています。

ピンタレストとは

ピンタレスト＊は、インターネット上にある画像を、自身のボードに集めて、閲覧することができる画像収集ツールです。ピンタレスト上で探したい画像を検索し、気に入った画像があれば、自身の「**ボード**」にピン止めをするように「**ピン**」をすることで保存できます。

ボードに保存した画像は、「ファッション」「アーティスト」「風景」など自由に名前をつけたボードを作成することで、整理できます。

そのボードは、自身のコレクションとして、他のユーザーに公開することができます。そのセンスが高ければ、多くのユーザーに見てもらえる可能性があります。

ピンタレスト内の他のユーザーのピンを、自分のボードにピンすることを「**リピン**」と呼びます。

X（旧Twitter）のリポストのような機能です。「ピン」はネット上の画像や動画が対象ですが、「リピン」はピンタレスト内にある他のユーザーの画像や写真が対象となります。「リピン」をすると、元のユーザーに通知が届きますので、自分の存在をアピールすることができます。

ズームイン検索という機能では、例えば、部屋の写真の中の様々なものから、花瓶だけを検索範囲指定することで、その花瓶に関連した画像が表示されます。

Term
ピンタレスト　2010年にベン・シルバーマン、ポール・シアラ、エヴァン・シャープによってアメリカで設立され、2012年に一般公開されたSNSです。ビジュアルコンテンツの共有と発見に焦点を当てており、インテリアデザイン、料理、ファッションなどの分野で人気があります。

インスタグラムとの違いとは

インスタグラムも、写真・動画共有サービスを提供しているSNSではありますが、そもそもできることが異なります。

インスタグラムは、ユーザー自身が撮影・編集した画像や動画を投稿するのに対して、ピンタレストは、ユーザーの投稿も可能ですが、インターネット上に元々ある画像や動画を保存し、コレクションする点が大きな違いです。

また、インスタグラムは、外に向かった情報発信による共有の意味合いが大きいですが、ピンタレストは、自身のコレクション用や、アイデアの蓄積としての意味合いが強い事が特徴です。インスタグラムは「発信」に対して、ピンタレストは「保存」ということになります。

ECにおけるピンタレストの活用方法とは?

ピンタレストは、「**自分のコレクション**」という側面から、ECなどのマーケティングには向かないのでは、と思いがちですが、ウェブデザイナーやクリエイターなどによく使われており、企業のマーケティング活動にも多く活用されています。

日本におけるピンタレストのユーザー数は870万人であり、インスタグラムの3,300万人とはかなり少ないですが、裏を返すと、競合との差別化につながるといえます。

ピンタレストは、画像に対してリンクを貼ることができ、企業の場合は、その企業のECサイトに飛ぶことができます。

よって、「画像によるブックマーク」ができると考えると良いです。

また、ピンタレストには、前述の「リピン」の機能で、他のユーザーの投稿を拡散できる事ができます。

ちなみに、インスタグラムには、リンクや拡散機能はありません。

企業向けの**ビジネスアカウント**においては、自社のECサイトの商品データにピンタレストを連携することで、自動で「**プロダクトピン**[*]」と呼ばれるリンクを生成することができます。

これは、企業ECサイトへのリンクではなく、ずばり商品ページへのリンクとなるため、購入への誘導が図りやすいといえます。

また、企業は、蓄積されたユーザーのコレクションの嗜好などにより、効果的な広告を打つことができます。

Term **プロダクトピン**　ピンタレストの「リッチピン」の一種で、商品の情報を表示できるピンです。通常のピンは、画像やテキストのみで構成されますが、プロダクトピンは、商品の価格、在庫状況、商品名、説明文など、商品に関する詳細情報を表示することができます。また、商品を直接購入できるリンクも表示されます。

Section
3-7 ECにおけるインフルエンサーの複業化

SNSなどソーシャルメディアにおけるマーケティングの一つとして、多くのフォロワー（ファン）を有するインフルエンサーを活用し、企業の商品やサービスのPRをしてもらう、という手法がありますが、昨今では、インフルエンサーが、商品を企業と共同開発したり、自らオリジナル商品を開発したり、自らEC販売を行うケースが増えています。

■インフルエンサーとの共同開発

商品開発において、市場調査やアンケートによる**リサーチ結果**を参考にすることは、極めて一般的な事です。しかしながら、そのプロセスを通じて出来上がった商品は、ある意味、多数決的であることから、個性に乏しく、ヒットを狙うには物足りないものとなってしまいます。

インフルエンサーは、ファッションや美容といった専門特化した情報発信を行なっているため、その内容に共感した**フォロワー***は、コアなファンといえます。そのインフルエンサーが持つ専門性を商品開発に活用すれば、独自性のある商品を生み出す可能性が高くなります。

また、インフルエンサーとフォロワーの関係は、一方通行型ではなく、双方向のコミュニケーションが常に行われていることから、商品の改善点や要望を把握することができ、自ずと商品力を高めることにもつながります。結果、フォロワーを中心としたヒット商品が生まれ、SNSでそれが話題となり、一般市場にも広がることで、更なるヒットにつながる可能性が高くなります。

■インフルエンサー自らの商品開発とEC販売

前述のインフルエンサーとの**共同開発**においては、「共同開発」と名乗っていても、実際は企業側の意向が強かったり、既存商品のマイナーチェンジ的な商品だったりすることもあります。

Term

フォロワー　SNS（ソーシャルネットワーキングサービス）上で、特定のユーザーの投稿を定期的に閲覧するユーザーのことを指します。特定のユーザーを「フォロー」することで、そのユーザーの投稿が自身のフィードに表示され、情報を取得することが可能となります。

そういった中途半端な商品に対して、ユーザーは敏感であることから、ヒットに至るどころか、インフルエンサー自身の信頼度も失墜させてしまう事があります。

そんな中、インフルエンサー自らが商品のセレクト、オリジナル商品の開発を行い、自らのSNSでPRをして、自らのECサイトで販売をし、人気を博すケースが出てきました。インフルエンサーの「D2Cビジネス」への進出です。

今まで本書で解説してきました通り、個人でも小規模でもEC販売を始められる時代です。展示会などを活用して、メーカーや卸などからの商品仕入れルートを作り、SNSに連動できる決済カートやD2Cプラットフォームを使って、ECサイトを作る事ができます。

そして、インフルエンサー自身が「本当に自信を持ってお勧めできる商品だけ」を販売します。

その想いや熱量が溢れた商品ページやSNS投稿に対して、フォロワーやファンが共感することで、新しいマーケットが生まれる可能性が高くなります。

インフルエンサーの商品開発や、EC販売をサポートする代理店的なサービスも存在します。

また、インフルエンサーとしてのノウハウをオンラインサロンなどで販売するなど、インフルエンサーの収入源も複数化を辿っています。

インフルエンサーが係る商品開発・販売のデメリット

インフルエンサーとの商品開発や、オリジナル商品の開発は、そのインフルエンサーの**パーソナルブランド**＊を活用した新しいビジネスモデルですが、成功への鍵は、持続性と信頼性の2つとなります。

まず、ファッションや美容といったジャンルは、トレンドが短期間な場合が多い事にあります。トレンドのみならず、普遍性のある一貫したコンセプトやメッセージが重要となります。トレンドのみを追求すると、すぐに飽きられたり、不良在庫のリスクが高まります。

次に、企業側が共同開発商品を過剰にPRすることで、インフルエンサー自体の信頼性を損ねる場合があります。また、インフルエンサー自身が、商品のイメージに直接影響するため、個人の行動や発言に注意が必要となり、それがインフルエンサーの自由な発信を妨げてしまう原因にもなりかねません。

Term

パーソナルブランド　個人をブランド化すること、すなわち、個人の持つスキル、経験、価値観などの特徴を明確にし、それをベースに、他者から一貫したイメージや印象を与えることです。パーソナルブランドは、企業や商品、サービスなどのブランドとは異なり、個人が自分のブランドを構築していきます。

Section
3-8
SNS×EC＝ソーシャルコマースとは

SNS、ECの浸透と連動するように大きく注目されているのが「ソーシャルコマース」です。SNSなどのソーシャルメディアとECを組み合わせて、商品のプロモーションや販売を行うことを指します。ここでは、その課題を解決する手段としてのソーシャルコマースの特徴や事例などについて解説をします。

■ソーシャルコマースとは

ソーシャルコマースは、SNSなど**ソーシャルメディア**そのもので、商品やサービスを販売する仕組みです。要は、ソーシャルメディアそのものに販売プラットフォームの機能を有している、という事です。

従来は、「SNSで宣伝・集客→ECサイトへ誘導して購入」という流れでしたが、ソーシャルコマースでは、宣伝・集客・購入をSNS上で完結させるため、流れが分断されない事が大きな特徴となります。

■ソーシャルコマースのメリット

ソーシャルコマースは、ECサイトを作らなくてもスタートすることができます。**Facebookショップ**などのSNSに備わったECサービスや、**ピンタレスト**のような画像共有SNSと**決済カート**を組み合わせることで、小さくEC販売を始めることができます。

また、SNSは元々集客やファンづくりに最適な場所ですので、ユーザーにとって有益な情報を発信したり、ユーザーからの質問にも答えやすい特徴があります。

ただ販売するのではなく、ユーザーとコミュニケーションが取りながら、囲い込みができる点は、ソーシャルコマースの大きなメリットといえます。

Term
リンク決済　SNSやブログから商品を購入したいユーザーが、決済代行会社が発行する独自のURLやQRコードを経由して、クレジットカード情報を入力するタイプの決済です。ECサイトなどを必要とせず、インスタグラムやXのDM機能を利用して、決済フォームを直接ユーザーに案内できるのが特徴です。

■ソーシャルコマースの具体的な導入方法

2023年12月現在、日本におけるSNSには、決済機能は実装されていません。

Facebookには、Facebookショップというショッピング機能がありますが、Facebook内の決済機能「Meta Pay」はアメリカから段階的に実装されるとの報道がなされています。

よって、SNS内で全てを完結させることはもう少し先の話であり、現時点では、SNSに販売サイトの商品ページのリンクを直接貼るか、SNSに掲載した商品に**Square**や**PayPal**などのリンク決済を貼ることで決済が可能となります。

なお、Yahoo! オークションのアプリや、海外のeBayには「**シェア機能**」が実装されており、ボタン一つで、自身のSNSに商品情報やリンクを掲載することができます。

例えば、Yahoo! オークションのページリンクを貼ったSNS投稿を見た海外のユーザーは、日本のYahoo! オークションでは直接購入することはできませんが、メッセージ機能を使って、直接コミュニケーションを行い、**リンク決済***を使えば、決済してもらうことも可能となります。

eBayにおけるシェア機能

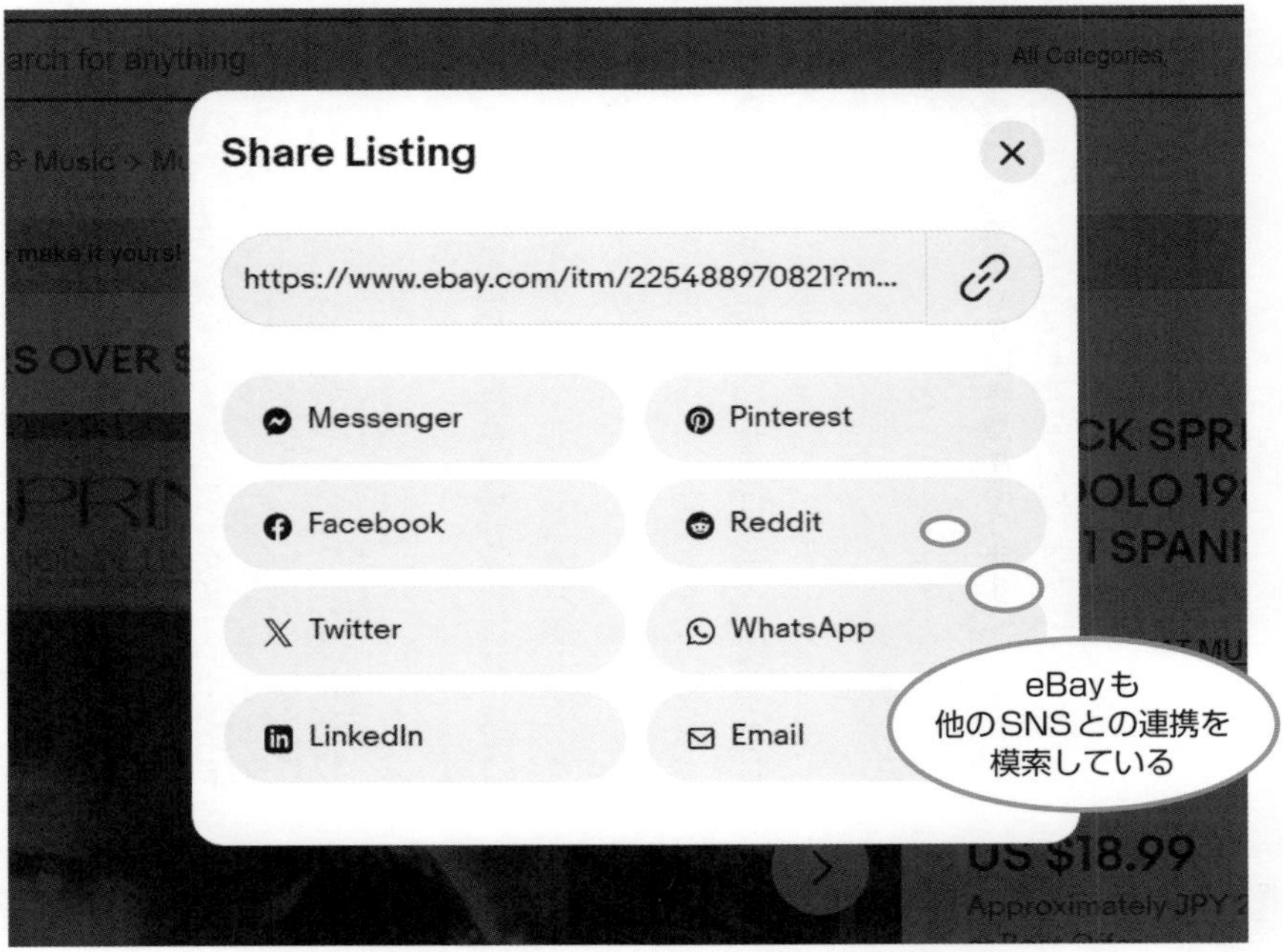

Section
3-9 SNS、EC、決済全てを担うスーパーアプリ

スーパーアプリとは、ひとつのアプリ内で様々な機能やサービスを統合したアプリのことです。ユーザーにとっては、複数のアプリをインストールすることなく、様々なサービスを受けられることから注目されているサービスです。ここでは、スーパーアプリの特徴や、海外や日本における事例について解説をします。

■スーパーアプリとは

スーパーアプリには、SNSやメッセージ機能、各種決済、送金、ネットショッピング、フードデリバリー、タクシー配車、チケット予約など、多数の機能をまとめて搭載されています。

スマホを活用したサービスで、私達のサービスはとても便利にはなりましたが、電車に乗るときはSuicaを立ち上げ、会計をする際は、楽天ポイントやPayPayを立ち上げ、タクシーを呼ぶときはGO Taxiを立ち上げ、と何をするにも、個別のアプリを探すため、スマホのトップ画面をスワイプしまくる、といった事が起こります。

また、アプリごとのIDやパスワードを設定する必要があったり、アップデートも個別に行う必要があります。また、多数のアプリがあることで、スマホの容量を圧迫してしまうことにも繋がります。

スーパーアプリの場合は、各サービスを個別に立ち上げる必要がなく、統一されたデザインになっていることから、異なる機能やサービスで移動する際も、迷わず操作することができます。

また、ひとつのアカウント内を行き来することで、アプリ内におけるユーザーの滞在時間を伸ばすことができ、他サイトへの流出も低減させることができます。

よって、ユーザーの**行動情報***を様々な角度から収集することができるため、よりユーザーにあったサービスや広告の展開につなげる事ができます。

Term **行動情報**　ユーザーのニーズや興味関心を理解するために活用することができます。例えば、Webサイトの閲覧履歴を分析することで、ユーザーがどのようなコンテンツに興味を持っているのかを知ることができます。また、商品の購入履歴を分析することで、ユーザーの購買傾向を知ることができます。

海外のスーパーアプリ事情とは?

スーパーアプリは、アジア圏での浸透が進んでいます。その背景には、同圏内で政府が主導となり、キャッシュレス文化が進めたことです。また、PCよりスマホの普及率が拡大したことで、スマホの決済アプリも浸透し、続々と様々な機能が搭載された事が挙げられます。

更に、中国では、アメリカなどの大手サービスの進出に規制をかけていたため、国内での独自の進化を遂げた事も要因のひとつです。

特に、中国のスーパーアプリ「**WeChat**（微信）ウィチャット」や「**Alipay**（支付宝）アリペイ」は、2社で92%のシェアを占めていますので、もはや生活に欠かせないインフラとなっています。

ちなみにアメリカでは、2023年現在、スーパーアプリに該当するものが存在しません。機能過多による技術的な問題や、個々の企業の戦略の違いなどが要因とされていますが、X（旧Twitter）のスーパーアプリ化が進められており、2024年半ばまでには、X内における決済サービスが開始される見込みとの事です。

日本におけるスーパーアプリに近い存在とは?

日本において、最もスーパーアプリに近い存在は、「**LINE**」と「**PayPay**」です。

LINEは、メッセージアプリとしてサービスを開始していますが、現在では、LINE Payの決済機能をはじめ、ショッピング、音楽ストリーミング、オープンチャット、各種予約サポート、フィナンシャル機能といったありとあらゆるサービスが提供されています。

「**PayPay**」は、**QRコード決済**として、サービスを開始していますが、同じYahoo!内のショッピングやオークション、フリマサービスや、PayPayカード、PayPay銀行などのファイナンスサービスとも連携がなされています。

2019年11月、YahooとLINEが経営統合し、2023年10月、グループ再編によりLINEヤフーとなりました。

2023年11月の2023年度第2四半期の決算説明会の資料における今後の取組として、

「スーパーアプリ」という単語はないものの、「LINE、Yahoo!、PayPay間の連携を強化し、クロスユース*をさらに促進」と表現されています。

Term

クロスユース　企業が提供する複数のサービスや製品をユーザーが横断的に利用することです。例えば、銀行サービスの利用者が特典として保険サービスを受けるなど、ユーザー体験の向上と企業の収益増加を目指します。

筆者のソーシャルコマース体験談

Column

筆者はいくつかのECプラットフォームで販売活動を行なっています。出品した商品は、必ず、ショップ名を冠したX（旧Twitter）のアカウントでポスト（ツイート）しています。海外の人も容易に分かるように、必ず英文の短文を使って投稿しています。

自身が出品しているカテゴリーが受けそうなコミュニティなどをフォローしたり、投稿内にハッシュタグを入れたりと工夫することで、その商品に興味のあるユーザーにリーチしていきます。

その投稿を見て、ECプラットフォームに登録をし、購入してくれた方も多いです。

Xを介して、直接取引をしたことも何度もありますので一例を紹介します。Xのダイレクトメッセージで、「ロングボックスのCDを保護するプラスチックのケースを持っているか？」と、海外の方から質問がありました。最初、ロングボックスの意味が分からなかったのですが、「ひょっとして8cmCDのプラケースの事？」と写真を添えて確認したところ、まさにそれでした。

この方はアメリカ在住で、コレクションしている日本のSMAP（！）の8cmCDを保護するためのプラケースを探していたとのことでした。メッセージで、金額交渉、メールアドレスを確認した上で、商品を準備し、PayPalで決済し、無事に商品を送ることができました。

しっかりとした投稿を定期的に行なっていた事が「あ、この人ならリクエストを聞いてくれそう」と、見込みのお客様に伝わったのだと考えています。また、SNSを通じて、本当に世界へ情報発信できることを実感しました。

アメリカのECサイトeBayにおける出品ページには、元々SNS各社のシェアボタンが搭載されていましたが、これが一括でできるよう、2023年秋にソーシャル用ページが開設されました。eBayアカウントとインスタグラムやフェイスブックなどのSNSアカウントを接続しておくことで投稿を簡単に作成できるようになっています。

SNS x ECのソーシャルコマースは、使い方次第で世界中から多くのニーズを掴むことができるチャンスがあるといえます。

今や
EC × SNSは
販促の常識です

第4章

EC業界の規模ランキング

この章では、ECサイト、通販・通教、大型モール、アパレルにおけるカテゴリ別のランキングと共に、各々の主要企業を分析し、その好調要因と不調要因について考察をし、具体的な成功事例について解説します。

Section

4-1 EC業界の規模ランキング（ECサイト編）

ここでは、「月刊ネット販売」が実施した2022年度の売上高調査「ネット販売白書」のランキングを引用し、上位企業やジャンルごとの動向について解説をします。

全体傾向

2022年度のネット販売実施企業上位300社の合計売上高は7兆7，888億円となり、2021年度調査の7兆144億円と比べて11．0%増加しています。コロナ禍の巣ごもり需要が落ち着き、前年度の伸び率14．2%よりは下がっているものの、相変わらずの2桁伸長となり、EC市場は更に拡大を続けています。

日用品・家電は巣ごもり需要の反動や原材料費の高騰で低調傾向にあります。ファッションについては、リアル店舗の復調により、リアル連動型のECは好調に推移していますが、逆に、EC／通販専業企業は低調傾向がみられます。

食品においては、コロナ禍の宅配需要が落ち着き、成長率は鈍化しています。

圧倒的にアマゾンが1位の理由

2021年度においては16%増でしたが、それを大きく上回る前年比26．5%増となっています。売上高は3兆2，097億円であり、2位のヨドバシカメラに対して、3兆円もの差があります。大きな差は、アマゾンの直接販売以外の「**マーケットプレイス**」での売上が大きく寄与しています。

2位以下の動向

2位の**ヨドバシカメラ**の売上は、2，099億円、前年比1．8%減となりました。これは、コロナ禍のテレワークやおうち時間におけるPC関連やAV家電など需要増に対する反動によるものと思われます。

3位の**ZOZO**は、**LINEヤフー**傘下に入ったことで、

Term **オイシックス・ラ・大地**　有機野菜などの食品宅配専門スーパー「Oisix」、有機野菜などのカタログ食品宅配「大地を守る会」、有機野菜などの個別宅配「らでぃっしゅぼーや」を運営している自然派食品宅配サービスの最大手です。

それまでの若年層中心から利用者層が拡大しています。また、ブランド拡大や供給量増、コスメの展開などが売上前年比10．4%増の要因と考えられます。

4位のヤマダ電機は前年比4．4%増、5位のビックカメラは8．4%減と、前年順位が入れ替わっています。ヤマダ電機は、コロナ禍の反動による家電需要減があるものの、ECサイトの刷新に加え、SPA商品、家具・インテリアなどが好調に推移しています。

6位のユニクロは前年比3．1%増となっています。オンライン限定商品や店頭にない大きいサイズなどを、ECサイトへ積極的に誘導を図り、店舗受取も可能なオムニチャネル化が売上に貢献しています。

7位の**オイシックス・ラ・大地***は、前年比1．5%と微増となっています。メインの宅配事業が減少傾向にあるものの、マーケティング効果により、会員数が過去最多の3．3万人となっています。

8位の**ニトリ**は、前年比28．3%増と大きく伸長しています。**ライブコマース**の強化やビデオ通話による「カーテンオンライン相談サービス」や部屋のコーディネートをウェブ上でシミュレーションできる「お部屋 de コーディネート」によるコミュニケーション強化が要因しています。

2022年度のネット販売実施企業上位10社

順位		前期実績		主要商材	決算期
		EC売上高（百万円）	増減率（%）		
1	amazon.co.jp	3,209,700	26.5	総合	12月
2	ヨドバシ.com	209,948	▲1.8	家電	3月
3	ZOZOTOWN	183,423	10.4	衣料品	3月
4	ヤマダウェブコム	150,500	4.4	家電	3月
5	ビックカメラ.com	143,400	–	家電	8月
6	ユニクロオンラインストア	130,900	3.1	衣料品	8月
7	oisix	115,176	1.5	食品	3月
8	ニトリネット	91,100	28.3	家具	3月
9	Japanet senQua	84,600	–	家電	12月
10	上新電機	75,552	▲0.4	家電	3月

「月刊ネット販売」実施の2022年度売上高調査「ネット販売白書」より引用
https://nethanbai.co.jp/archives/15099

Section

4-2 EC業界の規模ランキング（大型ECモール編）

ここでは、企業の決算資料に基づき、大型ECモールの売上規模、出店数をランキングで比較し、各ECモールの特徴や動向について解説をします。

■売上規模（流通総額）

1位：**楽天市場**　売上高 約5兆6,560億円（2022年1月～12月）※楽天グループホームページ・国内EC流通総額（取扱高）より

2位：**LINEヤフー**（旧Zホールディングス）売上高約4兆1,143億円（2022年4月～2023年3月）※LINEヤフーホームページ・2022年度決算資料より

3位：**アマゾン**　売上高 約3兆2,097億円（2022年1月～12月）※アメリカアマゾンform 10-K（年次報告書）より243億9,600万ドル

楽天市場の売上には、楽天トラベル、チケット、フリマアプリの**楽天ラクマ***などの売上も含まれています。

LINEヤフーの売上には、Yahoo!ショッピング、Yahoo!オークション、Yahoo!フリマ、ZOZO、アスクルなどの売上も含まれています。アマゾンの売上は、自社売上と**マーケットプレイス**売上の合計となります。よって、純粋なECモールの売上としては、複数のプラットフォームを含まないアマゾンが1位なのではと推測されます。

■ショップ数

1位：Yahoo!ショッピング　約120万店舗

2位：アマゾン　約17・8万店舗

3位：楽天市場　約5・7万店舗　※上位3企業：楽天市場 出店案内より

4位：Qoo10　約2・1万店舗　※Qoo10大学ホームページより

5位：au PAYマーケット 約1・5店舗（2019年5

Term

楽天ラクマ　楽天グループによって運営されるフリマアプリサービスで、2014年にサービスを開始しました。2016年、楽天グループがフリマアプリ「フリル」を運営するFablic社を買収したことで「フリル」と「ラクマ」の2つが共存していましたが、2018年に「ラクマ」に統合されました。

月時点・au PAYマーケットホームページより）

大手3社を例に、モールへの2つの出店方法について解説します。まず「テナント型」は、楽天市場やYahoo!ショッピングで採用されており、モールにお店を「出店」するイメージとなります。よって、ショップのコンセプトにあったページづくりが可能となります。

次に「マーケットプレイス型」は、アマゾンの商品カタログに沿って、商品を「出品」していきます。よって、アマゾンの出品者は、ショップとしてはあまり認識されず、特にアマゾンの梱包で届けられるFBA商品は、ユーザーにとっては「アマゾンで買った」と思われがちです。

Yahoo!ショッピングは、初期費用、月額費用、売上ロイヤリティは無料で、ストアポイント原資負担1%〜、キャンペーン原資負担1・5%、アフィリエイトパートナー報酬1%〜と安価にビジネスをスタートできることから、圧倒的な店舗数を有しています。

アマゾンも、初期費用は無料で、月額費用は、小口出品者であれば**月額費用無料**からはじめられます。

販売手数料は、カテゴリーによって、売上の8・0〜15・0%が発生します。楽天市場は、初期費用60，000円で、一番安価な「がんばれ!プラン」で、月額費用19，500円、**システム手数料**＊は、PC3・5%〜6・5%、モバイル4・0%〜7・0%と高めの設定となっています。

よって、大手ECモール初心者にとっては、Yahoo!ショッピング、アマゾンは負担が少なくはじめられます。

エンパワーショップ株式会社のecclabの調べによると、モール店舗数合計は161万5，607店舗となっています。Yahoo!ショッピングは74・3%、アマゾンは18・6%、楽天市場が3・5%であり、この3モールの合計で全体の96・4%を占めている事が分かります。

【2023年最新版】国内のECサイト・ネットショップの総稼働店舗数

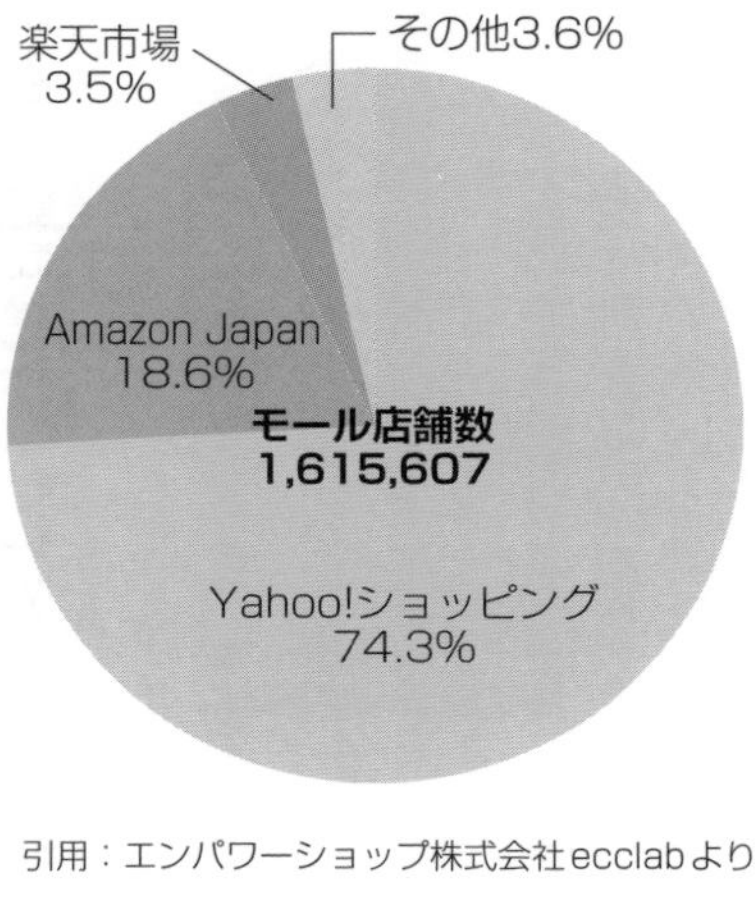

引用：エンパワーショップ株式会社ecclabより

Term

システム使用料　企業が情報システムやソフトウェアを利用するために支払う料金のことです。これには、ソフトウェアのライセンス料やクラウドサービスの利用料金、システムメンテナンス料などが含まれます。システム使用料は、システムの利用範囲や利用頻度、システムの種類などによって異なります。

Section
4-3 EC業界の規模ランキング（通販・通教編）

ここでは、「週刊通販新聞」が実施した2023年7月に実施した「第80回通販・通教売上高ランキング調査」を引用し、前述のECサイト売上における企業と、通販・通教の企業のの境目は少々曖昧ではあるものの、上位企業やジャンルごとの動向について解説をします。

■全体傾向

2022年7月における通販・通教上位300社の合計売上高は11兆2303億円となり、2021年同期比の10兆447億円と比べて7．5％増加しています。コロナ禍の巣ごもり需要が落ち着き、前年同期の伸び率2桁から低下しています。

■アスクルが過去最高の売上を更新した理由

オフィス用品の**アスクル**がランキング2位に位置しています。アスクルの2023年5月期のグループ売上は過去最高の4，467億1300万円となり、前期比4．2％増となっています。（表の掲載数字は予測値）医療・介護向けと製造業向けなどの取扱商品数の拡大に加えて、物流拠点の増設などが売上増の大きな要因です。また、ECサイトもリニューアルを行い、新設の「ソロエルアリーナ」では、一般のアスクルサービスに「**ボリュームディスカウント**」「購買管理機能」を付加した一括購買システムが流入客数の増加に寄与しています。また、BtoCのLOHACOは売上減となっていますが、**BtoB**事業との融合によるコスト削減効果により、利益率は上昇し黒字化を達成しています。

今後は、LINEヤフーグループの集客力の更なる活用や、前述のソロエルアリーナの統合、「**エシカル**＊eコマース」による環境貢献度の見える化などが実施されるようです。

■工業用製品のBtoB企業がランクイン

ランキングトップ10には、工業用製品のBtoB企業であるミスミグループ本社が3位に、MonotaRO（モノタロ

Term **エシカル**　英語で「倫理的な」という意味の形容詞「ethical」をそのままカタカナにした言葉です。エシカル消費とは、人や社会、環境などに配慮した商品やサービスを購入する消費行動のことです。

ウ）が6位にランクインしています。ミスミグループ本社は、**FA・金型部品**、**工具・消耗品**などを取り扱っています。同社のECサイトでは、**VONA**＊（Variation & One-stop by New Alliance）という独自の仕組みによる流通を行なっており、自社商品とともに、他社商品も取扱う事で、事業者が必要なものをワンストップで購入できる環境を提供しています。

売上構成比の大きい日本では前年水準ではあったものの、中国やアジアにおける需要減速影響が著しく、2023年10月に発表された2024年3月期第2四半期決算では、売上高は4．6%減、営業利益は30．5%減となっています。

MonotaROが運営するBtoB-ECサイト「モノタロウ」は、建設業や製造業などの現場で必要な工具や消耗品などの間接材を販売しています。時間も手間もかかるとされる間接材調達の課題を解決すべく、現場に必要なものを幅広く取り揃え、即納できる体制が高評価となり、多くのリピーターを生み出しています。よって、製造業が低迷する中でも、業績は好調で2023年4月〜9月も売上高12．4%増となっています。

大塚商会における通販事業の推移

ランキング8位の**大塚商会**は、コンピュータ・ネットワーク関連の「**システムインテグレーション事業**」ITサポートの「たよれーる」、オフィス用品の通販サービス「たのめーる」といったオフィス関連全般の支援を行なっています。

会社全体の2023年12月期上半期（1月〜6月）の連結売上高は、増収増益となっており、通販サービス「たのめーる」の売上高は、985億9，800万円と前年同期比8．1%増で推移しています。

原材料費高騰による値上げも要因のひとつですが、口座数（アカウント数）が189万から199万と前年比で5．3%増と伸ばしている事が売上増の要因となっています。

Term

VONA　日本車輌製造と三井物産によって開発された、中央案内軌条式の新交通システムです。1970年1月より共同開発チームを結成して開発に着手し、同年末に基本構想を決定しました。名称は「Vehicle Of New Age」の略称で、「新しい時代の乗り物」を意味します。

通販・通教売上高ランキング

（前期実績対象本決算期：22 年 10 月期～ 23 年 9 月期）
単位：百万円、増減率：%（▲はマイナス）＝前期比、※：本紙推定、◇：変則決算、連：連結業績

順位	前回順位	社名	前期売上高		前期売上高		決算月	業能／主力媒体／主力商品
			実績	増減率	実績	増減率		
1	1	アマゾンジャパン	3,209,700	▲0.6	－	－	12月	専業／ネット／総合
2	2	アスクル	連 437,120	28.7	連 472,300	8.1	5月	専業（BtoB）／カタログ·ネット／オフィス用品
3	3	ミスミグループ本社	連 373,151	7.5	連 396,000	6.1	3月	専業（BtoB）／カタログ／金型部品
4	4	ジャパネットホールディングス	連 248,700	▲1.1	連 263,000	5.7	12月	専業／テレビ・チラシ／家電製品
5	6	MonotaRO	連 225,970	▲8.1	連 2651,95	17.4	12月	専業（BtoB）／カタログ·ネット／工業用副資材
6	5	ヨドバシカメラ	209,948	29.0	－	－	3月	兼業（量販店）／ネット／家電製品
7	9	ZOZO	連 183,423	29.0	連 200,700	9.4	3月	専業／ネット／衣料品
8	8	大塚商会	183,172	29.0	－	－	12月	兼業（BtoB）／カタログ·ネット／オフィス用品
9	7	ベネッセコーポレーション	182,945	29.0	－	－	3月	専業／マス・DM／通教
10	10	ジュピターショップチャンネル	155,538	29.0	－	－	3月	専業／衛星・CATV／総合

引用：週刊通販新聞「第80回通販・通教売上高ランキング調査」より引用
https://www.tsuhanshimbun.com/products/article_detail.php?product_id=6903

聞きなれない
BtoB企業も
ランクイン

第5章

EC業界が抱える課題

EC業界の急拡大の裏では、不正なマーケティング手法、決済と商品の安全性問題、少子高齢化に伴うシニア層へのアプローチ、そして人手不足が引き起こす物流問題など、多くの課題が存在しています。本章では、これらの問題点と対策について解説します。

Section
5-1 ステルスマーケティングの規制とEC

2023年10月1日、ステルスマーケティング、いわゆる「ステマ」が、明確に法律違反となりました。これにより、EC事業者は、インフルエンサーや商品ページのレビュー投稿など、商品の感想や体験を中心としたマーケティング活動は慎重に行う必要が出てきました。

ステルスマーケティングとは？

ステルスマーケティング（ステマ）とは、宣伝と気づかれないように商品を宣伝したり、商品に関するクチコミを発信する行為のことを指します。

商品を購入するに当たって、宣伝よりレビューなどのクチコミを参考にすることは良くあることです。これは、見栄えがよくメリットだけの一方通行の情報よりも、実際のユーザーの感想の方が、信憑性がある、という心理的効果があるからです。ステマは、この心理効果を巧みに使った宣伝手法といえます。

ステマが規制された理由とは

まず、企業が、芸能人や**インフルエンサー**に対価を支払って、**ステマ行為***をさせる事が挙げられます。ステマという言葉が大きく認知されたきっかけは、2012年12月に発覚した「**ペニーオークション詐欺事件**」です。この事件は、内部による吊り上げ入札により、落札できない仕組みのオークションを行い、一般の入札者から多額の手数料をだまし取った、というものでしたが、芸能人が「落札できたこと」を装ったステマ投稿を行なっていた事が社会的に大きな問題となりました。こうしたやらせ宣伝に対する立件は見送られたものの、関係した芸能人は、社会的な信頼を失い、芸能活動が困難となった事から事実上引退したケースも少なくなかったのです。

次に、商品レビューです。**アマゾン**や**グルメサイト**などには、その商品やサービスを利用した感想を自由に書き込めたり、5点満点中何点といった点数付けができたりする

Term

ステマ行為　消費者に広告であると気づかれないように商品やサービスを宣伝する行為です。ステルスマーケティング（stealth marketing）の略称で、やらせやサクラなどとも呼ばれます。ステマ行為は、大きく分けて「やらせ」「なりすまし」の2つのパターンがあります。

ようになっています。

ところが、一般ユーザーのみならず、対価を伴うさくらレビューや、その企業の信頼を失墜させるような、ライバル企業による悪意のある書き込みが横行した事が問題となりました。

このようなステマが行われる事は、本来、参考になるべき忖度のないユーザーの感想が、歪んだ形で発信され、一般ユーザーにとって、どれが本当の感想なのか分からなくなり、正しく検討や購入ができなくなってしまう恐れがあります。

ステマ規制による事業者への影響

そもそもの**景品表示法**では、商品やサービスの内容を偽って表示することに対する規制や、過大な景品類の提供を防ぐための上限が設定されています。具体的には「しみが5秒で消えました」といった誇大広告や、元値で販売した実績がないのに割引と見せかけた2重価格販売などが挙げられます。

ステマも、「対価が発生しているにも関わらず、広告であることを隠して商品を宣伝する行為」ですので、今回の規制対象となった経緯があります。ちなみに、処罰の対象は、広告主である事業者となります。よって、事業者側から対価を伴う依頼をしなければ、ステマはなくなっていく、という事になります。よって、昨今では、SNSなどの宣伝を目的とした投稿には「#PR」「#タイアップ広告」「#企業名」といったハッシュタグが入っていたり、YouTubeなどの動画コンテンツには、有料プロモーションの設定を行うと、自動的に「この動画はプロモーションを含みます」の一文が表示される仕様となっています。

各事業者が対応に追われているのは、過去の投稿も規制の対象になることや、どこからどこまでが規制になるのかの線引きがあいまいである点です。例えば、芸能人が本当に気に入って自ら発信した過去の情報も、ステマと勘違いされることは、事業者を含め、信頼の失墜につながる事になりかねないからです。

余談ですが、筆者自身も、アマゾンで商品を購入した際、「評価5を頂けたら、アマゾンギフトカードプレゼント」という案内を受け取ることがあります。これは、ステマに加担する事になる他、ギフトカードそのものが不正に入手された可能性があります。サイトで使うと、アカウントが停止する恐れがありますので、絶対に参加しないことをおすすめします。

Section

5-2 シニア層のECへの誘導に対する課題

日本では高齢化社会が進み、シニア世代は増加の一途をたどっています。シニア層の多くはECを利用せず、リアル店舗や従来型の通信販売を利用しているイメージですが、実際のところ、利用率は急増傾向にあります。ここでは、シニア層のEC利用率や傾向、課題と対策について解説をします。

■シニア層におけるECの利用率や傾向

昨今、**シニア層***のECサービスの利用率は増加しており、そのきっかけは、新型コロナの蔓延による外出自粛と推測されます。

総務省統計局が2020年9月に公表した「新型コロナウイルス感染症で変わるネットショッピング」によると、65歳以上の世帯でのネットショッピング利用割合は、25%前後と利用率がほぼ横ばいの推移でしたが、コロナ禍への突入により、利用率が急増し、2020年6月には31・2%に達しました。

更に、「2021年家計消費状況調査結果の概況」によると、二人以上の世帯におけるネットショッピング支出金額における世帯主の年齢階級別の前年比は、70歳以上は27・6%と大幅増となっており、全ての年齢階級を押し上げる大きな要因となっています。

■シニア層がECにつまずく理由とは

ECを利用するシニア層が増えている一方で、他の世代と比較すると、まだまだ普及率は高いとはいえません。その理由として「情報漏えいや個人情報の悪用が心配だから」「PCやスマホを所有していない」「家族にまかせている」などが挙げられますが、最も多い理由は「使い方がわからない」です。

2023年4月、シニアビジネス支援の株式会社リクシスが調査を行なった「シニア世代のネットショッピング利用実態」によると、ECサービスでつまずいた場面は「会員登録」が48・9%、次いで「決済方法の登録」が4・9%

Term

シニア層　一般的に65歳以上の高齢者を指す言葉です。しかし、近年は平均寿命の延びや健康寿命の向上により、70歳以上、80歳以上といった高齢者もシニア層に含まれるようになってきています。シニア層は、社会における人口比率が拡大しており、経済や消費に大きな影響を与える層となっています。

という結果が出ています。

主な理由は「エラーの意味が分からない」「パスワードがうまく設定できない」「用語の意味が分からない」などとなっていました。

■EC誘導への具体的な方法とは

まず、挙げられるのは、サイトそのものの「ユニバーサルデザイン」化を目指すことでしょう。

ユニバーサルデザインとは、文化・言語・国籍や年齢・性別・能力などの個人の違いにかかわらず、出来るだけ多くの人々が利用できることを目指したデザインを指します。よって、シニア層の「バリアを取り除く＝バリアフリー」ではなく、最初から誰もが使いやすいものを提供する、という考え方です。例えば、「読みやすい文字サイズ」「視認性の高い配色」「簡単で直感的に行える操作」などが要素として挙げられます。

次に、「エラー内容や用語が分からない」に対しては、専門用語をできるだけ使わない工夫や、ビデオ通話などの問い合わせ対応の充実が必要であるといえます。アナログで対応した方が、後々良い結果につながることも多いと思われます。

世帯主の年齢階級別ネットショッピング支出金額の対前年名目増減率

－食料－（二人以上の世帯）－2021年

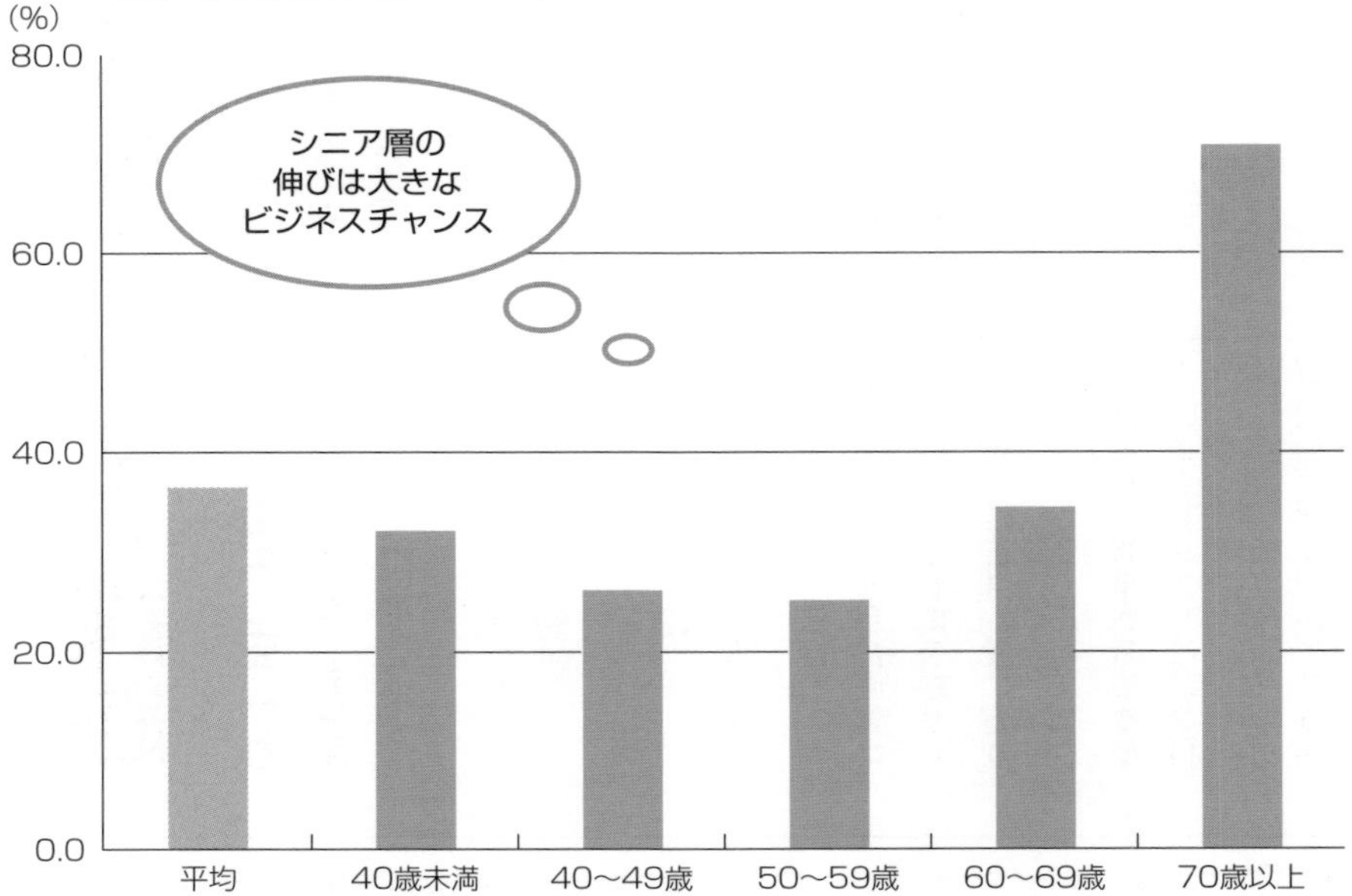

出典：総務省統計局「2021年家計消費状況調査結果の概況」より引用

Section

5-3 ネット決済のセキュリティに対する課題

クレジットカード、QR決済、電子マネーなどのキャッシュレスは、一般ユーザーにとっても、EC事業者にとっても、利便性が高い反面、不正利用のリスクもあります。ここでは、キャッシュレスにおける不正利用の事例や、それらを未然に防ぐユーザー及びEC事業者の対策について解説します。

■キャッシュレスにおける不正利用の状況

一般社団法人日本クレジット協会「日本のクレジット統計」によると、日本における**クレジットカード**不正利用被害額は2022年度で436・7億円と前年比32・3%と急増しています。

長期的に見た場合においても、2000年度前半から2010年前半までは、一旦減少傾向にありましたが、2012年度の68・1億から10年間で6倍以上にも増加しています。最も被害件数が多いのは番号盗用被害で、全体の94・3%を占めている状況です。

■不正利用におけるEC事業者への影響

クレジットカードの**不正利用**は、ECサイトに大きな損害を与えるおそれがあります。

最も注意すべきことは「**チャージバック**」です。チャージバックとは、カード所有者から不正利用の申告がカード会社にあった場合、そのカード会社は、当該カードを使ったECサイトでの売上の取消を行う事を指します。チャージバックが発生した際、既に商品を発送していると、その**ECサイト**は売上と商品の両方を失ってしまうことになります。また、カードの不正利用で購入される商品の特徴として「転売しやすいもの」が挙げられます。

Term **3Dセキュア** ECサイトやWebサービスにおけるクレジットカード決済をより安全に行うための本人認証の仕組みです。クレジットカード会員本人が設定したパスワードを使って認証を行うため、不正利用者によるなりすましを回避できます。国際カードブランド各社が推奨する世界標準の本人認証方法です。

■ECサイトにおける不正利用の対策

まず、EC事業者は、カードの不正利用を技術的に抑止する必要があります。前述のチャージバックにて取消された売上は、カード利用者の本人確認がされていない場合は加盟店が負担し、本人確認がされている場合はカード会社が負担します。

直近では、**3Dセキュア**＊による**パスワード認証**や、カード裏面に記載されている**セキュリティコード認証**により本人確認をする仕組みを導入していれば、チャージバックの発生時の損害を回避できる可能性が高くなります。

情報漏洩・紛失事故件数　原因別

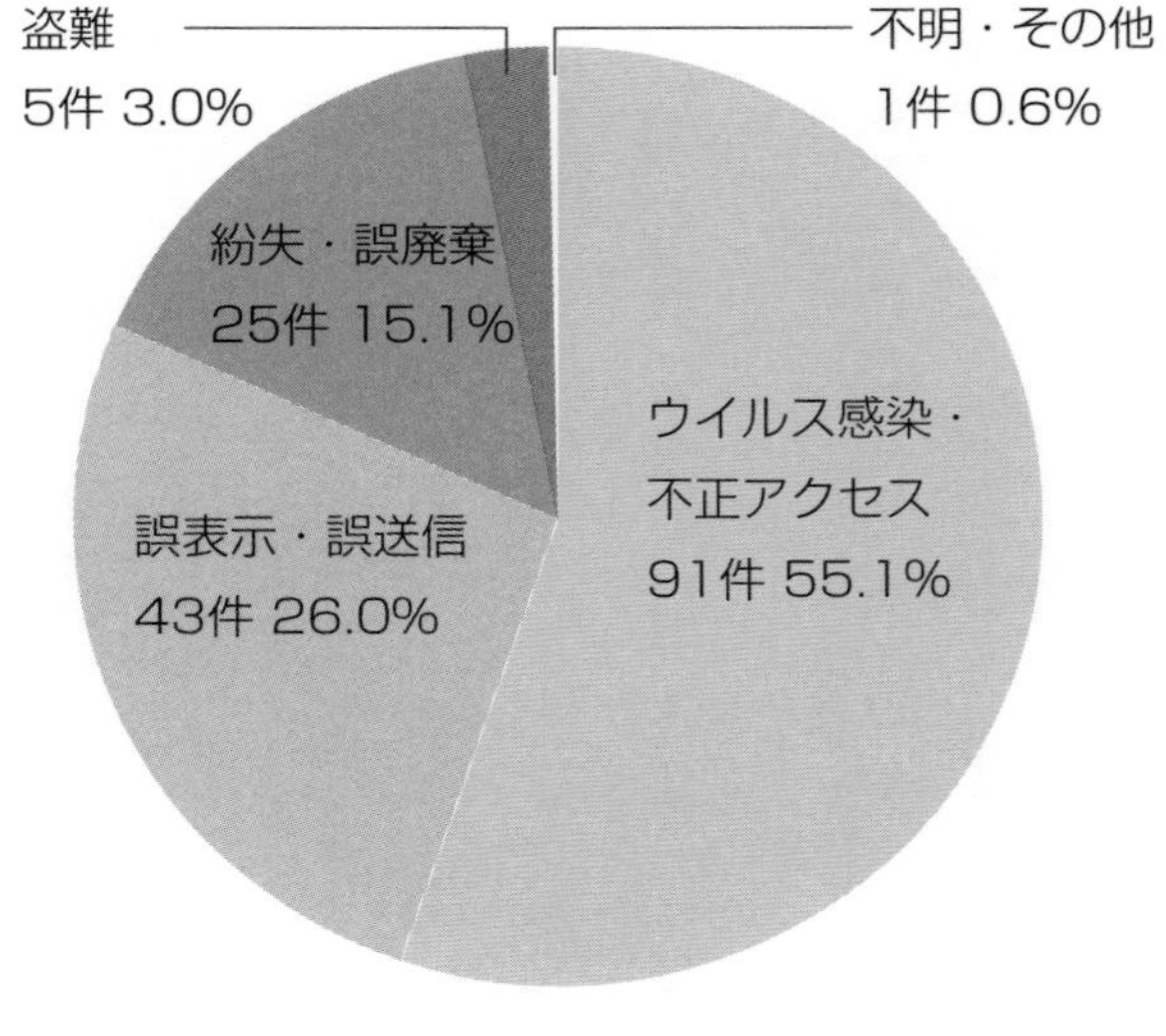

Section
5-4 ECサイトを利用する際に気をつけるべき課題

ECサイトを利用したショッピングは、一般ユーザーにとって利便性の高いものですが、相変わらず、安全性に対する不安を持つ方も一定数存在します。ここでは、ECサイトの利用において考えられるトラブルや、それらを未然に防ぐ対策について解説します。

■詐欺目的のECサイトに注意!!

「ECサイトで購入した商品が届かない」「届いた商品が偽物だった」

このようなECサイトは、最初から詐欺目的の可能性が高いです。**消費者庁**＊においては、インターネット通販トラブルが発生しやすいサイトの特徴が紹介されています。

①サイトURLが不自然

サイトURLの文字列に不自然に感じた場合は、そのURLをネット上で検索してみます。

詐欺サイト情報としてネット上に掲載されている場合があります。

②旧字体が混じっている

字体（フォント）に日本では通常使われない中国の旧字体の漢字が混在している場合は、詐欺サイトと疑ってよいです。

③極端に値引きされている

正規価格から80～90%などとブランド品があり得ない安さで販売されている場合、特に、大手百貨店やショップを偽って名乗っている事もありますので注意が必要です。

④支払方法が銀行振込のみ

銀行振込は、クレジットカードのようにチャージバックができません。

送金をして、それっきり商品も送られず、連絡もつかない場合があります。

⑤住所の番地が記載されていない

消費者庁　消費者に関する行政および消費生活に密接に関連する物資の品質表示に関する事務を行うことを目的として、内閣府の外局として設置された行政機関です。

こんなサイトには御注意！

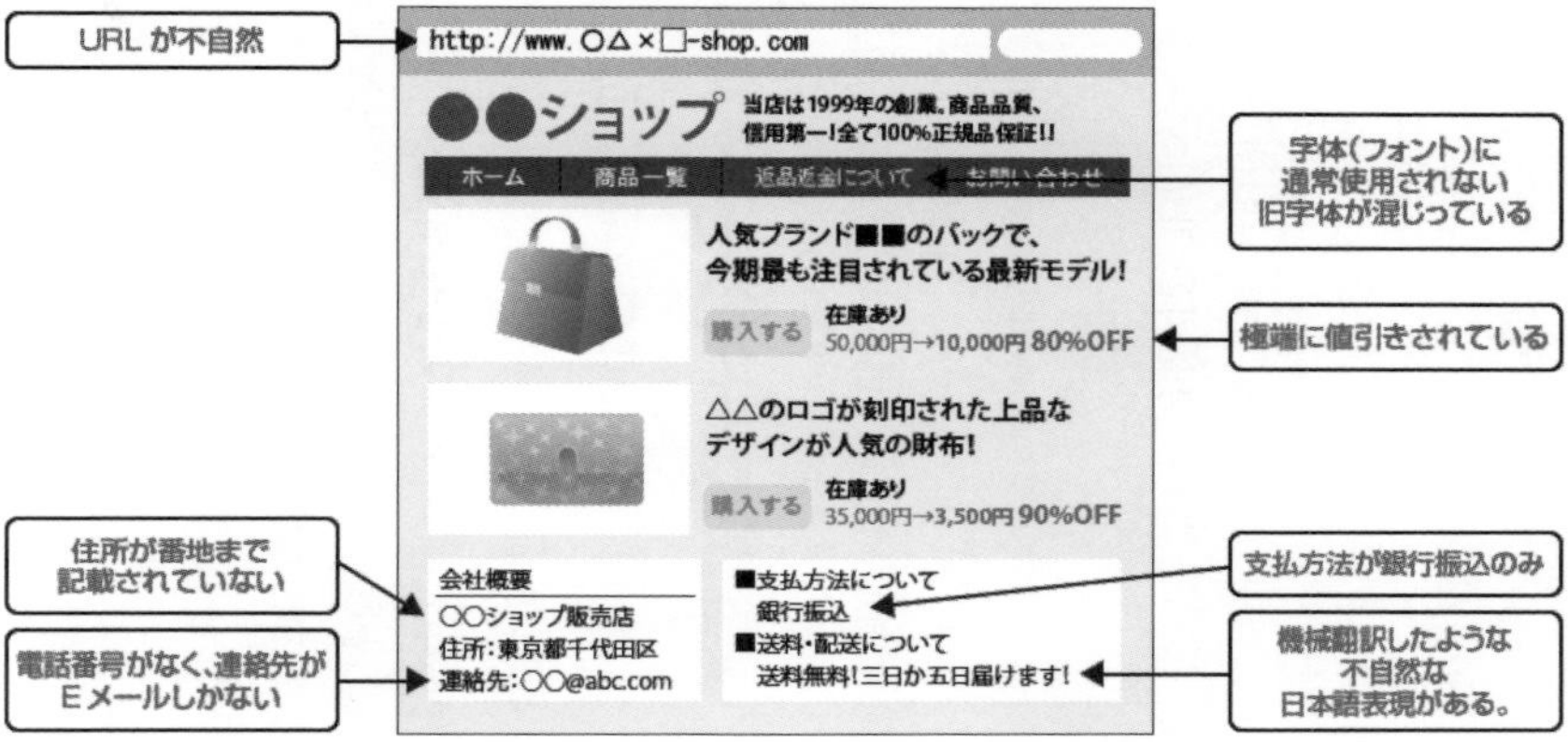

アマゾンを装ったフィッシングメールの例

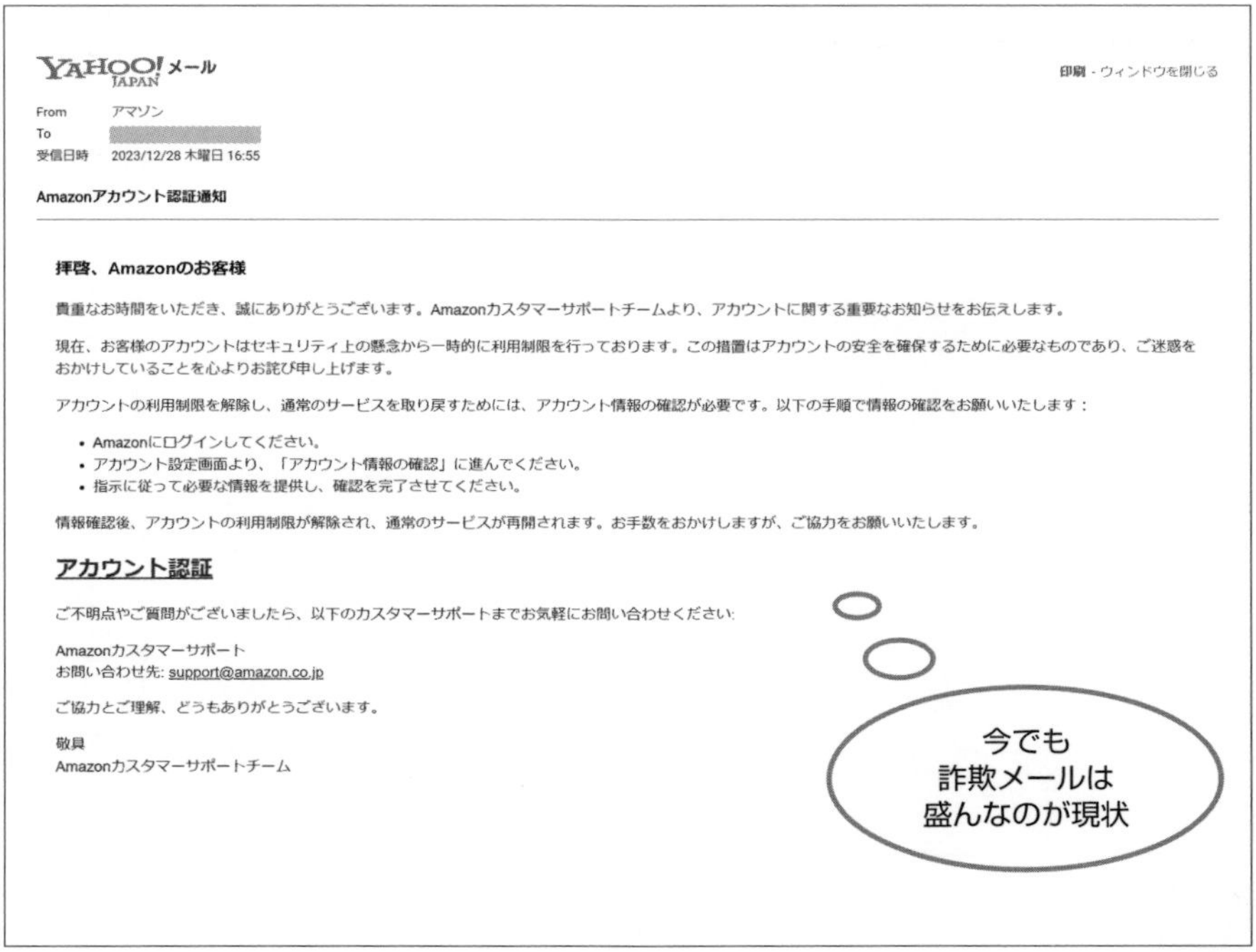

YAHOO! JAPAN メール

印刷 - ウィンドウを閉じる

From アマゾン

To

受信日時 2023/12/28 木曜日 16:55

Amazonアカウント認証通知

拝啓、Amazonのお客様

貴重なお時間をいただき、誠にありがとうございます。Amazonカスタマーサポートチームより、アカウントに関する重要なお知らせをお伝えします。

現在、お客様のアカウントはセキュリティ上の懸念から一時的に利用制限を行っております。この措置はアカウントの安全を確保するために必要なものであり、ご迷惑をおかけしていることを心よりお詫び申し上げます。

アカウントの利用制限を解除し、通常のサービスを取り戻すためには、アカウント情報の確認が必要です。以下の手順で情報の確認をお願いいたします：

- Amazonにログインしてください。
- アカウント設定画面より、「アカウント情報の確認」に進んでください。
- 指示に従って必要な情報を提供し、確認を完了させてください。

情報確認後、アカウントの利用制限が解除され、通常のサービスが再開されます。お手数をおかけしますが、ご協力をお願いいたします。

アカウント認証

ご不明点やご質問がございましたら、以下のカスタマーサポートまでお気軽にお問い合わせください

Amazonカスタマーサポート
お問い合わせ先: support@amazon.co.jp

ご協力とご理解、どうもありがとうございます。

敬具
Amazonカスタマーサポートチーム

住所が番地まで記載されていない場合、架空の住所の可能性があります。

⑥電話番号の記載がない

ショップ情報の中に、電話番号の記載がない場合、もし、記載があっても、架空の番号の可能性があります。

⑦**機械翻訳**したような不自然な日本語表記がある

外国人が詐欺サイトを作る際、正規サイトの説明文をそのまま機械翻訳するため、不自然な日本語表記になる場合があります。

一般ユーザーの不正利用の対策

一般ユーザーが最も気をつけるべきことは、「フィッシング詐欺」です。クレジットカード不正利用の原因のほとんどを占める「番号盗用」は、その多くは、フィッシングによるものです。

フィッシングとは、「なりすましメール」などで、嘘のログインページなどから、ユーザー名、パスワード、クレジットカード情報等を奪う詐欺行為です。

ちなみに、英語の綴りは「Phishing」です。「Fishing（釣る）」と「Sophisticated（洗練された手法）」の造語として、「騙して釣る」といった意味で使われています。

よくあるのは「アカウントが制限されています」や「○時間以内にログインしないとアカウントが削除されます」といった、早急なログインを煽るような内容であることが多く見られます。

このようなフィッシングメールは、メール内に「個人名」が入っていなかったり、メールのFrom（送信先）のアドレスのドメインが、その企業のものでなかったり、不自然だったりすることが特徴です。こういった**不審なURL**にはアクセスしないことや、万が一アクセスしてしまっても、悪意のあるサイトである事を発見してくれる**セキュリティソフト**の導入が有効な対策手段となります。

また、パソコンやスマホのアプリは、必ず公式のアプリストアから正規のアプリをインストールする事も重要です。

更に、各ECサイトにおけるログイン用のID・パスワードを使い回さない事が安全です。パスワードは、12文字以上で、アルファベットの大文字、小文字、数字、記号を組み合わせ、推測されやすい生年月日や、「123456」「abc123」「password」などの単純な文字列、安易な単語は避けます。

その他、決済履歴をまめにチェックしたり、むやみに**フリーWi-Fi**を利用したりしない事も大切です。

Term

Free Wi-Fi　公共スペースや店舗で無料で提供される無線インターネット接続です。便利でアクセスしやすい特徴がありますが、セキュリティが弱いことが多く、個人情報の漏洩やデータの盗聴のリスクがあります。ユーザーはその便利さとリスクのバランスをアクセスするサイトによって考慮する必要があります。

送信元がデタラメのメールアドレス

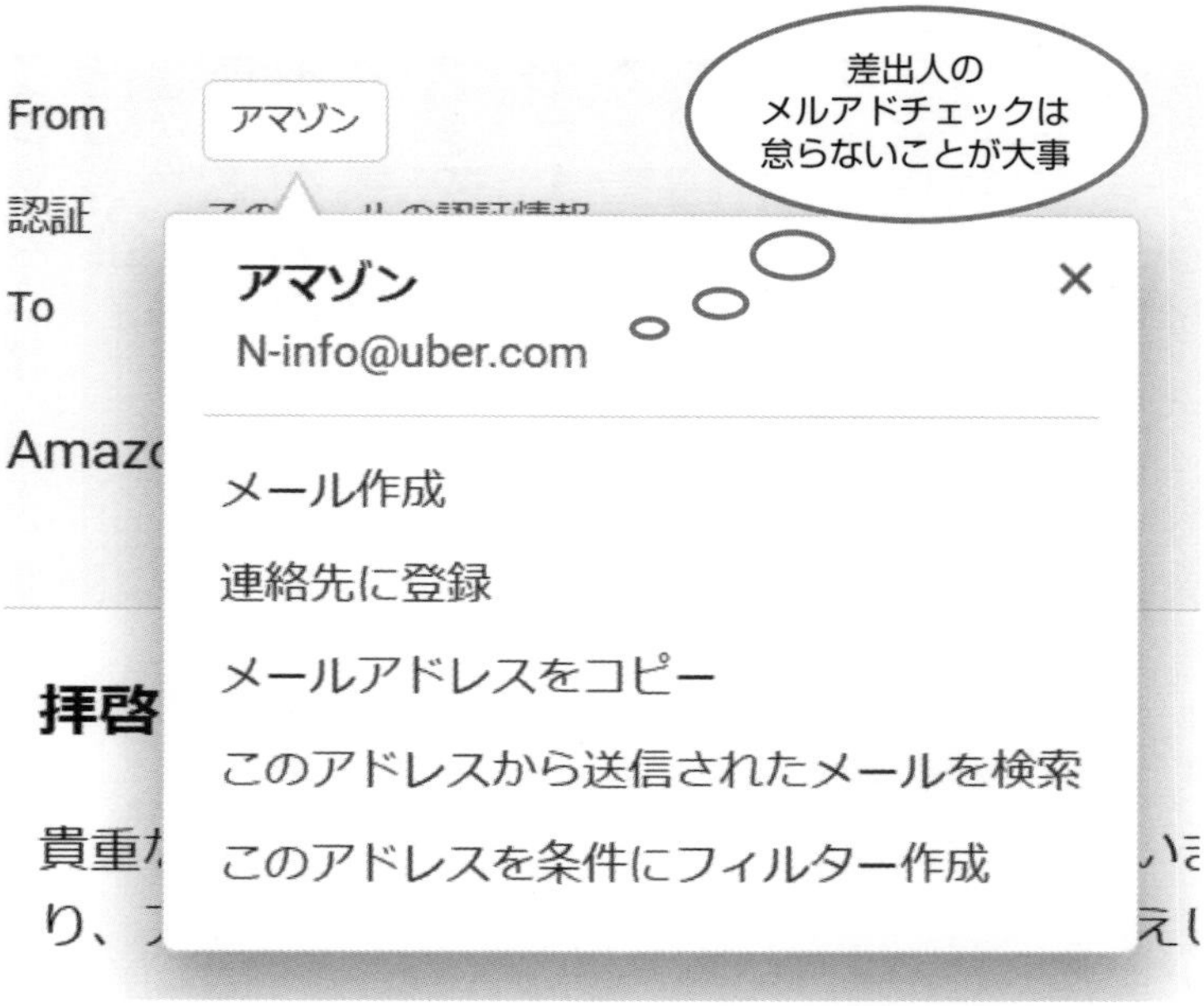

Section
5-5 模倣品・模造品に対する対策（業界全体編）

模倣品・模造品による被害は、世界的に深刻な状況にあります。特に、ECの利用の増加やコロナ禍の影響により、その被害の傾向にも変化が生じています。ここでは、業界全体の模倣品・模造品の特徴や、その対策について解説します。

■模倣品・模造品とは

模倣品とは、コピー品、海賊版とも呼ばれており、商標やブランドを含め、純正品に似せて作られています。最近の模倣品は精度が高いものが多く、一般の目からではその差がわからない特徴があります。しかしながら、その多くは、低コストで作られているため、その品質は低いです。当然ながら、そのメーカーの知的財産権を侵害しており、また、一般ユーザーも、本物と信じて使用をしてしまう事も大きな問題です。

いわゆるブランド物以外の日用品にも模倣品は存在しています。その性能の低さから、健康被害や機器の故障といった二次被害も生まれています。更に、メーカー側は、模倣品が原因で、風評被害を受けたり、ブランド力の低下を引き起こしたりするリスクもあります。

模造品は、いわゆる「完コピ」ではありません。デザインは似ているものの、正規のブランドやシリーズのロゴなどがなかったり、ブランド名をちょっと変えたりしていているため、純正品でないことが明らかな場合が多いです。

OECD（経済協力開発機構）によると、2019年の世界の模倣品・海賊版（インターネット上の海賊版を除く）の流通額は、最大4,640億ドル（約50・6兆円）であると推計されており、世界貿易額の最大2.5％に当たるとされています。

■模倣品・模造品に対する業界の対策とは

2022年10月、税関による模倣品の水際取締りが強化されました。大きな変更点は、個人使用目的の模倣品の輸

Point

真贋鑑定（しんがんかんてい） 芸術品や古文書、コレクターズアイテムなどの本物と偽物を識別するプロセスです。EC市場においても、その信頼性を高めるため、購入者を偽造品から守る重要な役割を果たします。

入が禁止となった事です。これまでの個人を装った模倣品の輸入について、その経路が絶たれたという事になります。

また、多くの製品メーカーにおいて「SNS・ECサイトの監視」を取り入れている事例が増えています。不正なECサイトへの誘導として、SNSが使われていることが多いためです。AIなどを活用して、SNSやECサイト上をパトロールし、不正な広告や投稿、あるいは画像を発見した場合は、SNSやECサイトの運営会社へ削除申請するなどが行われています。こういったネット監視やネットパトロールを請け負うサービスも存在します。

昨今では、QRコードやホログラム、**NFC（近距離無線通信）タグ**、**AI真贋**などといったテクノロジーを活用した対策や、トレーディングカードやスニーカー、ブランド品などの鑑定サービスのニーズが急増し、その市場は急速に拡大しつつあります。

NFCタグラベルのイメージ

▲開封検知機能などにより不正なラベル貼替えや中身の入替えを防止
凸版印刷株式会社ホームページより引用

AIでの真贋判定サービス

▲世界最大級のトレーディングカード真贋鑑定・グレーディングサービス会社
Professional Sports Authenticator (PSA) 同社ホームページより引用

Section

5-6 模倣品・模造品に対する対策（EC業界編）

EC業界における模倣品・模造品に対する対策が日々進化しています。インターネットを通じて、個人でも簡単に売買できるようになったことで、模倣品・模造品の流通も容易になってしまう危険性もあります。ここでは、製品メーカーやECサイトにおける模倣品・模造品に対する対策について解説します。

■インターネットにおける模倣品・模造品

インターネットオークションやフリマサイトは、個人でも簡単に出品ができることから、模倣品・模造品が流通しやすいという特徴があります。

警視庁が2023年5月に公開した「令和4年における生活経済事犯の検挙状況等について」によると、知的財産権侵害事犯の検挙事件において、2022年のインターネット利用事犯の割合は、商標権侵害事犯は82・2%、**著作権侵害事犯**は82・3%でした。

要は、ECサイトを含むインターネットが模倣品・模造品の温床となっている状況にあることが分かります。

■模倣品・模造品が溢れている要因

以前から、アマゾンの**マーケットプレイス***には、多くの模倣品や、明らかに著作権を侵害しているアニメやアイドルなどのグッズなども大量に出品されています。ネット上には「アマゾンで本物と偽物の見分け方」といった記事やブログも散見されています。

「なぜ、アマゾンはこの状況を放置しているのか?」と疑問が湧くところですが、模倣品・模造品の販売者を罰することができても、その「売り場」の責任を追求できる法律が整備されていないことにあります。

よって、売り場であるアマゾンは、出品されている商品が偽物だと明確に分かった段階で、出品停止や削除などといった措置をとることで、一定の責任は回避できるようです。

Term

アマゾンマーケットプレイス　Amazonが提供するECプラットフォームです。個人でも法人でも出品者となることができ、Amazonで商品を販売することができます。

■アマゾンの模倣品・模造品に対する取組み

アメリカのアマゾンにおいても、**マーケットプレイス**の出品者による模倣品・模造品の出品が跡を絶たず、ナイキを始め、多くの大手メーカーがアマゾンから撤退をするなど、状況は深刻化の一途をたどりました。

２０１９年初頭、アマゾンは、アメリカ・ヨーロッパにおいて、**「プロジェクト・ゼロ」**という偽造品撲滅を目的とした取組をようやく開始し、同年秋には、日本にも導入されています。

アメリカのアマゾンは、偽造品対策に対して、２０１９年は5億ドル以上を投じ、８,０００人以上のスタッフを動員したことで、60億点以上の不正商品の出品を防止した、と公表しています。

また、ＡＩを活用した自動プロテクション機能や、アマゾンに登録をしたブランドオーナーが、アマゾンに削除依頼をすることなく、自ら偽造品と思われる出品を直接削除ができるツールが導入されました。２０２２年には、全世界で６００万点以上の模倣品を差し押さえている、と一定の効果が公表されています。

■大手ECサイト、CtoCプラットフォームの取組み

楽天市場やYahoo!ショッピングでは、各種ブランドや団体の協力を得ながら、不正な出店者のアカウント停止などの措置の継続の他、万が一、商品が模倣品だった場合に対する一定の補償制度が設けられています。

海外オークションのeBayでは、２０２０年から**「真贋保証サービス**（Authenticity Guarantee）」を開始しており、２０２３年12月には日本にも、真贋鑑定と配送サービスの拠点が開設されました。出品者が販売したハイブランド商品は、eBay内のプロの鑑定士によるチェックを経由して、購入者に届けられますので、より安心で安全な取引が行えることが期待されます。

CtoCプラットフォームでも、鑑定士との提携が進んでいます。楽天ラクマは、ブランドリサイクルの最大手**KOMEHYO**＊と、Yahoo!オークションは、トレカ専門店「カードラッシュ」とタイアップし、鑑定士による鑑定サービスを実施しています。

Term **KOMEHYO**　愛知県名古屋市に本社をおく株式会社コメ兵が運営する日本最大手のリユース店です。ブランド時計、ジュエリー、アパレル、バッグなど多岐にわたる商品の買取・販売を行なっており、全国に100店舗以上を展開しています。海外事業、オンラインオークション、タイヤ・ホイール事業なども手掛けています。

Section

5-7 EC市場での盗品流通の現状と対策

ECにおける盗品の流通は、EC市場の拡大と共に顕著な問題となっています。特に、個人間取引が盛んに行われており、メルカリやYahoo!オークションなどのCtoCのEC市場では、利便性の高さや、匿名取引によって、盗品流通の温床となっている側面があります。

■盗品流通の歴史

ECの台頭以前は、盗品の流通は主に地下市場や対面取引を通じて行われていました。

しかし、インターネットの普及と共に、インターネットオークション、フリマアプリなど、個人間で商品売買が行える**プラットフォーム**が誕生したことで、新たな市場が形成されたものの、盗品の流通が簡単に行うことができる環境が形成され、問題は拡大の一途を辿っています。

特に、メルカリが2016年1月に導入した「**匿名配送サービス***」においては、見ず知らずの取引相手に個人情報を伝える必要がないことから、利用者は急増し、その後のCtoC取引で一般化した経緯があります。

逆に、匿名性が高まったことを悪用し、盗品の流通をも助長してしまった、ということになります。

■盗品流通の問題点

盗品の流通は、犯罪を助長するだけでなく、合法的な市場に対して悪影響を及ぼします。盗難被害に遭った事業者はその資産を失うことになり、更に、盗品は一般的に市場価格より安価で流通することから、市場相場を破壊する可能性もあります。

また、一般ユーザーは「安いから買った」という動機でも、知らず知らずのうちに犯罪に加担していることになってしまいます。

「盗品と知らずに購入した」場合でも、その元の所有者が現れ、返還を要求した場合、民法193条に基づいた法的な問題に巻き込まれてしまうリスクもあります。

Term **匿名配送サービス** 出品者・購入者ともに、氏名や住所などの個人情報を公開せずに取引ができる安心・安全な配送サービス。匿名配送サービスは、主にフリマアプリやネットオークションで利用されています。フリマアプリやネットオークションでは、出品者・購入者ともに、個人情報を知られたくないというニーズがあります。

このような盗品流通は、事業者のみならず、日常生活内でも起こっています。

2020年4月、北海道にてキャンプ場からクーラーボックスを盗み、フリマサイトで転売していた男が北海道警察に逮捕されています。その被害者は、盗まれたクーラーボックスがフリマサイトに出品されているのを発見し、スクリーンショットなどを添えて、警察へ被害届を出しました。解決までには、被害発生の2019年9月から実に7ヶ月を要しており、その間、被害者立ち会いのもと、数回の現場検証などが行われたとのことです。

盗品流通への対策

前述のクーラーボックス盗難については、被害者は、事前にフリマアプリ運営者へ相談していますが、警察への相談を促されただけにとどまったとのことです。

要は、フリマアプリ運営者側では、盗品かどうかの判断も調査もできない事が実態といえます。

そこで、ECマーケットプレイスにおいては、「盗品を流通されないための」監視強化が重要となります。

例えば、市場価格より明らかに安価で出品されているもの、それが繰り返し行われている事や、Yahoo! オークションなど、取引相手に対する評価が任意の場合、その取引履歴が目立たないように「評価はつけないで欲しい」というコメントがある場合、など、盗品出品者の特徴を**AI解析**＊によりデータ化することで、より不振な出品者を排除することができます。

また、一般ユーザーに対しても、「安すぎる商品には注意！」などの啓蒙活動も重要です。

商品の出所や、流通履歴が残るブロックチェーン技術の活用も、今後の有効な手段の一つといえます。

フリマアプリのメルカリでは、**自動検知システム**と、カスタマーサービスの「人の目」による監視を24時間365日の体制で実施しているとの事です。メルカリへの出品に当たっては、本人情報を義務付けており、売上金の引き出しの条件となっています。

また、全国万引犯罪防止機構の理事としても、警察・捜査機関と小売店などとの連携を図っています。

Term

AI解析　人工知能（AI）を使用して盗品の識別、追跡、防止を行うプロセスです。AIは、盗品の画像やその他のデータを分析して、偽物や模造品かどうかを判断することができます。また、盗品がどこから来たのか、誰が販売しているのかを追跡することもできます。

Section

5-8 不適切な取引事例

ECにおいては、様々な商品やサービスが取引されていますが、中には不適切なものも含まれています。ここでは、盗品や模倣品以外の不適切な取引事例について、解説をしてまいります。

迷惑転売

転売そのものは、不動産や車などの取引において、元々存在する経済活動のひとつです。

社会的に問題になっているのは、限定品や、市場で供給不足を起こしている商品を買い占め、不当に価格を吊り上げて、高額で転売をする「**迷惑転売**」です。このような行為を行うものは「**転売ヤー**」などと揶揄されています。

特に、コンサートやイベントチケットの**高額転売**は、高い場合は1枚数十万で取引され、本当のファンであるはずの購入希望者は、定価で購入することがほぼ不可能な状態であることが問題視されました。

こうした事態に、音楽・スポーツ・演劇など業界が声を上げたことから、法整備がなされ、2019年3月「**チケット高額転売規制法**」が思考されました。

また、2020年1月春、新型コロナウイルスの感染拡大によるマスクや消毒液の品薄に伴い、それらを買い占めて、高額転売されるケースが相次いで発生しました。

生命身体の安全や健康の維持に関わる必需品の供給不足の悪用として、関係各所は、買い占めや高額転売品の購入を自粛するよう呼びかけを行うも、広がる一方でした。

現金の取引

過去、メルカリでは、「現金を額面以上」で取引されている事例が相次ぎました。

決済は、クレジットカードで行われることから、「カード枠の現金化」を助長しているとされ、また、**マネーロンダリング**[*]やその他の不正行為からトラブルを引き起こる可能性があるとし、2017年4月に、現在使われていない、いわゆるコレクション向けの貨幣以外の現金の出品を禁止

Point

チケット転売防止法　2019年に施行された法律で、コンサートやスポーツイベントなどの入場券の不正転売を禁止しています。この法律により、許可なくチケットを高値で転売する行為が違法とされ、罰則が科せられることになりました。

しました。「チャージ済みのIC乗車券」や「領収書」なども出品が禁止されています。

無在庫販売

無在庫販売とは、現在手元にない商品を販売し、販売後に商品を準備する、という手法です。家具や家電などの大型商品や高額商品における「お取り寄せ」や、発売前商品の予約販売として、ごく一般的なことではあります。しかしながら、メルカリやYahoo!オークションにおいて無責任な無在庫販売が乱立し、出品者が注文をむやみにキャンセルしたり、注文商品をメーカーや卸から直送させる**ドロップシッピング**の仕組みを悪用し、メルカリで販売した商品をアマゾンに注文し直送させるといったケースが相次ぎました。このようなトラブルの拡大を防止するために、無在庫販売は、多くのECサイトにて、禁止事項となっています。

その他の違法取引

その他にも「アカウントの取引」、「コンピュータウイルスの作成方法」、「違法薬物」、「未承認食品の販売」、「野生動物・絶滅危惧種の販売」、「児童ポルノ」など警察や関係当局に摘発された例がたくさんあります。

EC事業者の対策

これらの例からわかるように、ECサイトでの不適切な取引は多岐にわたります。法的な問題だけでなく、倫理的、環境的な問題も引き起こす可能性があります。また、不適切な取引がなされる商品やサービスには、一定のニーズがある事も問題となります。

ECプラットフォームの運営者は、これらの不適切な取引を抑制し、適切な監視と規制を実施する必要があります。また、一般ユーザーも、自身の購買行動によってこれらの問題を助長しないよう注意することが重要です。

最近は
一見して不正と
わからないことも

Term

マネーロンダリング　犯罪活動によって得られた資金の出所を隠蔽し、合法的な資金のように見せる行為です。不正な資金を合法的な金融システムに注入し、その出所を追跡できなくすることが目的です。このプロセスには、資金の分割、法人や海外口座を通じた取引、資金の合法的な経済活動への再投資が含まれます。

Section
5-9

ECサイトとインフルエンサーの炎上問題

SNSなどにおけるインフルエンサーは、その影響力を利用して、企業の商品PRやブランド力向上のために、様々な情報発信を行う一方で、その影響力が逆に作用し、様々な問題を引き起こす場合があります。ここでは、「炎上系」「暴露系」と呼ばれるインフルエンサーの事例について解説します。

炎上系・暴露系インフルエンサーとは?

炎上系・暴露系インフルエンサーとは、物議を醸すような行動や発言で、故意に炎上を引き起こし、注目を集める手法を取る人々です。

彼らはしばしば、社会的に敏感なトピックや倫理的な問題を含む内容を扱い、強い反応を引き出します。

この戦略は、短期的には注目度を高め、フォロワー数や再生回数などを急増させる効果がありますが、長期的には自らの評判や信用を失うリスクもあります。

例えば、あるインフルエンサーが不適切なジョークや挑発的なコメントを発して炎上したケースがあります。これにより、一時的にフォロワーが増えたものの、広告主やパートナー企業からの信頼を失い、契約解除に至る場合があります。

2023年に、ガーシーこと東谷義和が、YouTubeを通じて、特定の芸能人に対する常習的な誹謗中傷を繰り返したとして、脅迫暴力行為法違反や名誉毀損などの疑いで、逮捕されている事例は記憶に新しいところです。

模倣品を販売したインフルエンサー

一方で、知らずに模倣品などのEC販売に手を貸してしまい、炎上した例もあります。

2020年、ミュージシャンのGACKT氏と、有名ホストのROLAND氏の共同プロデュースによるファッションブランド「**G&R**」において、**模倣品***が販売されて

模倣品　産業財産権を侵害する物品です。産業財産権とは、特許権、実用新案権、意匠権、商標権のことです。模倣品は、オリジナル商品の模倣品であり、オリジナル商品の権利を侵害することになります。

Term

いたことが発覚しました。

　海外ブランドの既存商品からの模倣ではないかという指摘や、SNS上での炎上を受け、調査の結果、運営会社がデザインの模倣を認めました。

　GACKT氏とROLAND氏は、一般ユーザーやファンに対して、混乱を招いたことに対してSNSなどを通じて謝罪をし、その後、ブランドは閉鎖に追い込まれています。

　ある意味、**「共同プロデュース」**といいつつも、実態は、ある程度のコンセプトやデザインを企業側が形にするといった、「コラボ型のインフルエンサーマーケティング」に限りなく近いものがありました。

　その細部までには確認の目が届いていなかった、あるいは、おまかせ状態だった、という、そもそもの体制に大きな問題があった事が浮き彫りとなりました。

　この事件は、「GACKTだから」「ROLANDだから」といって購入したファンを大きく落胆させてしまう事になりました。

　後に、**自主回収**や返金対応に応じているとはいえ、運営会社のみならず、その後のインフルエンサーの信頼性に大きな影響を与えるため、慎重な対応が求められます。

事業者にもインフルエンサーにも必要な健全性

　前述のような問題に対処するためには、まず、インフルエンサー自身が、自己の行動をより責任あるものにする必要があります。インフルエンサーには、フォロワー＝ファンが多数存在します。

　そのフォロワーとの健全な関係を継続して築いていくためには、透明性と誠実さを保つことが重要です。提供される商品は正規品であるかどうかをインフルエンサー自らが確認をし、広告に関する法律や**ガイドライン**＊を遵守しているかを判断することが求められます。

　また、広告主である事業者にも、そのブランドのファンや、ファン予備軍が多数存在します。よって、インフルエンサーとの提携にあたっては、その人物の過去の行動や評判をよく調査することが不可欠となります。

Term
ガイドライン　特定の行動や活動を行う際の基準や手引きを示す指針です。これは、一貫性を保つため、または特定の目標を達成するために設けられます。ガイドラインは、法律や規則とは異なり、強制力はないが、それに従うことが推奨されます。

Section
5-10 EC物流業界の2024年問題

2024年に日本の物流業界が直面する問題は、労働力不足、高齢化社会、技術革新の遅れ、環境規制の強化など、多岐にわたります。以下でこれらの問題と企業の取り組みを解説します。

■物流・運送業界における2024年問題とは

2019年4月に施行された**働き方改革関連法**の一環として、労働基準法が改正され、時間外労働の上限が規定されました。物流・運送業への適用は、それまでの背景や慣習などを鑑み、5年間猶予されてきましたが、この猶予期間が2024年3月に終了することから、「2024年問題」と呼ばれています。

これにより、ドライバーの**時間外労働時間**が年間960時間に制限され、一人当たりの走行距離が短くなるため、長距離輸送が困難になる事が懸念されています。

また、物流・運送業界における売上の減少や、ドライバーの収入の減少なども考えられます。

国は「持続可能な物流の実現に向けた検討会」において、この2024年問題に対して、何も対策を行わなかった場合には、営業用トラックの輸送能力が2024年には14・2%、更に2030年には34・1%不足する可能性があると試算しています。要は「必要な時にモノが届かない」という状況が危惧されています。

■物流・運送業界が元々抱えている課題

日本の物流業界は深刻な労働力不足に直面しています。これは、高齢化社会による労働力の減少と若年層の物流業界への関心の低さに起因しています。特に、トラックドライバーの不足は深刻で、配送遅延やサービスの低下につながる場合があります。

そのような状況とはうらはらに、宅配便取扱個数は、2008年のリーマンショックの影響で一時的に減少したものの、年々増加傾向となっています。

特に、2020年のコロナ禍においては、巣ごもり需要

パレット 工場、倉庫、コンテナ、トラックなどの荷物を載せる荷役台

Term

宅配便取扱個数の推移

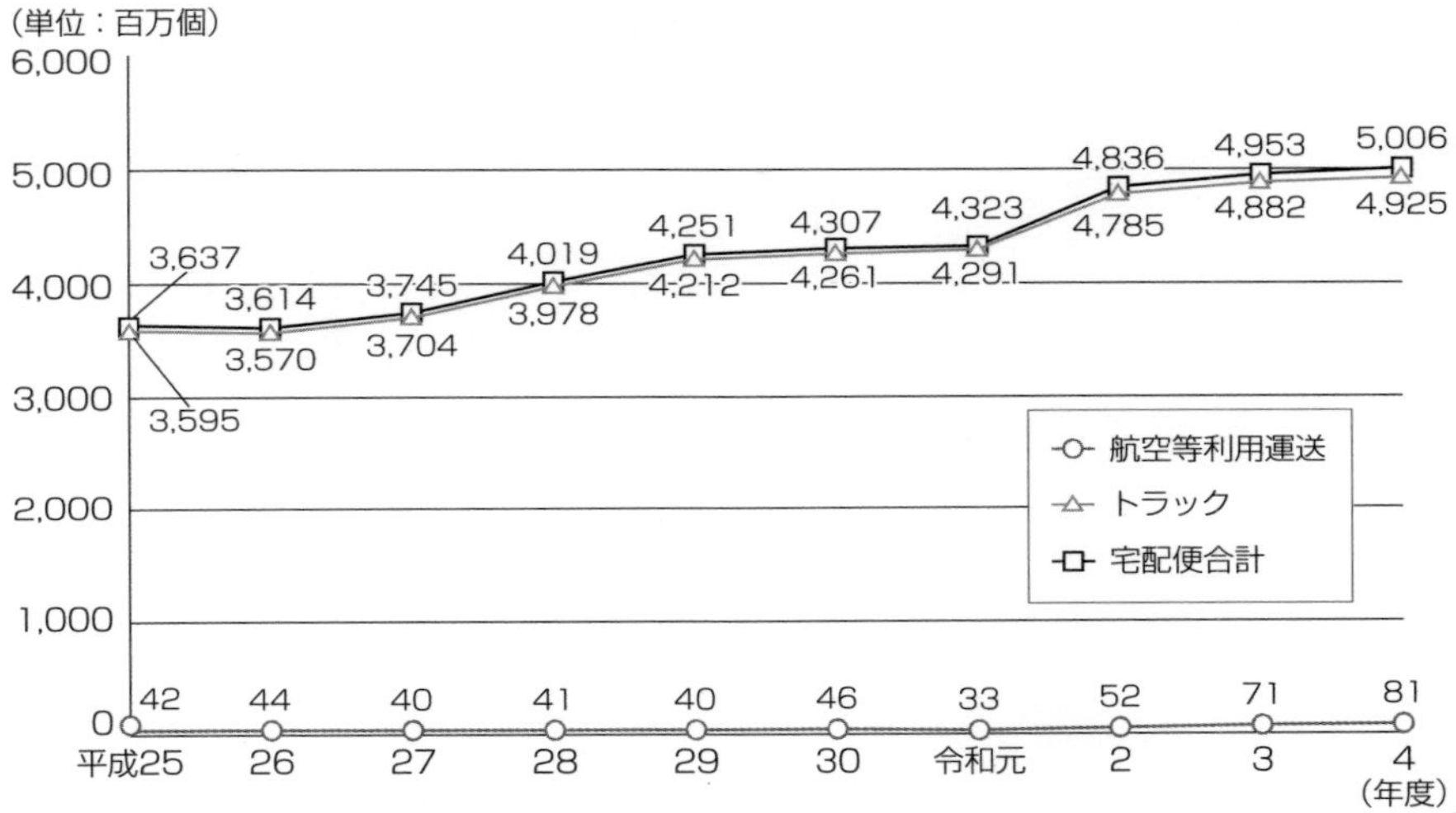

(注1) 平成19年度からゆうパック（日本郵便(株)）の実績が調査の対象となっている。
(注2) 日本郵便(株)については、航空等利用運送事業に係る宅配便も含めトラック運送として集計している。
(注3) 「ゆうパケット」は平成28年9月まではメール便として、10月からは宅配便として集計している。
(注4) 佐川急便(株)においては決算期の変更があったため、
平成29年度は平成29年3月21日～平成30年3月31日（376日分）で集計している。

▲国土交通省「令和４年度 宅配便等取扱個数の調査及び集計方法」より引用

再配達率の推移

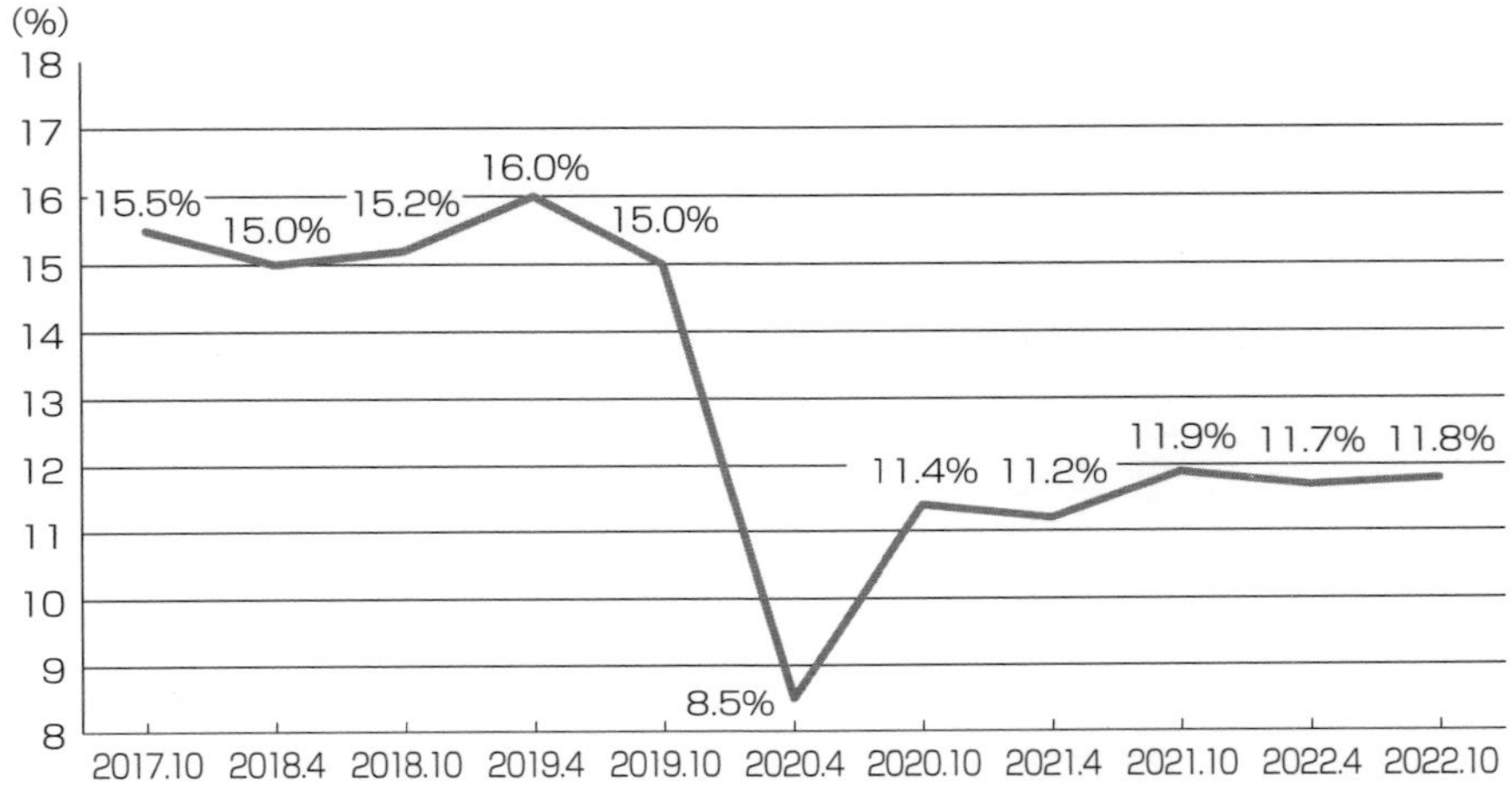

▲ 2023 年8月「持続可能な物流の実現に向けた検討会・最終取りまとめ」より引用

の拡大でEC利用に拍車がかかり、宅配便取扱個数が5年間で約9・3億個（23・2%増）も増加しています。

2024年問題に対する各企業の取り組み

まず、物流企業における労働条件の改善です。これには、給与の増加、勤務条件の改善、キャリアアップ支援などが挙げられます。また、女性や高齢者、外国人労働者の積極的な雇用にも注目されています。

次に、荷役作業の業務改善です。**パレット**＊輸送・**パワーゲート**＊輸送の導入・拡大による人的負担の軽減や、AIを活用した配達ルートの最適化などにより、配送効率を高める必要があります。

また、バス・鉄道の客用スペース以外を活用した「貨客混載」や、輸送の中継地点で、ドライバーが交代する「乗換え方式」、トラックのコンテナごと交換する「スワップボディ方式」など「中継輸送」と呼ばれる運送方法にも注目が集まっています。

EC事業者自身も、アマゾンやヨドバシカメラに見られるテクノロジーの活用を推進することで、物流の効率化・自動化を図る事が可能となります。

2024年問題に対する一般ユーザーが意識をしておきたいこと

物流業界においての負担軽減の一つの方法として、再配達の抑制が挙げられます。一般ユーザーは、大手のECサイトにて「**送料無料**」という体で購入している場合が多く、物流コストに関する意識が低いと考えられています。

特に「**再配達**」に関しては、物流業者に対する負荷の一つとなっています。国土交通省2023年12月に公表した同年10月の宅配便再配達率は11・8%でした。直近で最も多かった2019年4月の16・0%に対しては低くなっていますが、最も低かったコロナ禍の2020年4月の8・5%からは微増しています。

一般ユーザーもコスト意識を持ち、置き配、宅配ボックス、宅配バッグの活用や、コンビニでの受け取り、宅配ロッカー等自宅以外で受け取る方法、なるべくまとめて購入するなどの取組みが必要と考えられます。これらの取組みは、いわゆる地球温暖化対策として、CO_2 排出削減にも寄与するといえます。

Point

パワーゲート　トラックに装備された昇降装置。元々は極東開発工業の商標名ですが、昨今では一般用語として使われています。

Column Yahoo! オークションはなぜメルカリに抜かれたのか？

メルカリの2023年7-9月期における国内GMV（流通総額）は2,204億円でした。同期間において、Yahoo!オークション、Yahoo!フリマ、ZOZOUSEDを含むYahoo!のリユース事業は2,399億円でした。売上の内訳は未公表ですが、実質、メルカリはYahoo!オークションのGMVを超えている事になります。

この理由は、2つの会社の「ユーザー目線」の違いが大きいと考えられます。

Yahoo!は、そもそもIT事業者です。Yahoo!オークションは、とても便利なプラットフォームですが、「取引は利用者同士の責任で」という考え方が随所に見られます。

例えば、ユーザー同士がコミュニケーションを取る「取引ナビ」には「取引で困ったことなどがあったら、出品者に質問してみよう！」という一文があります。要は、「困ったこと＝トラブル」があったら使いましょう、という考え方が根底にあります。

メルカリの場合は「まず挨拶をしましょう」と推奨しており、安心な取引のためのコミュニケーションを重視しています。

メルカリが2013年のサービス開始時から導入していた「匿名取引」は、実は、Yahoo!オークションも2000年に「エスクローサービス」という名称で導入しています。時代もあったのかもしれませんが、このサービスは有料だったため、全く根付来ませんでした。振込の手間がかからない「Yahoo!かんたん決済」も、サービス開始時は購入者が手数料を支払う仕組みで、2015年にやっと無料化された経緯があります。

個人情報に対する不安が、Yahoo!オークションに参加するハードルであったにもかかわらず、メルカリの台頭まで、その部分にテコ入れをしなかったことは疑問に思うところです。

未だに多くの出品者が使っている「ノーリターンノークレーム」に代表される「取引に対して後から文句を言わないでね」という無責任な文化も放置し、「個人間取引＝怖い」という印象をつけてしまった事も残念な点です。

2022年秋、ヤフオク!からYahoo!オークションへと初期の名称に再改名しました。メルカリにはない「入札で価格が上がっていくオークション」の魅力を、「ユーザー目線」と共に、再度認知させてほしいものです。

Section

5-11 EC市場が飽和する可能性

2030年頃に日本のEC業界が飽和するのではと予測されています。ここでは、その根拠やそれに対する活性化への策について解説をします。

EC市場が飽和する可能性がある具体的な根拠

2023年1月に株式会社デジタルコマース総合研究所が公表した「国内 BtoC-EC 市場の近未来予想と活性化への期待」によると、2030年ごろに国内EC市場は**ピークアウト**を迎えるとの事です。

これは「**コンビニ市場**」「携帯電話」の市場との比較による予測が根拠となっています。コンビニ市場は、1974年にスタートし、45年後の2019年にピークアウト、携帯電話市場は、1992年にスタートし、28年後の2020年にピークアウトしています。

コンビニは「リアル店舗をつくる」事に時間を要します。携帯電話は、**バンドワゴン効果***やコミュニケーションツールであることから、かなり早いスピードで普及しました。

EC市場は、リアル店舗が必要ないため、ピークアウトは45年より早く、携帯電話のようなスピードで広がるものではないため、**ピークアウト***は28年より遅い、と考えられるとのことです。

楽天グループが創業した1997年を日本のEC元年と捉えると、30～35年くらい後の2027年～2032年にピークを迎える可能性があると分析されています。

今後の国内EC市場の活性化への4つのシナリオとは

同「国内 BtoC- EC市場の近未来予想と活性化への期待」によると、国内EC市場の活性には、4つのシナリオパターンがあるとしています。

1つ目は「既存大手ECプラットフォームのさらなる**GMV**拡大による市場規模拡大」です。

Point **バンドワゴン効果**　支持している人が多いものに対して、さらに支持が集まる心理効果を指した言葉。「行列ができている店に入ってみたい」「みんな持っているから自分もほしい」という例が挙げられます。

これは、楽天、Amazon、Yahoo!ショッピング等の既存大手の流通総額が拡大することで、市場も拡大する、という考え方です。

2つ目は「新たな大型プラットフォームの出現による市場規模拡大」です。海外には、既存大手の存在を脅かす新興プラットフォームの台頭の事例があります。

3つ目は「DtoC-EC（D2C-EC）の隆盛による市場規模拡大」です。既存大手ECモールから撤退し、独自路線のメーカーが更に増加する可能性があります。

4つ目は「ミディアムサイズプラットフォームの台頭による市場規模拡大」です。現状、メーカーは、大手ECサイトへの出店か、D2Cの運営の2択となっているため、「中間サイズのECプラットフォーム」のニーズが高まっています。

ミディアムサイズプラットフォームの事例と可能性

現状、大手ECプラットフォームがEC市場規模に占める比率は既に7割に達しています。

よって、これ以上の爆発的な伸びには期待は薄いといえます。また、**新興プラットフォーム**や、メーカー単独のD2Cサイトが今後10年で、市場を席巻する事は考えにくいといえます。

そこで注目を集めるのは「**ミディアムサイズプラットフォーム**」です。

マーケットプレイス運営のソフトウェアを提供するMirakl社によると、アメリカにおける2016年の小売業者トップ500社のうち、マーケットプレイスモデルは5社程度でしたが、

2022年には50社近くがマーケットプレイスモデルを採用しているとの事です。

自社製品をメインとし、自社のコンセプトに沿った商品をマーケットプレイスでラインアップして広げていく事例が多いとの事です。

例えば、洋服メーカーが、自社のブランドに沿ったアクセサリー類をマーケットプレイスで展開する、というイメージです。

あくまで例えですが、ヨドバシカメラが、自身のラインナップが少ないパソコンやスマホ関連のガジェットをマーケットプレイスで展開し、より専門性を高める、といったイメージが伝わりやすいのではと考えます。

ピークアウト 頂点に達し、それ以上は上がらない状態のこと。同時にそこから先は下落や衰退に転じること。

規模の類似する市場との対比

	携帯電話市場	国内EC市場	コンビニ市場
市場規模	11.9兆円 (2020年)	13.3兆円 (2021年)	11.8兆円 (2019年)
到達年数	28年 (1992年)	24年 (1997年)	45年 (1974年)
市場の現況	ほぼ横ばい	拡大中	ほぼ横ばい

出所：携帯電話市場　NTTドコモ、KDDI、ソフトバンクの決算発表資料より算出、
　　　コンビニ市場　経済産業省商業動態統計調査より算出

▲株式会社デジタルコマース総合研究所「国内BtoC-ＥＣ市場の近未来予想と活性化への期待」より引用

EC業界の
成長速度は
驚異的です

第6章

ECサービスを個人でも起業できる時代

インターネットオークションやフリマサイトの普及により、個人がEC サービスを容易にはじめられる時代になっています。その手軽さが新たなチャンスをもたらす一方で、迷惑転売などの問題も生じています。この章では、これらの課題とその克服方法を詳細に探り、CtoC ビジネスのさらなる可能性を展望します。

Section

6-1 ECプラットフォームの出現

一般個人が距離や国境を越えて売買することができるECプラットフォームの出現は、その後の流通とユーザーの行動に大きな影響を与えました。ここでは、これらプラットフォームの歴史や特徴、そして市場への影響を解説します。

アメリカにおけるECプラットフォームの誕生

1995年、コンピュータープログラマーだったイラン系アメリカ人、ピエール・オミダイアは、妻の**PEZ**＊（ペッツ）のコレクションの手助けを目的に、あくまで個人的なオークションサイトとして「AuctionWeb」を立ち上げました。

しかしながら、ピエールの当初の目的とは裏腹に「売りたい個人と買いたい個人をつなぐ場」として、一気に世界中のユーザーに広まったことから、サービスを事業化し、1997年に「**eBay**」（イーベイ）と改称しました。

それから25年以上が経過しましたが、2022年現在、バイヤー数1億3，400万人、総取引額739億ドル、出品数18億点と、地球規模のECプラットフォームへと成長しました。

1998年には、アメリカのYahoo!による「**Yahoo!オークション**」が開始されました。（2007年サービス終了）

2001年、アメリカのアマゾンが「**アマゾンマーケットプレイス**」を開設し、個人を含めた小売業者がアマゾンへの出品を可能にしました。2023年現在、アマゾン全体の売上に対し、マーケットプレイスでの売上は約40％ともいわれています。

日本におけるECプラットフォームの歴史

1999年9月、一般個人が参加できる日本初のインターネットオークションサイトとして、「Yahoo! オークション」が誕生します。

その後、2004年3月に「**モバオク**」、2005年11月「楽天オークション」（2016年サービス終了）などが誕生し、

Term **PEZ（ペズ、ペッツ）** 1927年にオーストリアで生まれた世界90カ国以上で販売されているキャンディブランドです。ドイツ語のPfefferminz（ペパーミント）が商品名の語源です。特徴的なキャラクターヘッドのディスペンサのコレクターが世界中に存在します。

個人間取引の市場は大きく成長を遂げました。

2002年には、日本のアマゾンが個人や小売業者が出品できる「**アマゾンマーケットプレイス**」のサービスを開始します。特に、利用者が急増したのは、「フルフィルメント by Amazon（FBA）」が2008年に導入されてからです。**FBA**とは、予め在庫商品をアマゾンの倉庫へ預けることで、商品が売れた際、アマゾンが梱包・発送などを請け負ってくれるサービスで、出品者は、大幅な作業の削減を図ることが可能になりました。

2013年7月、フリマアプリ「**メルカリ**」のサービスが開始されます。購入までに時間がかかったり、なかなか落札ができなかったりする課題があるオークション式とは異なり、即決＝すぐに購入できる点や、モバイルを主とした簡単な操作による取引が人気を呼び、利用者は急増しました。

それまで、実質Yahoo!オークション1強であった個人間取引サイトにおいて、ジリジリとシェアを伸ばし、2023年には、メルカリが、GMV（流通総額）において、Yahoo!オークションを超えるまでに至りました。

その他、日本では「楽天ラクマ」や「Yahoo!フリマ」などが展開されていますが、地元・対面取引がメインの「ジモティー」や、ハンドメイド専門の「Creema」（クリーマ）「**minne**」（ミンネ）、コレクター向けのトレーディングカードやスニーカー、ホビーに特化した「**magi**」「スニーカーダンク」など、いわゆる専門特化したマーケットプレイスも増加しています。

その他のオンラインプラットフォーム

「Yahoo!ショッピング」や「楽天市場」といったオンラインモールは、その名の通り、オンライン上のショッピングモールです。既に多くの企業が出店しており、運営本体や各種サービスが連携された顧客基盤を有していることから、出店直後から、多くの集客が見込まれ、法人や個人事業主のEC市場への進出先として活用されています。

逆に、既にある集客装置に頼らず、独自路線での運営を望む場合は、「**Shopify**」「**BASE**＊」「**STORES**」といった、**D2Cプラットフォーム**の活用も近年注目を集めています。

Term **BASE**　2012年に設立されたサービスで、現在では国内最大のネットショップ作成サービスとなっています。2022年12月末時点で、BASEを利用しているショップ数は260万店を超え、月間の流通総額は1,000億円を超えています。

Section

6-2 せどり・転売が流行った理由

せどり、転売が流行った理由には、ECプラットフォームが整備されたことに加えて、過去の相場情報や各種情報商材により、急速にそのノウハウが普及したことにあります。ここでは、その具体的な出来事と様々な手法について解説します。

■個人が販売できるプラットフォームの誕生

1999年9月、日本初のインターネットオークションサイト「**Yahoo! オークション**」が誕生しました。それまでは、個人が不用品をお金に変える方法は、いわゆる買取業者へ依頼するしかありませんでした。「これくらいの金額で売れるだろう」という予想に反して、二束三文で買い取られ、がっかりした思いをした経験のある人は少なくないのではないでしょうか。

販売したい人が、直接購入したい人とつながることができ、しかも価値があるものは入札でドンドン価格が上がっていくYahoo! オークションの人気は、瞬く間に急増しました。

■せどり・転売が急速に普及した理由

インターネットオークションやフリマアプリでは、不用品を販売するのみならず、いわゆるせどりや転売が行われるようになり、参加者は急増しました。その背景はいくつかあります。

まず、統計データの閲覧が可能になったこと、いわゆるオークションにおける過去相場を調べる事ができるようになったことが挙げられます。それまで販売者は、それまでの経験値などから、商品を調達したり、価格を決めたりしていました。

2007年、Yahoo! オークションの過去相場を調べることができる「**オークファン**＊」のサービスがスタートしました。

Term

オークファン　株式会社デファクトスタンダードは、フリマや業者からの仕入れ、個人からのブランド品買取とオークション販売で事業を拡大。オークション価格を調べる「オークション統計ページ（仮）」を活用し、後にそのサイトを譲り受け、aucfan.comに発展させました。

次に、オークションに関する情報商材が多数登場し、せどり・転売に関するノウハウが急速に普及したことが挙げられます。いわゆるリサイクルショップや古本屋から商品を安く仕入れて、オークションで高く販売する、といった手法が盛んに行われるようになりました。

また、輸入転売という手法も現れました。海外のアマゾンやeBay、タオバオなどから商品を仕入れ、それをYahoo!オークションなどの国内マーケットへ出品・販売を行うものです。

２０１０年頃は、海外からの仕入れはまだまだ一般的ではなかったため、出品者は当時の円高を背景に大きな利益を上げることができました。

最後に「**アマゾンマーケットプレイス**」の利用者が増えた事です。出品は、アマゾンに予め登録されている商品情報に基づいて行うため、オークションサイトのような写真撮影や商品説明の記載が原則不要なことから人気が集まりました。また、２００８年に開始された「FBA」（フルフィルメント by Amazon）においては、予め自身の在庫をアマゾンの倉庫へ預けることで、注文後の梱包、発送、カスタマーサポートなどをアマゾンに任せることができるため、大幅に作業を削減することができるようになりました。

オークファンの前身サイト「オークション統計ページ（仮）」

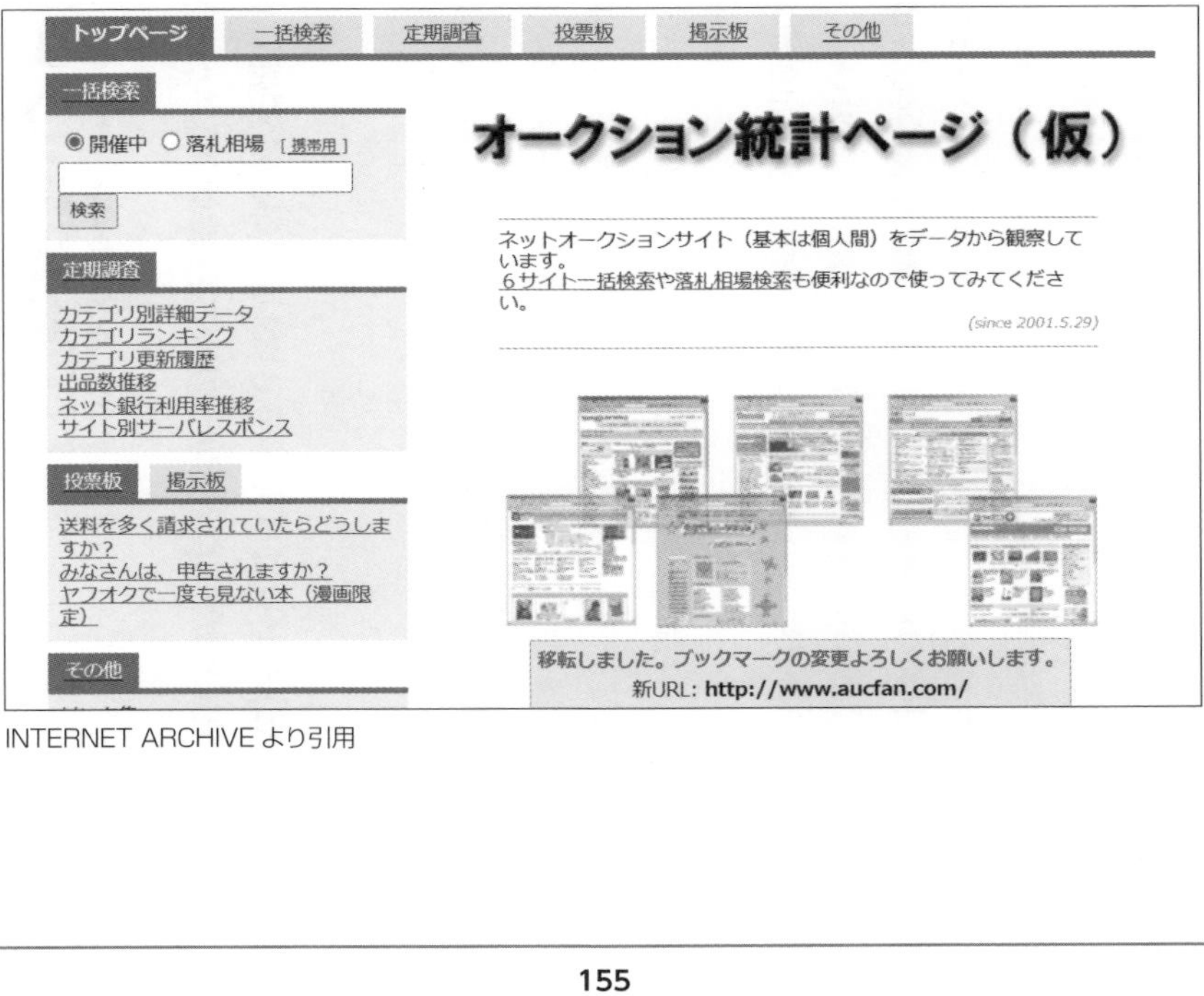

INTERNET ARCHIVE より引用

Section 6-3

ECプラットフォームの現状

Yahoo! オークションとメルカリの存在によって、個人が商品を自由に売買できる時代になりました。ここでは、Yahoo! オークションとメルカリを活用する上でのメリット・デメリットについて解説をします。

■出品者のメリット

Yahoo! オークション、メルカリともに、ユーザー数は約2,000万人といわれています。

いわゆる**ネットオークション**＊・**フリマサイト**という市場が誕生してから20年以上が経過し、市場は既に成熟しています。よって、車から雑誌の切り抜きまで、ありとあらゆる物が流通しています。

出品者にとっては、自身の不要品を必要としている人に直接販売することができます。

「あなたの不用品は誰かの宝」といわれているように、自身にとっては不要でも、それを血眼になって探しているコレクターも存在するということです。

特に、Yahoo! オークションはその名の通り「オークション出品」ができますので、欲しい人が沢山いれば、落札まで沢山の入札が繰り返されます。要は、自身に商品知識がなくても、その価値を知っている人がどんどん価格を上げてくれる、という事です。

また、いわゆる断捨離効果で、家の中をスッキリ整理できるメリットもあります。

購入者にとっては、商品を市場価格より安く購入できたり、**リアル店舗**や一般の**ネットショップ**などではめったに販売されていない廃盤品や限定品、コレクター向けの商品を入手したりすることができます。

また、昨今では、スマートフォンのアプリで簡単に操作ができるようになり、パソコンを持っていなくても、出品・購入が気軽に行えるようになっています。

Term

ネットオークション　出品者が商品を出品し、購入希望者がその商品に対して入札を行います。入札期間内に最も高い入札をした人が落札者となり、商品の購入権利を獲得します。落札者は、落札した商品の代金を支払うことで、商品を入手することができます。

■デメリット

出品者にとっては、一生懸命写真を撮ったり、時間をかけて商品説明をつくり、出品したとしても、世の中にニーズがない、自身の期待値が高すぎて相場と大きく乖離がある場合は、当然、売れない可能性もあります。

購入者にとって一番多いトラブルは「商品説明と違うものが届いた」「偽物が届いた」というものです。このような取引間におけるトラブルは、一定数は存在するものの、プラットフォーム側の様々な対策により、かなりの減少傾向にはあります。

また、「知識のない人から買いたくない」「ノークレーム・ノーリターンといわれ不安」というような感情的な理由も存在します。

また、「見知らぬ人への個人情報の提供」「代金を支払ったが商品が届かない」といった事に対しては、匿名で発送できる仕組みや、購入者が無事に商品を受け取るまで、事務局が商品代金を預かる、といった安心安全の仕組みが採用されています。

Yahoo! オークション

メルカリ

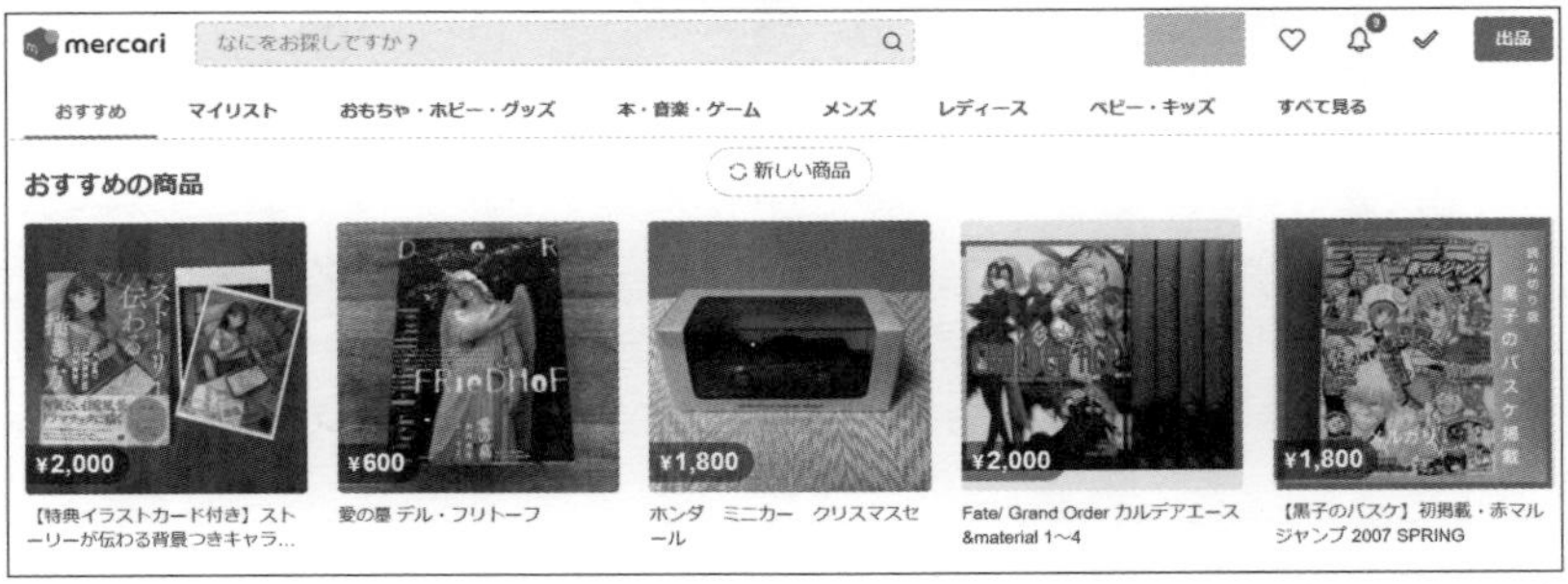

Section
6-4 迷惑転売・悪質転売への企業の対策

悪質な転売が社会問題化する中、各企業や関係者は様々な対策を講じています。ここでは、転売に対する正しい理解を深めつつ、その具体的な取組み内容やその効果について解説します。

転売の広義とは?

転売とは「買い取った物をさらに他に売り渡すこと」という意味です。転売という行為そのものは、不動産転売、債権転売など、ECプラットフォームの発展以前から使われている手法であり、経済の原理原則に沿ったものです。よって、転売そのものがなくなる事はありません。

しかしながら、昨今では、チケット高額転売、限定生産品の買い占めなどの**迷惑行為**を伴う転売が社会的に問題となり、すっかり「転売」そのものに悪いイメージがつき、転売行為を行う人のことを「**転売ヤー**」といったスラングで表現される時代となってしまいました。

世間的には、転売ヤーは「右から左に商品を流すだけで儲かっている」ようなイメージですが、実際はそんなことはありません。例えば、安易に過剰仕入れしてしまった商品が不良在庫になってしまったり、相場の急激な下落などによる原価割れをしてしまったりなど、決していいことばかりではないのが実態です。

転売の何が禁止で何が迷惑なのか

前述の通り、転売そのものは、経済の原理原則に則ったものですが、明確な禁止事項や、明らかな迷惑行為が存在します。

まず、興行チケットに関しては「チケット転売禁止法」により、明確に法律で禁止されています。

次に、**古物商**＊などの許可を持たずに、オークションやフリマサイトなどで、大量の商品の売買を継続的に行なっている場合は「業者」行為とみなされ、処罰の対象となります。

また、アルコール類については、個人が不要な戴き物の

Term

古物商　古物営業法に規定される「古物」を売買または交換する個人・法人のことを指します。古物商として営業を行うには、営業所を管轄する都道府県公安委員会に許可を申請する必要があります。（申請窓口は警察署生活安全部が担当）

処分目的で、単発でオークションやフリマサイトの出品することは問題ないですが、継続的な出品は、酒税法に基づく**酒類販売業免許**が必要となります。

最後に、限定品や品薄品等の買い占めです。特に、新型コロナウィルスの蔓延時には、マスクや消毒液の転売が横行し、社会的に大きな問題になったことは記憶に新しいところです。

■迷惑転売に対する企業努力

こうした迷惑転売に対しては、企業や関係者などにより、少しずつ対策が講じられています。既に法整備がなされているチケット転売に対しては、身分証明書やAIによる顔認証による本人確認の徹底が導入されるようになりました。また、本当に都合で参加ができなくなってしまった人向けに、定価でのチケット売買を行う公式二次流通サイトの設置も行われるようになりました。

企業と販売プラットフォームの提携も始まっています。フリマアプリの最大手メルカリは、2021年、ユニクロと高額転売を抑制する包括協定を締結しています。現在、ユニクロから定期的に発売されるコラボ限定品などが、発売直後からメルカリに高値で出品されてしまい、購入予定者が煽られる、といった、企業側が望まない状態になってしまっています。そこで、新商品情報を共有することによる出品ページへの注意喚起の掲載や、広告画像の無断二次使用に対する著作権侵害への対応が行われています。

また、家電量販店などで行われる店頭先着販売に対しては、購入者にパッケージをその場で開封させたり、外装フィルム（シュリンク）を開封させたり、外箱に油性ペンで自分の名前を書かせるなど、「新品」として、**二次流通***をさせない手法が取り入れられています。要は「中古」の状態であれば、その分、価値が下がるという狙いです。

更に、先着購入の列に、多数並んでいる「商品名を正確に言えない」客は、転売業者に雇われて、ただ列に並んでいる、とされ、排除を行うなど、本当に欲しいユーザーに商品を届けようとする対策が講じています。

オンライン販売においても、その購入履歴から転売目的とした購入かどうかを調査している企業もあります。例えば、同一人物、あるいは同一人物と思われる客から、限定品をはじめとした同一商品の大量購入があった場合、購入のキャンセル、または、会員登録の取り消しなどの措置を行う場合があるとの事です。

Term

二次流通　一度市場に出た商品が消費者に渡り、再び販売されることを意味します。一次流通とは、メーカーから卸業者や小売業者などの企業が消費者に販売する流通経路を指すのに対し、二次流通は、中古品業者やフリマアプリ、ネットオークションなどの個人や企業が消費者に販売する流通経路を指します。

Section

6-5 個人EC販売がうまくいかない原因

EC販売は、様々なプラットフォームはやサービスが整っていることから、個人でもハードルが非常に低く、参入しやすいことが特徴です。多くの人が、副業や複業としてチャレンジをしますが、必ずしも全員がうまく進むとはかぎりません。ここでは、EC販売がうまく行かない理由とその改善策について解説します。

■目標が不明確

「月収100万円目指します」この世界ではよく聞くフレーズです。なぜ「100万円なのか」を明確な目標を立てる必要があります。まず、達成したいことを書き出し、それにいくら必要なのかを見積もります。例えば「子供の学費○○円」「○○を学ぶためのスクール費用○○円」と、なるべく具体的にしていきます。その上で、「50万で足りる」かもしれませんし、逆に「150万必要」かもしれません。会社もその年の方針や売上目標が明確になっているのと同じです。

個人の場合、会社と違い強制力が働きません。簡単にはじめられる分、すぐにあきらめてしまう側面があります。だからこそ、絶対に達成したい明確な目標が必要です。

■安易な仕入れ

「これは売れそう」と、**市場リサーチ**＊をせずに、安易な仕入れをしてしまう事は非常に危険です。

Yahoo! オークションやメルカリなどの CtoC プラットフォームでは、「過去の取引履歴」を一定期間分閲覧することができます。必ず、扱いたい商品の需要や供給がどの程度あるのか、リサーチを行い、仕入れる根拠を確認してから、仕入れを行います。

これは、**D2C プラットフォーム**を使った本格的なEC販売を行いたい場合でも、市場の動向を読み取る事ができますので、有効な手段といえます。

Term

市場サーチ　特定の市場に関する情報を収集・分析する活動です。市場調査とも呼ばれます。市場サーチは、マーケティング活動の基礎となる重要な活動です。市場サーチを行うことで、市場の状況を正しく把握し、効果的なマーケティング戦略を策定することができます。

■何を売りたいか分からない

「EC販売をやってみたいが、何を売っていいか分からない」方も少なくありません。

まずは、「自身の好きなもの」「興味のあるもの」「本業で詳しいジャンル」から始めると良いです。好きこそものの上手なれ、という言葉の通り、自然とお客様目線となり、取引が増える毎に、出品ページの作り方、梱包方法、アフターサービスなどの技術が向上します。それは、後に濃いリピーターさんを生み出す事ができる専門性にもつながります。

また、家に眠っている不用品を数多く出してみることもノーリスクかつ有効です。意外に高く売れたものはヒントとなり、その後の取扱商品になる可能性もあります。

■お客様目線でない

Yahoo! オークションやメルカリなどでは、残念ながら「ノークレームノーリターン」「**素人採寸**」「神経質な人お断り」などといった、購入予定者に対して失礼なセリフが横行しています。

ただモノを処分したいだけの人もいますので、一律に否定はしませんが、ビジネスとして行うのであれば、絶対に使ってはいけない言葉です。

「万が一、商品説明と異なる不具合がありましたら、ご連絡下さい。」

「平置きで採寸しておりますが、伸縮する素材のため、多少の誤差がありますことをご理解下さい。」

「十分な商品説明に努めていますが、もしご不明な点がありましたら、お問い合わせ下さい。」

と、**出品ページ**＊から誠実さ、笑顔や笑声が感じられるようなウェルカムなページづくりが必要です。

■いきなり大きく始めてしまう

ECショップをいきなり大きくはじめて、大量の仕入れをして、失敗してしまうケースがあります。

まずは、Yahoo! オークションやメルカリで小さくはじめ、アマゾンなどの大手モールへの出店へと進みます。これらは既に沢山のお客様がいる市場ですので、リサーチさえ間違わなければ、結果は出やすいといえます。

ある程度の実績を積んだら、D2Cプラットフォームを活用した独自ショップのチャレンジをする、といったステップバイステップが重要です。

Term

出品ページ　フリマアプリやネットオークションなどのサービスにおいて、商品を出品する際に作成するページのことです。出品ページには、商品の画像や説明、価格などの情報が記載されます。出品ページは、購入者が商品を判断する重要な情報源となります。

Section
6-6
個人参入可能な越境EC「eBay」

少子高齢化で年々国内市場が狭まる中、「越境EC」で海外に販路を作ることが注目されています。様々な制約のある大手企業より、小回りのきく個人や小規模事業者の方が、海外販売がしやすい環境にあります。ここでは、世界初かつ最大級のECサイトeBay（イーベイ）を中心に、越境ECの可能性について解説します。

■eBayとは

eBayは、アメリカのEC企業で、1995年にAuction Webとして創業し、後にeBayと変更しました。日本ではまだまだ知名度が決して高くはないですが、本国アメリカでは「**アマゾン**」「**ウォルマート***」に次ぐ、トップ3のEC企業です。日本でいうところの「**アマゾン**」「楽天」「**LINEヤフー**」に相当すると考えて良いでしょう。

■越境ECのメリット

越境EC*のメリットは、大きく分けて3つあります。

まず、市場規模が圧倒的に大きい事です。

日本のYahoo!オークションやメルカリは、各々登録者数は約2，000万人です。（2022年度）eBayの場合は、世界190カ国、登録者数1億8，300万人と、日本との比較で約10倍近い規模の巨大なマーケットです。P164のグラフの通り2022年の世界全体のEC市場の規模は、5，311兆USドルとなり、前年比で6・5%増加しました。一見、成長率は低いように見えますが、前年の2021年はコロナ禍による巣ごもり需要の増加により、前年比17%増と急拡大しました。

この点を考慮すると、2022年の伸びもかなりのものと捉えることができます。さらに2023年以降も毎年7%から9%の成長が見込まれます。

P164の表の通り2022年における国別のEC取引額は、

Term

ウォルマート　1962年にサム・ウォルトンによって設立されたアメリカに本社を置く世界最大の小売業者です。スーパーマーケット、ディスカウントストア、倉庫店、ECサイトなど多様なフォーマットで、食料品、衣料品、家庭用品、電子製品など幅広い商品を取り扱い、低価格での販売を特徴としています。

すでにECが成熟したアメリカですら15・9％の成長であるにもかかわらず、日本の伸び率はたったの2・7％です。よって、日本の越境ECは、まだまだ伸びしろあることが分かります。

また、日本の人口は2010年をピークに減少傾向にあり、2070年には8，700万人と国内マーケットは縮小へと進んでいます。

次に、ライバルが少ない事です。

インバウンド＊を含め、日本のグローバル化が進んでいるといえども、まだまだ外国人や外国語をハードルに感じる人が多くいらっしゃいます。

しかしながら、越境ECで使う英語は「取引限定」の内容であるため、テンプレート化がしやすいのです。翻訳ソフトの技術もかなり進化していますので、実は、英語は大きな参入障壁ではないのです。

最後に、日本製品の需要が多いことです。

日本製品、Made In Japanは、その性能の高さから、日本人が思っている以上に、世界中で高く評価されています。また、アニメ、**ゲーム**といった日本のカルチャーにも大きな関心が寄せられています。また、日本人は商品を大切に扱う国とされていることから、中古品の高い質が評価されています。例えば、中古の**ブランドバッグ**など日本製以外のものでも、偽物をつかまされる確率が低く、状態もよいことから、多くのニーズが集まっています。

日本におけるeBay

越境ECといえども、「モノの売買」ですので、仕組みは、Yahoo! オークションやメルカリと全く同じです。eBayをはじめるには、eBayのアカウント、そして、外貨を受け取るための**ペイオニア**のアカウントを作成し、販売する商品を準備するだけです。ただし、eBayは少々クセのあるサイトであったり、日本とは異なる商習慣があったりするので、販売しながら徐々に慣れていくことは必要です。

また、日本のセラーに対して、様々な販売支援を行う「イーベイ・ジャパン」の存在も心強いです。

2020年頃までは、各種問い合わせについて、アメリカ本国へ英語で行う必要がありましたが、現在では「eBay販売サポート」というプログラムを通じて、日本語で行うことができるようになっています。

Term

インバウンド　外国人観光客の訪日を指す言葉です。訪日外国人旅行または訪日旅行とも呼ばれます。インバウンドは、日本政府が推進する成長戦略のひとつであり、2012年の訪日外国人観光客数は1,030万人でしたが、2019年には3,188万人と、過去最高を記録しました。

国際レベルでの EC 販売金額の推移（グラフ 1）

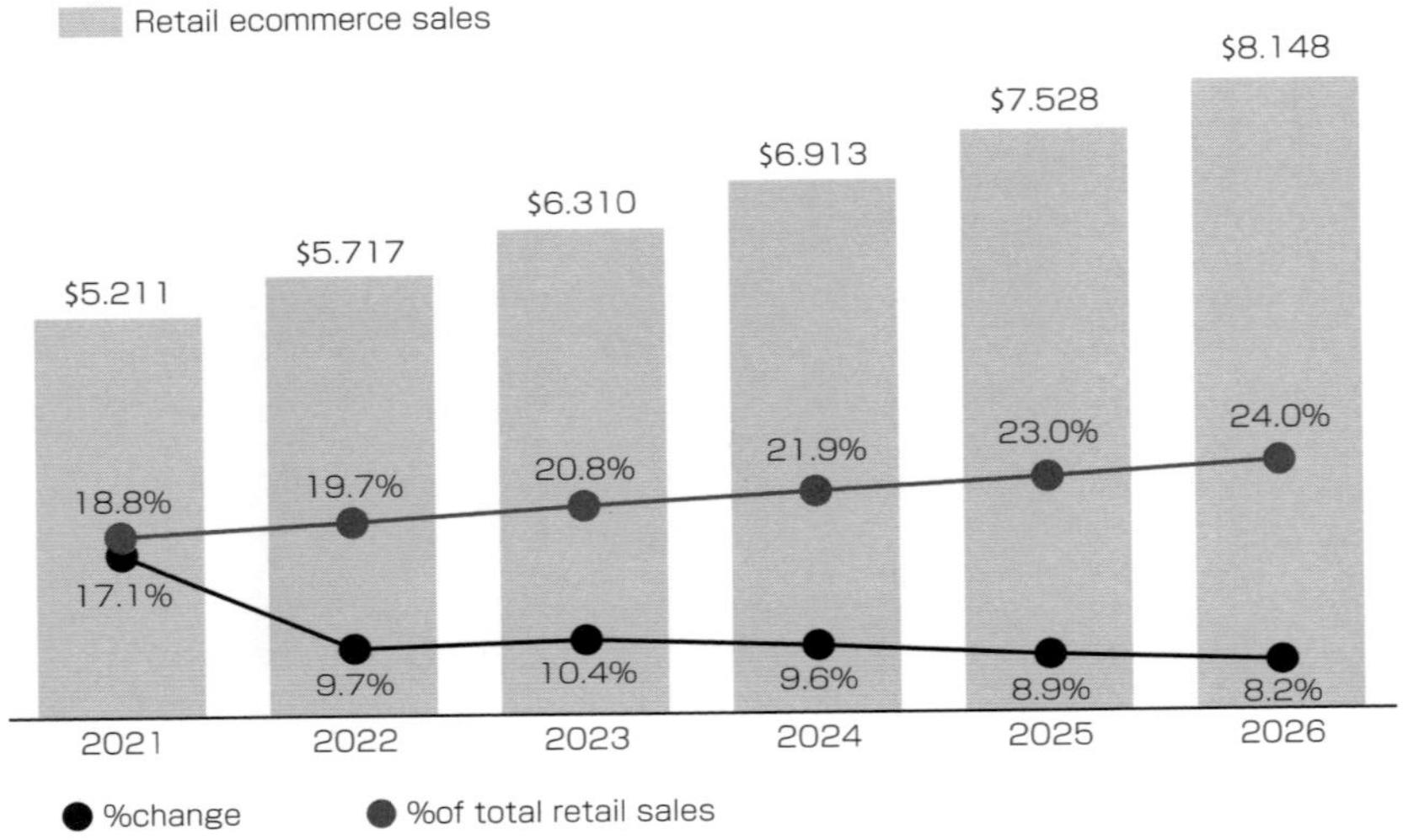

eMarketer より引用　（単位：百万ドル）

2022 年における国別の EC 取引額トップ 10（表 1）

Top 10Countries, Ranked By Retail Ecommoerce Sales, 2022		
Billions and % change		
	2022	%change
1. China	$2,784.74	11.9%
2. US	$1,065.19	15.9%
3.UK	$245.83	4.8%
4. Japan	$168.70	2.7%
5. South Korea	$142.92	13.0%
6. Germany	$117.85	7.5%
7. France	$94.43	8.5%
8. India	$83.75	25.5%
9. Canada	$79.80	10.4%
10.Indonesia	$58.00	23.0%

表 1（単位：百万ドル）　eMarketer より引用

第7章

EC業界のこれからを見据えた戦略とは

EC業界は、新しい技術の活用やそれまでの課題解決を見据えた取組みをはじめています。

次の10年に向けた社会貢献や持続可能な要素を含めた詳細を深掘りするとともに、ECの未来がどのように進化し、社会にどのような影響を与えるかを考察してまいります。

Section
7-1 ますます進むアマゾンの寡占化

1995年にオンライン書店としてスタートしたアマゾンは、音楽、玩具、家電、スポーツ用品、食品などの小売から、動画配信サービス、電子書籍、コンテンツ制作に至るまで、ありとあらゆるジャンルに進出しています。

メディアとエンターテインメント

アマゾンは、既に**プライムビデオ**やコンテンツ製作でメディアに参入していますが、2022年には、アメリカの老舗映画配給会社の**MGM**を買収した事で、それまでも行われていたプライム向け映画製作などを更に活性化されると考えられます。

ゲームにおいては、Prime Gamingの提供や、2014年に買収したTwichのゲーム実況などの提供も行なっています。今後は、**仮想現実**（VR）や**拡張現実**（AR）技術をさらに活用した新しい形態のエンターテイメント分野への進出が考えられます。

金融サービス

アマゾンは、「**アマゾン・レンディング***」により、アマゾンの出店事業者向けのローンサービスを提供しています。アマゾンの売上の60％を占める出店セラーを応援することは、アマゾンの活性化につながるとし、他の金融業者より低金利が適用されています。クレジットカードでは、Amazon VisaやPrime Visaといったハウスカードの利用で、6か月間金利0％の均等月払いオプションが提供されています。また、アマゾンの出店セラーを対象とした**PL保険**（生産物賠償責任保険）を保険仲介とリスクマネジメントの大手であるマーシュと共同で提供をしています。

Point
アマゾンレンディング　本国アメリカで現在も実施されている本融資制度は、2014年2月、日本でも開始されました。Amazonマーケットプレイスに出店している法人の販売事業者向けに提供されましたが、日本では数年で終了しています。

物流と配送技術

アマゾンは物流への巨額の投資により、自社の配送ネットワークを拡大し続けています。2022年秋には。アメリカに一部地域にて**ドローン配送**による「Prime Air」のサービスを開始し、2024年にはアメリカで3箇所目、イタリア、イギリスにも追加される予定です。

また、2023年2月、子会社の「**Zoox**」の開発によるドライバー不在の**ロボタクシー**が、カリフォルニア州の公道で乗客を乗せて走行させることに成功しています。タクシー業の本格化の他。自動運転車を利用した配送システムの開発がなされる可能性が考えられます。

持続可能なエネルギーと環境技術

サステナビリティ（持続可能性）への注目が高まる中、アマゾンはかなり早い段階から環境保護に対する取組を行なっています。2040年までに**ネットゼロカーボン**＊（温室効果ガスの排出量実質ゼロ）達成を掲げ、環境に優しい包装技術の開発や、配送の電動化、効率化、代替輸送手段の活用を推進しています。

「アマゾンプライム会員頭打ち」による次のターゲットは海外

このように、アマゾンは引き続き様々なカテゴリへの参入により、今後も拡大傾向が進んでいますが、本業の根幹となる**アマゾンプライム**会員の頭打ち、要は飽和状態に対して危機感を持っています。

そこで目を向けられているのは、海外です。実は、アマゾンが進出している国は意外に少なく17カ国でしか運営されていません。

また、中国などでは、アリババなどに遅れを取っており、必ずしも世界市場のシェアを独占しているわけではありません。

現在、ブラジル、メキシコ、オーストラリアで急成長をしていますが、今後、ブラジル以外の南米やアフリカへの進出が計画されています。

日本のアマゾンにおいても、アメリカと同様に様々なサービスの再構築が進み、ますます寡占化が進むと考えられます。

Term

ネットゼロカーボン　温室効果ガスの排出量と吸収量を差し引きゼロにすることです。つまり、排出量をゼロにすることではなく、排出量を削減し、残りの排出量を吸収・除去することで、実質的な排出量をゼロにするということです。

Section
7-2 アマゾンのリアル店舗戦略

アマゾンのリアル店舗展開は、オンラインとオフラインを併合する、いわゆるOMO（Online Merges with Offline）による新しい顧客体験への挑戦です。ここでは、アマゾンのリアル店舗の目的や課題について解説します。

■リアル店舗に仕込まれた最新技術

アマゾンの**リアル店舗**には、同社の最新技術が惜しみなく導入されています。

2018年にオープンしたレジなし店舗「Amazon Go」では、店舗内に多数設置されたAIカメラによる「ジャスト・ウォーク・アウト（**JWO**）」という仕組みが採用されています。アマゾンのアカウントを登録したアプリのQRコードで店舗に入店し、ユーザーが袋に詰めた商品は、店内のAIカメラが自動で読み取るので、そのままゲートを通過するだけで自動的に決済が完了します。

2020年には、同社直営店や、同社傘下の食品スーパー「**ホール・フーズ・マーケット***」に「Amazon Dash Cart」が導入されました。前述のAIカメラ技術と重量センサーを搭載したショッピングカートが、カートに入れられた商品を認識し、ディスプレイで総額が常に確認でき、**Dash Cart**専用レーンを通るだけで、登録済みクレジットカードで決済が完了する仕組みとなっています。

また、2023年には、生体認証決済「Amazon One」（アマゾン・ワン）を発表し、手のひらの隆起や静脈パターンを読み取ることによって、**パーム・シグニチャー**（手のひら署名）と呼ばれる認証データが活用されています。

Term **ホールフーズマーケット**　1980年にテキサス州オースティンで創業されたスーパーマーケットチェーンで、アメリカを中心に500店舗以上が展開されています。オーガニック食品やナチュラル製品に特化し、品質重視の商品展開で知られています。2017年にアマゾンによって買収されました。

リアル店舗のスクラップアンドビルドを繰り返す課題とは

　このように最新技術がふんだんに導入され、鳴り物入りで登場したアマゾンのリアル店舗ですが、2019年にはポップアップストア、2023年「**Amazon Books**」「4-Stars」の全店を、同年「Amazon Go」も一部店舗が閉鎖されました。

　2022年に「デジタルトランスフォーメーション（**DX**）が進化していないアパレル業界に一石を投じる」とされた「**Amazon Style**」は1号店の開業から、たった1年で全店閉鎖されました。

　JWO導入店舗で頻繁に起こる会計ミスは不評を買い、本来、「手にとって触って」という、わざわざ性が楽しいアパレル店のはずが、「QRコードを読み取るだけで、好みの商品を試着室に届けてくれる」といった仕組みは、ある意味余計なお世話であり、必ずしも、ユーザーの琴線に触れることはなかったのではないでしょうか。

　これは、リアル店舗での「楽しい体験」よりも、テクノロジーに重点を置いていることが、ユーザーを遠ざけている原因といえます。

リアル店舗に拘る理由

　スクラップアンドビルドが繰り返される中、それでもアマゾンは、**リアル店舗**の存在にこだわりを見せています。その理由は、3つに分類されます。

　まず、顧客データの収集です。顧客データの収集は、これまでもアマゾンでは、オンラインで積極的に行われており、AI技術を活用したレコメンド機能などに反映されています。しかしながら、アメリカのEC化率は2022年で約14％であり、残りの86％はリアル店舗で購入されています。そういった、未だ、そして今後も大多数であろうリアル店舗での顧客データを活用することで、今後のマーケティング活動、製品開発、リアル店舗に関する施策が行われると思われます。

　次に、「**テストマーケティング**＊」です。リアル店舗を試験的に運営し、うまくいった業態のみに資源を集中させ、継続させるという戦略を、リアル店舗開設時から考えていたと思われます。

Term **テストマーケティング**　新商品や新サービスの開発・販売を成功させるために、欠かせないプロセスです。適切なテストマーケティングを行うことで、市場のニーズを正しく把握し、商品の成功確率を高めることができます。

アマゾンは、直近では、**食品スーパー事業**に力を入れていくようです。毎日使って頂ける業態なら、その他のECサービスの拠点にもなり得る、という考えです。要は、アメリカのスーパーマーケットの最大手「ウォルマート」化を目指している、という事になります。実際、2017年に傘下とした食品スーパー「**ホール・フーズ・マーケット**」は好調に推移しており、2023年11月には、食品スーパー「**Amazon Fresh**＊」の新規出店の再開が発表されています。

最後は、リアル店舗の活用による配送コストを削減です。世界的なエネルギー問題などで、配送コストの上昇による収益圧迫を改善するため、プライム会員の会費改定や、特典である「送料無料」に対しては、最低注文金額の設定などが行われました。

リアル店舗に、商品をピックアップできる場所を増設したり、配達ではなく、店舗での受取を選択すると、インセンティブが提供される仕組みも開始されています。

アマゾンのリアル店舗展開

年	カテゴリー	店舗の特徴
2015	Amazon Books	アマゾン初のリアル店舗である書店チェーン
2017	Amazon Pop Up	日本やイギリスなどにオープンしたポップアップストア
2018	Amazon 4-Star	評価が星４つ以上の人気商品などをそろえる
2018	Amazon Go	アマゾン初のレジなし店舗
2020	Amazon Fresh	生鮮食品スーパー （生鮮食品の即日配達サービスをリアルへと拡張）
2020	Amazon Go Grocery	Amazon Goの大型スーパーマーケット版
2022	Amazon Style	アマゾン初のアパレルのリアル店舗

東洋経済新報社「GAFAも学ぶ！最先端のテック企業はいま何をしているのか―世界を変える「とがった会社」の常識外れな成長戦略」より引用

Term **Amazon Fresh**　Amazonが提供する生鮮食品や日用品などのネットスーパーです。2007年にアメリカでサービスが開始され、日本では2017年に東京・神奈川・千葉の一部エリアでサービスが開始されました。

Amazon Go 第1号店

Wikipediaより引用

Amazon One

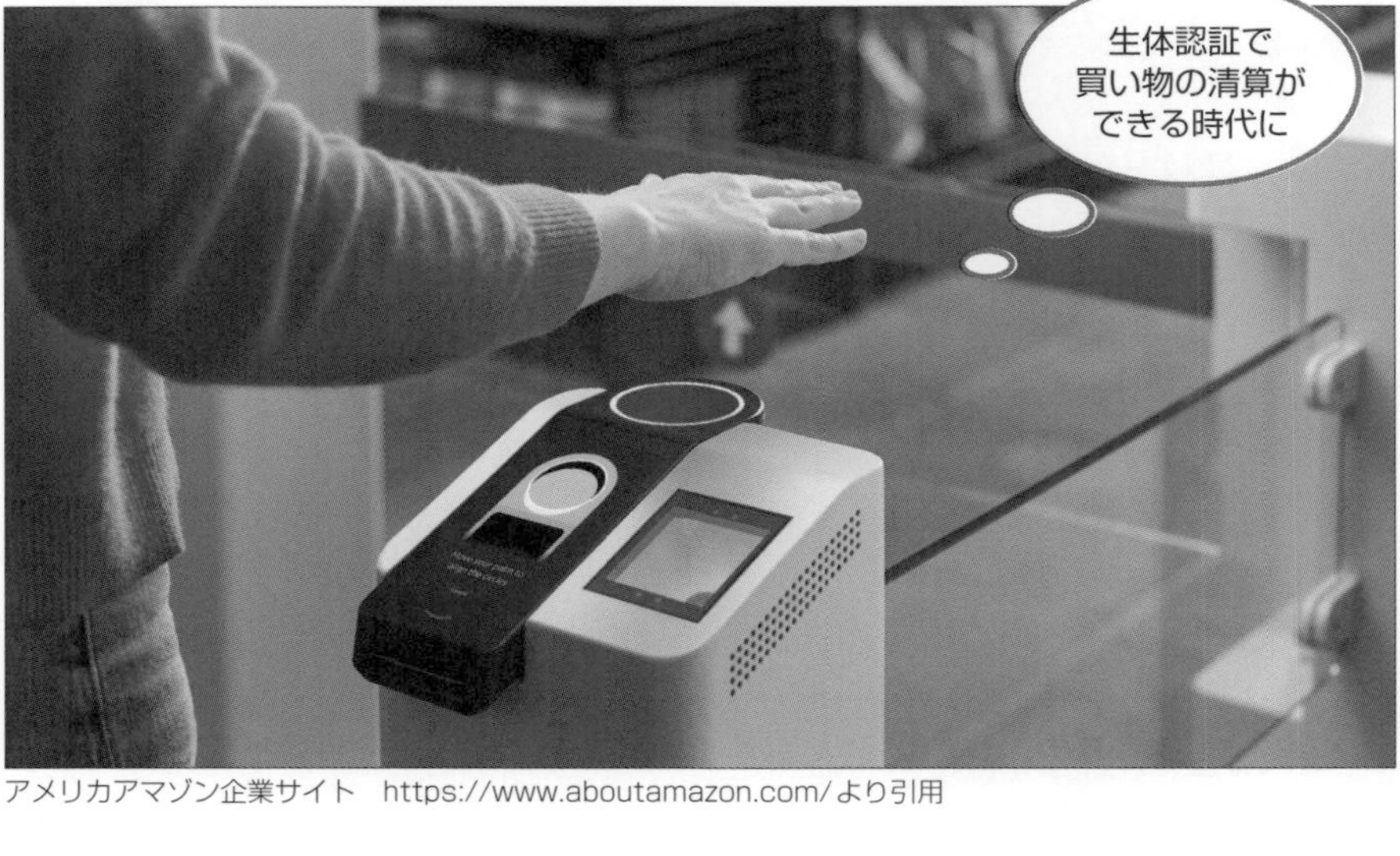

アメリカアマゾン企業サイト　https://www.aboutamazon.com/ より引用

Section
7-3 ニッチな専門特化型のプラットフォーム

昨今は、アマゾンなど大手ECモールとは競合しない、ミディアムサイズプラットフォームのマーケットプレイスの展開が注目されています。ここでは、「ニッチな専門特化型のプラットフォーム」について解説をします。

ニッチな専門特化型のプラットフォームが台頭する背景

アマゾンは「地球上で最も豊富な品揃え」のスローガン通り、多岐にわたる商品を扱っています。

しかしながら、各々の商品に対する専門性が高いわけではありません。同種の商品がズラリと並んでいるも、どれを選んでよいのか、価格だけで決めてよいのか、などの判断に迷うことがよくあります。

そういった背景の中、特定の趣味やニーズに特化した商品やサービスを求めるユーザーが増えています。サブカルチャーやハンドメイド製品の他、環境に優しい商品、天然にこだわった商品など、特定の市場に焦点を当てたマーケットプレイスが人気を集めています。

このような商品の多くは、大手モールには流通しない傾向にありますので、独自性が保たれます。

海外における食品専門プラットフォームの事例

2019年にアメリカでサービスを開始した「Bubble Goods」（バブルグッズ）は、健康志向のミレニアル世代と**Z世代***をターゲットに、「健康的で本物の食品を作る独立メーカー」が出店する食品専門のマーケットプレイスです。

人工甘味料、保存料、トランス脂肪酸などの原材料を厳格に禁止し、同社の基準を満たす製品だけを取り揃えることを徹底しています。更に「健康的でも美味しくなければ意味がない」とし、同社自身による「味覚テスト」まで行われています。

Z世代　1990年代半ばから2010年代初頭に生まれた世代を指します。生まれた時点でインターネットが利用可能であった最初の世代であり、デジタルネイティブ世代とも呼ばれます。そして、インターネットやソーシャルメディアを日常的に利用しています。

オーガニック、ヴィーガン*、グルテンフリーといった多様なニーズにも対応しています。

「お客様がラベルを確認する必要はございません。私たちが確認いたします。」というスローガンは、自信を持って品質管理に取り組んでいることを示しています。

同じくアメリカで2021年に開始された「Foraged」（フォリジッド）は、野生食材や特製食材のマーケットプレイスです。数百種類のキノコやトリュフのほかに、バイソンのホットドッグ、クマの脂、野生の海豆など、独立系の野生食品生産者のみが扱う食材を、一般ユーザーへ届けやすくすることをミッションとしています。

単一店舗ではなかなか成果が出づらい専門特化型の商材でも、それらを束ねたマーケットプレイスの活用は、広く一般に認知・流通できる手段になります。

海外における中古品プラットフォームの事例

ドイツの世界最大級の高級時計専門の「Chrono 24」（クロノ24）は、新品からアンティークまで、およそ50万点の出品数を誇るマーケットプレイスです。2023年2月には、日本にも進出しています。

販売店出品・個人出品の両方に対応しており、どちらも、品質・セキュリティチームによる商品管理や信託サービスを通じた決済により、安全・安心が徹底されています。

フランスの「Back Market」（バックマーケット）は、iPhoneやAndroidなど携帯端末を中心としたハイテク機器のリファビッシュ（整備品）や中古デバイス専門のマーケットプレイスです。

2021年3月に日本でのサービスも開始されています。新品ではなく整備済みの中古品を扱うことで、社会の資源節約に貢献し、環境負荷を低減するビジネスモデルを採用しています。

アメリカのDiscogs（ディスコグス）は、2000年に開設された音楽に関するデータベースウェブサイトです。CDやレコード5億枚分以上の作品情報を掲載していますが、同時に売買もできるマーケットプレイス機能なども有しています。世界各国の中古レコードショップが出店していることから、中古レコード販売業者やレコード愛好家が多数アクセスしています。2020年は、1，196万枚以上（前年比40％増）のレコードが販売されており、同時に、CDや音楽カセットテープの人気も高まっています。

ヴィーガン　動物由来の全ての製品を避けるライフスタイルを指します。これには食品だけでなく、衣類、化粧品などの消費品も含まれます。

専門特化型プラットフォームの事例

日本では、まだ数が少ないものの、趣味などに特化したマーケットプレイスが増加傾向にあります。

１９９６年８月、古書店の紹介を主体とした「日本の古本屋」が開設されました。当初は、電話やＦＡＸによる注文と銀行振込で通販対応をしていましたが、１９９９年にＥＣサイト化されました。その運営に関しては、各々独立した古書店という性格から、価格競争などが危惧されたり、運営母体が変更したりと、紆余曲折がありましたが、現在では、全国約１０００の古本店が出店し、平均月間受注金額は３億円を超えるまでに拡大しています。

これは、ブックオフなどの大手や、せどらーが多く活躍するアマゾンマーケットプレイス、Yahoo!オークションやメルカリとは異なり、専門書などが豊富な「ガチの古本屋」の専門集団である事が大きな強みといえます。

フリマアプリでは、ハンドメイド専門の「**Creema**」、女性向けのファッションアイテムに特化した「Shoppies」、スニーカー、ブランドバッグ、財布、ホビー用品の「**スニーカーダンク***」、コレクター向けのトレーディングカード専門の「ｍａｇｉ」釣具専門の「つりフリ」などがあります。

こうしたニッチなプラットフォームは、大手と比較して利用者が少ない一方で、ジャンルに特化したユーザー層が集まるため、競合が少なく、マニアックな商材も売れやすい特徴があります。

健康志向の食材専門プラットフォーム
「Bubble Goods」

Term **スニーカーダンク**　株式会社SODAが運営する、スニーカーやブランドバッグ・財布、アパレル、ホビーの売り買いができるフリマアプリです。2019年10月にリリースされ、2023年7月時点では、累計ダウンロード数1,000万件を突破しています。

高級時計専門プラットフォーム「Chrono24」

全国1000の古本屋が集まるマーケットプレイス「日本の古本屋」

Section
7-4 日本のECサイトの越境EC化

日本のECサイトのグローバル化は、少子高齢化などが背景にある日本市場の飽和化に対する大きな策のひとつといえます。しかしながら、楽天グループなどによる海外進出は、多くのECサイトを閉鎖するなど、必ずしも順調ではありません。ここでは、日本のECサイトの越境化に寄与している「代理購入サービス」について解説をします。

■Yahoo! オークションの英語版が存在した!!

Yahoo! オークションに「英語版」が存在していたことをご存知でしょうか。

2008年12月に日本のYahoo! は「Yahoo! オークション」の英語版(ベータ)の運営が開始されました。それまでも、簡易的な英語版が存在していましたが、増加している日本在住の外国人への対応強化として、商品の検索・閲覧のみならず、入札・購入ができるようになったことが大きな特徴でした。

ただし、出品は、通常通り日本語の出品ページを作成した後、「Yahoo! オークション英語版にも出品する」にチェックを入れ、表示される英語版のページに商品タイトルや説明文を、再度英語で入力という手間を要するものであり、英語版から直接出品できる機能は提供されませんでした。

当時は、現在のように運営サイトによる**決済方法**＊の縛りがなかったことから、Yahoo! オークションにおいても、PayPal などを通じた海外決済や、海外発送が可能でした。商品説明欄には「海外発送対応をする」というチェックボタンも存在していました。

しかしながら。元々、多くの日本人ユーザーは、英語や外国人とのコミュニケーションは大きなハードルとして刷り込まれてしまっていることから、海外発送など考えたこともなく、ごく一部の出品者が対応をしていたのみでした。

日本における英語教育がいかに実践型でないかが証明され、そのようなモチベーションで英語版など定着する訳は

Term **決済方法**　品やサービスの代金を支払う方法です。決済方法には、現金、クレジットカード、電子マネー、デビットカード、後払い決済(BNPL)、キャリア決済、プリペイドウォレットなどがあります。

なく、わずか1年2ヶ月後の2010年2月にサービスは終了されました。

日本市場と海外市場の融合は極めて困難?

2007年12月、Yahoo! とアメリカの **eBay** は、**インターネットオークション**分野で業務提携を発表しました。

まず、日本における eBay 公認購入代行サービス「セカイモン」が、日本の **BEENOS** ＊株式会社のグループ会社によって開始されました。そして、Yahoo! オークション上にセカイモンの情報を表示し、eBay の商品を入札や購入を行なえるようにしたり、Yahoo! オークションの商品を購入できたりする代行サイトを eBay 内に開設するなどの計画がなされていましたが、テスト段階で頓挫し、その計画は結局白紙となりました。

また、2010年6月、Yahoo! と、**アリババグループ**の中国最大のECサイト「**タオバオ**」（陶宝）の商品を Yahoo! ショッピングから購入できる「**Yahoo! チャイナモール**」を開設しました。

同様の仕組みで、Yahoo! ショッピングの商品が、中国で購入できるECモール「淘日本」（タオリーベン）も開設されました。

「日中をまたぐアジアNO・1のECサイト」として、そのうち eBay も抜くだろうと、鳴り物入りの登場となりましたが、2012年5月、2年経たずして、あっさり閉鎖となっています。当時の尖閣諸島問題や東日本大震災といった外的な理由もありますが、根本は、自動翻訳の精度が低かったり、送料が高かったりと、お互いにわざわざ海外から購入する動機に乏しかったことが理由と考えられます。

購入代行サービスの拡大

業界最大手の手によっても、日本市場と海外市場の融合がままならない中、日本のECサイトで代理購入し、海外のユーザーに届ける「**購入代行サービス**」が拡大しています。

前述の **BEENOS** ＊のグループ会社は、2012年「Buyee」（バイイー）を開設しました。

当初は、Yahoo! と提携し、Yahoo! オークションの商品を、海外のお客様が購入できるようサポートを開始しましたが、その後、4，000を超えるECサイトとの連携を行うまでに拡大し、

330万人以上の会員数や海外への流通総額は、年間約386億円以上と国内最大級となっています。

バイイーのサイトは、18言語に対応しており、4言語

Term

BEENOS　EC事業を行う持株会社です。主に「Buyee（バイイー）」や「転送コム」を運営するtenso株式会社、「セカイモン」を運営する株式会社ショップエアライン、ブランド宅配買取サービス「ブランディア」を運営する株式会社デファクトスタンダードなど、複数のEC企業をグループ会社として抱えています。

によるカスタマーサポートも行われています。**PayPal**、**Alipay**＊、銀聯などの海外クレジットカード等、海外で主流の決済方法に対応しています。また、日本郵便の**EMS**、航空便、船便や、**FedEx**、DHL、**UPS**の他、バイイー独自の発送方法により、世界120カ国への配送が可能となっています。

ECサイト側は、国内と全く同じ方法でバイイーと取引をするだけなので、リスクは発生せず、

購入者に対しては、独自の補償サービスが提供されているため、安心・安全な越境ECが実現しています。ちなみに、メルカリは、バイイーを含めて、70以上の購入代行サービスと公式連携をしています。

Yahoo! オークションやメルカリでは、購入代行をいやがる出品者が一部存在しますが、出品した商品が、リスクなく海外へ届けられる事は、販路拡大につながります。販売代行サービスが、自身のEC販売を、ある意味自動で「越境EC化」してくれることは、メリットでしかないといえます。

■現在のECサイトが簡単に越境EC化?

前述のバイイーは、日本語による既存の自社ECサイトにタグを設置するだけで、海外専用のカートを開設できるサービス「Buyee Connect」を2020年より展開しています。

Buyee Connectを導入したECサイトに、海外のユーザーがアクセスすると、英語や中国語など10種類の言語に対応した海外専用のショッピングカートが表示されます。

海外ユーザーが海外専用のショッピングカートで商品の購入・決済の手続きを行うと、その情報がBuyee Connect側に送られ、Buyee Connectが、そのECサイトで商品を代理購入します。ECサイト事業者は、商品をBuyee Connectの国内倉庫へ向けて発送します。

その後の海外発送の手続きや、海外ユーザーからの問い合わせ対応などはBuyeeConnectが代行します。

ECサイトの仕様や、各種通貨対応、発送オペレーションを全く変更する必要がないため、事業者の負担なく、越境ECが実現できます。また、海外ユーザーの注文手数料は、1注文あたり300円ですが、その流通量が多いことから、EC事業者の導入費・月額費・販売手数料などは、すべて無料で提供されています。

Term

Alipay　中国のアリババグループが提供するオンライン決済サービスです。中国では、タオバオや天猫などのアリババグループのECサイトを中心に、多くのオンライン店舗で利用されています。また、実店舗でも、Alipay対応のQRコードを読み取ることで、スマートフォンで簡単に支払いを行うことができます。

「Yahoo! オークション」の英語版サービス

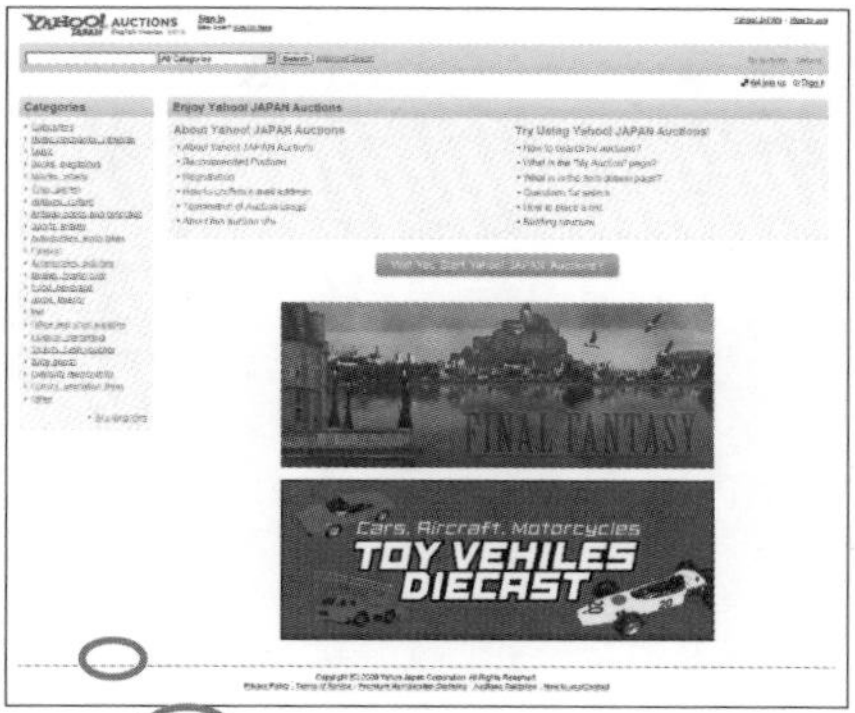

日本での
認知度は
低かったの当然

Yahoo! チャイナモール

法改正と
震災などで
やむなく閉鎖

バイイー（英語表示）

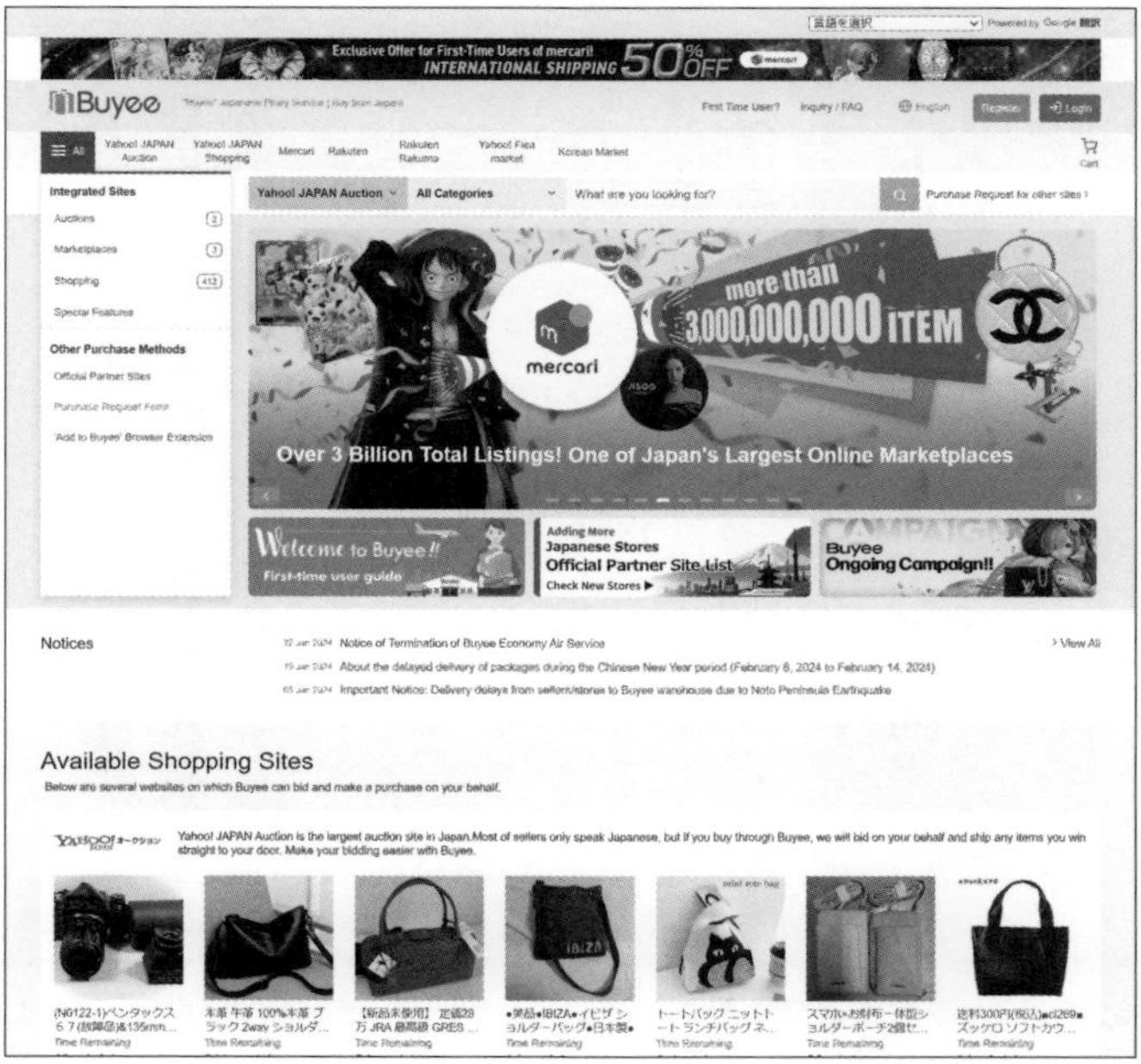

Section
7-5 ブロックチェーン技術とECサイト

ブロックチェーンは、改ざんを困難にする技術で、個人情報保護や信頼性の高い取引を実現することができます。また、分散型データベースにより、一部の不具合でもシステム維持が可能です。ここでは、ブロックチェーン技術と、ECサイトにおける活用について解説します。

■ブロックチェーン、もっと簡単に言うと？

「ブロックチェーン*という言葉は知っているけど、結局何？」と思われている方も多いと思います。これを、ワードやエクセルに例えて説明してみます。

ワードやエクセルでは、変更履歴を見ることで、以前の状態を知ることができます。ブロックチェーンでも、各ブロックに記録された情報の履歴を見ることができます。どちらも過去の記録を参照できるため、行われた変更に対する透明性が提供されます。異なる点は、ワードやエクセルでは、簡単に文書の内容を変更したり、過去の状態に戻したりすることが可能ですが、ブロックチェーンでは一度追加された情報（ブロック）は変更や削除ができません。新しい情報を追加するには、新しいブロックをチェーンに追加する必要があります。

また、ワードやエクセルは通常パソコンやシステムに保存されますが、それらが壊れたら、データもなくなってしまいます。ブロックチェーンの場合は、ネットワーク上の多くのコンピュータに分散して更に暗号化され保存されます。よって、改ざん、情報漏洩、保護に強い仕組みであると言えます。

■ECサイトにブロックチェーン技術を使うメリット

ブロックチェーン技術に活用は、ECサイトにおいて「セキュリティの向上」「透明性の確保」「決済システムの効率化」が期待できます。

ブロックチェーンは改ざんが非常に困難なことから、ユー

Term **ブロックチェーン**　分散型台帳技術とも呼ばれ、複数のコンピューター間で取引データを共有・管理する技術です。ブロックと呼ばれる取引データの集合体を連鎖状につなぎ合わせることで、改ざんが困難な記録を実現しています。

ザー情報や、取引記録を安全に保つことができます。また、商品やサービスに対して、全ての取引履歴が記録されるため、物販においては、メーカー、卸、小売、ユーザーとの信頼関係が強化できます。さらに、仮想通貨を使った決済が可能となるため、越境ECでも迅速かつ手数料などが安価に抑える事ができます。

例として、あるECサイトではブロックチェーンを使った「透明性の高いサプライチェーン管理」を実現しています。このシステムでは、製品が原材料の段階からユーザー消費者の手に渡るまでの全過程をブロックチェーンに記録します。ユーザーは、購入した商品がどのように製造され、どこから来たのかを正確に知ることができるため、企業の信頼性向上にも寄与します。

もう一つの例は、「**スマートコントラクト***」を活用したECサイトです。スマートコントラクトとは、ブロックチェーン上で一定の条件を満たせば、取引や契約を自動的に行える仕組みです。

例えば、商品がきちんと配送されたことが確認されると、支払いが自動的に行われる、といったシステムです。ヒューマンエラーや改ざんを防止するともに、各種取引や契約の迅速化が期待できます。

従来型の中央一元管理とブロックチェーンによる分散管理のイメージ

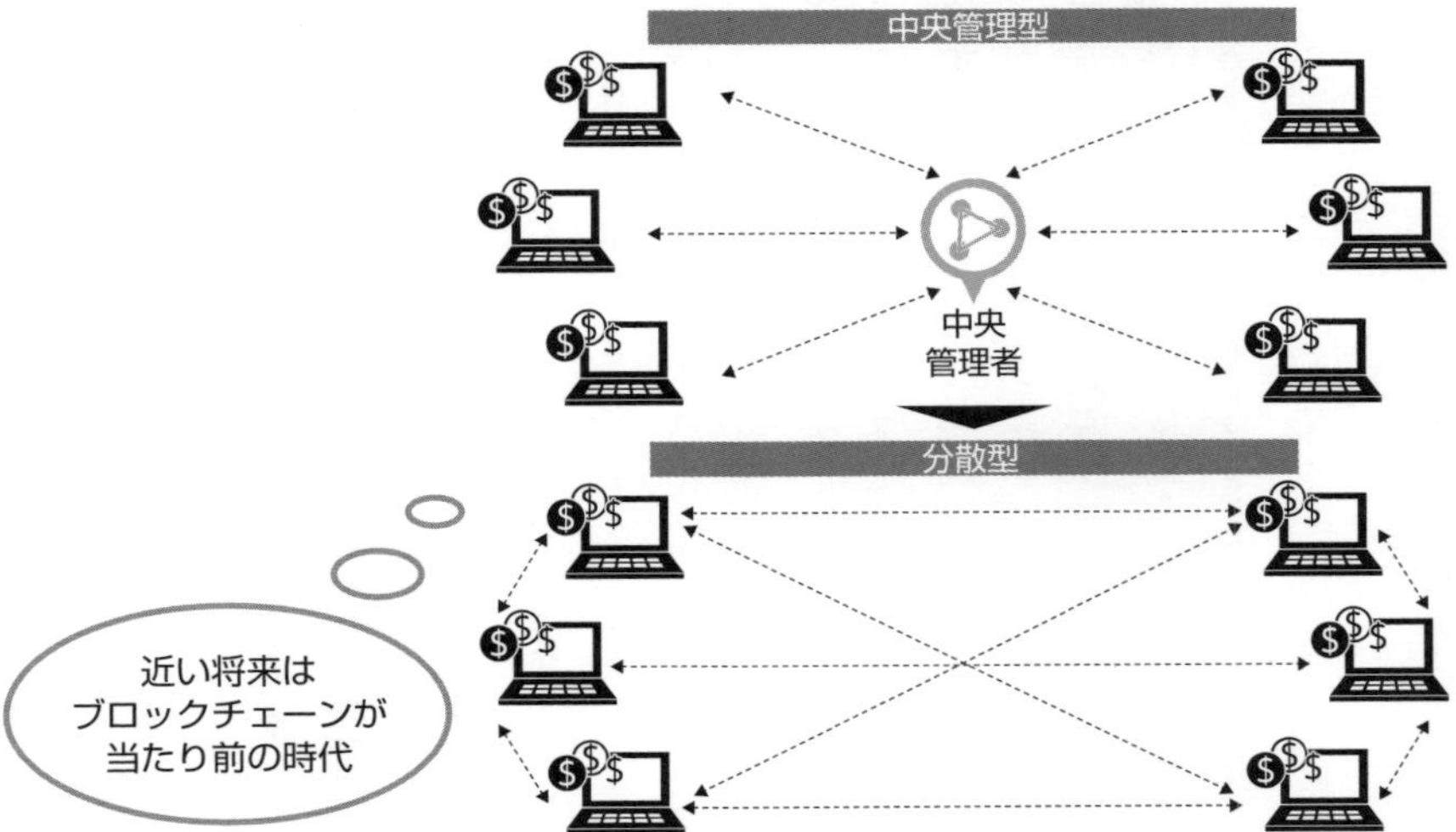
中央管理型
中央
管理者
分散型
近い将来は
ブロックチェーンが
当たり前の時代

2020年総務省「ブロックチェーン技術の活用状況の現状に関する調査研究」より引用

Term

スマートコントラクト　ブロックチェーン上に記述された契約を自動で実行する仕組みです。契約の条件が満たされると、ブロックチェーンに記録されたコードが自動的に実行され、契約の内容が実行されます。

Section
7-6 NFTマーケットプレイスとEC市場

NFT(Non-Fungible Token/非代替性トークン)は、EC市場における新時代のデジタルコンテンツとして注目されています。ここではNFTの詳細やその活用方法、今後の可能性について解説します。

NFTとは?

NFTは、ブロックチェーン技術を利用して、デジタル資産の**独自性**、所有権、希少性を保証するものです。従来のデジタルデータは、複製を簡単に行うことができ、また、原則劣化せず、本物と複製の区別がつきません。特にアートなどの芸術の世界では、現物に対しては、**鑑定書**や**ICタグ**を付与することで本物の証明が可能でしたが、**デジタルアート**については、それができず、資産としての価値がありませんでした。

NFTのデジタルコンテンツでは、複製や改変が不可能な、唯一の本物である証明ができ、資産的価値が付与されるようになりました。

2021年3月には、"**Twitter**と**Square**の創業者の初ツイート"というコンテンツが、NFTの証明の元、約3億円で落札されたり、アメリカ人アーティストによるデジタルアートが75億円で落札されたりしたことは、驚きであり、かつ今後の盛り上がりを期待させるものでした。

NFTの事例

NFTでは、購入者はその作品の独占的な所有権を持ちます。その後、転売された場合は、その取引履歴が表示されるようになっています。販売や取引されているコンテンツは、**デジタルアート***の他、NBAなどのスポーツ選手や、アイドルのNFTトレーディングカード、クリプトスペルズやサンドボックスといったメタバースゲームのキャラクターやアイテムなどがあります。

2021年11月、ビールのバドワイザーが、企業歴史的

Point **デジタルアート** ジタルコンピュータを使って制作されたアート作品のことです。デジタルデバイスを用いて制作されたものであれば、イラストや絵画に限らず、音楽やゲームといったさまざまな作品がデジタルアートに含まれます。

な写真や広告を全1936個のNFTとして販売しましたが、数時間で完売したことは記録に新しいところです。

2022年9月には、スターバックスが「スターバックス・オデッセイ」というリワードプログラムで、オリジナルのNFTスタンプの発行や販売も行なっており、二次流通市場では既に高値で取引がされています。

■NFTの今後

NFTマーケットプレイスは、**デジタルアート**・音楽・映像・ゲーム・ゲームアイテム・**アバター**など多種多様なNFTが取引されています。海外ではOpenSeaや**Rarible**などの専業企業の他、世界最大級のオークションサイトeBayが参入しており、2024年4月にはアマゾンの参入も予定されています。日本では、Adam by GMOや**楽天NFT**などがあります。

NFTは、これまでのコレクター要素の強い業界のものから、メタバース内でのIDとして、また、地域社会の活性化のための手段としても活用が検討されています。

特に、地域活性の活用方法として、地域固有の観光資源をNFT化し、地方創生やふるさと納税、観光振興に役立てるといった動きが出てきています。

Twitter 創業者による初投稿が291万ドルで落札された

（X・旧Twitterより）

Section

7-7 メタバースは新しいEC市場になるのか

メタバースは、仮想現実（VR）や拡張現実（AR）の技術を利用して作られた、インタラクティブで没入型のオンライン環境を指します。このインターネットの3D仮想空間が新しいEC市場になる可能性について解説をします。

■メタバースとは

メタバース＊とは「**Meta**（超越）」と「Universe（宇宙）」を組み合わせた造語で、インターネット上で構築される仮想世界を意味します。メタバース内において、ユーザーは、アバターを通じて活動し、様々な経験をすることができます。メタバースを活用したゲーム「Fortnite」（フォートナイト）「**Minecraft**」（マインクラフト）「あつまれ どうぶつの森」などでは、仮想空間でただゲームをプレイするのみならず、ユーザー同士でコミュニケーションが取れる「体験」ができることが特徴です。

メタバースは、ゲームだけでなくビジネスシーンでも活用されつつあります。前述のゲーム内アイテムやデジタルグッズの販売や、バーチャルコンサートや展示会など各種のイベントの開催場所としても有効と考えられます。

■メタバースECの特徴

メタバースを介して商品やサービスを提供する**メタバースEC**に注目が集まっています。同じく3DやVR技術が使われている「**バーチャルショップ**」は、いわば「従来のECショップの3D版」といえます。

これに対して、メタバースECは、**アバター**を通して、友人やショップスタッフとのコミュニケーションを取ることができるのが特徴です。

ナイキは、2021年、オンラインゲーミングプラットフォーム「**Roblox**＊」（ロブロックス）と提携し、「NIKELAND」を開設しました。バーチャルワールド内には、ナイキ本社の建物やフィールドがあり、ユーザーは、様々

Term

Roblox　世界中で月間2億6千万人以上がプレイするオンラインゲーミングプラットフォームです。ユーザーが自分のゲームを作成し、他のユーザーが遊ぶことができます。基本は無料でプレイできますが、ゲーム内購入は「Robux(ロバックス)」と呼ばれる仮想通貨が使われています。

なゲームができ、アバターには、NIKEのスニーカーを履かせる事もできます。その後、NIKEは、子会社の「**RTFKT***」（アーティファクト）と共同で、2022年初頭に初のNFTスニーカー「Cryptokicks」を発表し、たった数日で2500万ドル（約31億円）以上の取引高を記録しました。とある着せ替え用スキンの取引では、45万ドル（約5670万円）以上で取引がなされていたとのことです。

また、三越伊勢丹が運営するメタバースプラットフォーム「REV WORLDS」が2021年3月に開設されました。伊勢丹新宿店をモデルとした仮想空間内を回遊しながら、ショッピングが楽しめます。店内を見て回るなかで気に入った商品があれば、ECサイトへのリンクを経由して購入できる点も特徴的です。

メタバースECの将来性

筆者も実際にいくつかアプリをインストールしてみましたが、情報量が多いせいか、非常に表示に時間がかかったり、バッテリーの消耗がかなり早かったりする印象です。

なかなかスッとアバターをコントロールするのも慣れがいるようで、買い物というよりは、ゲームをしているような、よく分からない感覚に陥りました。

メタバースECの開設・運営については、前述の通り、情報量が多いことから、その開発費や管理費は、一般のECサイトと比較しても、相当発生しそうな印象です。メタバース内で完結するデジタルアイテム以外のリアルの商品については、倉庫や配送の物流問題、また、メタバースの特徴ともいえる「接客」についても、誰がどのように担当するのかが、課題といえます。

Roblox内にあるNIKELANDのイメージ

https://about.nike.com/en

メタバースは
無限の可能性を
秘めている

Term

RTFKT　2020年にフランスの3人のアーティストによって設立された、デジタルファッションブランドです。バーチャルスニーカーやアバター、トイなどのデジタルファッションアイテムを制作・販売しています。

Section
7-8 サブスクリプションサービスの未来

サブスクリプション（サブスク）というと何か新しいものに感じますが、「定期配送」や「頒布会」など、通販業界でもかなり歴史ある手法と言えます。ここでは、EC時代のサブスクの現状や、今後も拡大する背景を解説します。

サブスクが活用されているジャンル

- **デジタルコンテンツ**

Netflixや**Prime Video**などの動画配信、**Apple Musci**や**Spotify**＊などの音楽配信、PlayStation NowやNintendo Switch Onlineなどのゲーム配信などの他、電子書籍、オーディオブック、オンライン講座、オンラインフィットネス、ポッドキャスト、Office 365やAdobe Creative Cloudなどのソフトウェア、**Adobe Stock**＊や**Shutterstock**などのストックフォトやデジタルアートなどが挙げられます。

- **物理的商品**

アマゾン、アスクル、ふるさと納税などの定期便、Oisixやヨシケイなどの食材関係、地域の農産物、地酒、クラフトビールや、特定の趣味向け商品の頒布会などが挙げられます。

- **レンタルやリース型**

エアークローゼットなどのファッションHondaマンスリーオーナー、**トヨタKINTO**などの自動車、レンティオ、サブスクライフなどのPC・家電などが挙げられます。

サブスクが拡大した背景

サブスクは、元々「モノ」が中心でしたが、インターネットが普及したことにより、「モノを所有しなくても、サービスを利用できる」ようになり、いわゆる「コト消費」が容易になったことが挙げられます。

例えば、わざわざ教室に行かなくても、語学やフィットネスが学べたり、わざわざ購入やレンタルショップに行か

Term
Adobe Stock　Adobeが提供するロイヤリティフリーの画像、ビデオ、オーディオ、ベクター、イラストなどのストック素材のライブラリです。2012年に「Adobe Stockフォト」としてスタートし、その後「Adobe Stockビデオ」、「Adobe Stockオーディオ」など、さまざまな素材を追加しています。

なくても、映画や音楽が楽しめたりする利便性は、人気を集めている理由のひとつです。

また、なるべく所有物を減らす**ミニマルライフ**＊の考え方では、例えば、どんどん貯まっていく本や雑誌ではなく、電子書籍を選択したり、DVDやブルーレイのコレクションを持つ代わりに、配信サービスを利用したりする事は、理にかなっています。

弱点として、サービスそのものが無くなったり、変更になったりする場合があります。特に、デジタルはその傾向が強く、お気に入りに入れておいた映画がいつの間にか見られなくなっていた、ということは珍しくありません。2023年11月に安室奈美恵さんの楽曲が契約関連を理由にサブスクから突如消えてしまったことで、CDなどのフィジカル媒体が見直された例もあります。

■サブスクを脱落させない手法とは？

サブスクサービスを提供する企業にとって、サブスクはポイントカードなどと同様に「大きな囲い込み」に値します。よって、ユーザーの気が変わっても、脱落させない具体的な手法が2つあります。

1つ目は、アマゾンなどが採用している定期配送の「スキップ」機能です。たまたま使う量が少なく、次の注文が届くと、ますます使い切れないから一旦解約、という経験がある方もいると思います。しかしながら、この「一旦解約」は、そのまま2度と使わなくなるきっかけとなっているのです。自由にスキップができる機能は、定期配送自体をやめさせない事に繋がっています。

2つ目は、配信サービスなどの再加入の簡単さです。例えば、解約しても、ユーザー情報を残しておいてくれることから、また見たい作品が出た時に、また一から登録する必要がないのは非常に便利です。長期的に契約をしばらない、入退会のしやすさも有効な脱落させない手法といえます。

サブスクは
日本の消費者に
やっとなじんできた

Term **ミニマルライフ**　自分の価値観において、無理なく、必要最低限のモノを取捨選択して暮らす、という考え方。

Section

7-9 ライブコマースによる双方向型ECとは

「ライブコマース」とは、簡単にいうと、テレビショッピングのインターネット版のようなサービスです。ライブコマースは、一方通行型ではなく、販売事業者とユーザーの双方向性型であることが特徴です。ここでは、ライブコマースの現状と今後の可能性について解説をします。

ライブコマースとは？

ライブコマースは、**インスタグラム**などのSNSを使った**ライブ配信**を通じて、販売事業者とユーザーがコミュニケーションを取りながら、購入や来店を促す手法です。

ユーザーは、ライブ配信中に疑問に思ったことを、チャットを通じて質問することができ、販売事業者側は、リアルタイムでその質問に答える事ができます。

配信は、販売事業者自ら行う場合もありますが、**インフルエンサー***や著名人へ依頼して行われる場合もあります。

ECショッピングでありがちな「ネットでの紹介と実物が違った」という事を防ぐことができたり、「自身も参加している」という楽しさがあったりと、販売事業者や商品に対する信頼感、親密感の向上が期待できます。

生放送という性格から、配信中の事故を防ぐため、PRする商品のテストや商品説明の準備を十分に行っておく必要があります。

また、ライブ参加者のチャットに対しては適宜反応していき、「せっかく質問したのに、取り上げてくれなかった」といった不満が起こらないような配慮も重要な点です。

中国市場で急速な成長を遂げているライブコマース

中国におけるライブコマースは2017年頃から急速な成長を遂げています。網経社電子商務研究センターの統計によると、2021年のライブコマースGMV（流通総額）は2兆3615．1億元（約48．7兆円）となり、その後も、50%近い増加が見込まれています。

インフルエンサー　世間に対して大きな影響力を与える人のことを指します。英語で勢力・影響・効果といった意味の「influence」が語源とされています。インフルエンサーは、主にソーシャルメディア（SNS）などで情報発信をしており、フォロワーや多くのユーザーに大きな影響を与える人の総称です。

Term

中国でライブコマースが受けている理由として、まず挙げられるのが価格の安さです。一般の購入方法と比較して、半額やそれ以下であることも少なくないとの事です。限定○個、先着○名のような手法は珍しくないですが、中国におけるトップインフルエンサーをライバーとして行われるライブ配信は、もはや「ショー」であり、参加者は圧倒的な没入感を得ることができる事が最大の魅力です。

中国でライブコマースが伸びた別の背景として「ECの飽和」が挙げられます。中国では、EC利用率が80％を超えており、もはや伸びしろが乏しい状況にあります。ライブコマースにおける販売が赤字であっても、あくまで「**囲い込み**」のツールとして機能し、後のサブスク販売へと繋げていく事も、事業者の目的といえます。

■日本におけるライブコマースの現状と今後

日本を含めて、中国以外のライブコマースの盛り上がりは今一歩と言う状況にあります。日本では、ライブコマースだから、極端に安いということはないようです。クーポンなどの配信はあるものの、リアル店舗やECショップと価格は変わらず、ライブコマースで購入する理由に乏しい現状があります。中国ではいわゆる「偽物」が流通する文化であることから、「本物」への需要の高さがライブ配信の盛り上がりの後押しをしたひとつの理由といえますが、日本にはそのような動機づけはありません。また、インフルエンサーや著名人がライブコマースに係る事は少ないようで、**ライバー***の総数は増加傾向にあるものの、商品を適切にPRできる能力のあるライバーの数は少ないと言われています。

逆に、他に任せず、**インスタグラム**などで集客を行いながら、販売事業者側のショップスタッフなどが、自らライブ配信を行う原点回帰的な手法には注目が集まっています。日本では、中国とは異なる手法で、ライブコマースが盛り上がりを見せる可能性はあると考えられます。

今やライブ配信も普通のことになってきた

Term

ライバー　ライブ配信アプリを使ってライブ配信を行う人の総称です。ライブ配信アプリは、スマートフォンやタブレット端末を使って、誰でも簡単にライブ配信を行うことができるサービスです。

中国におけるライブコマースの流通総額と成長率

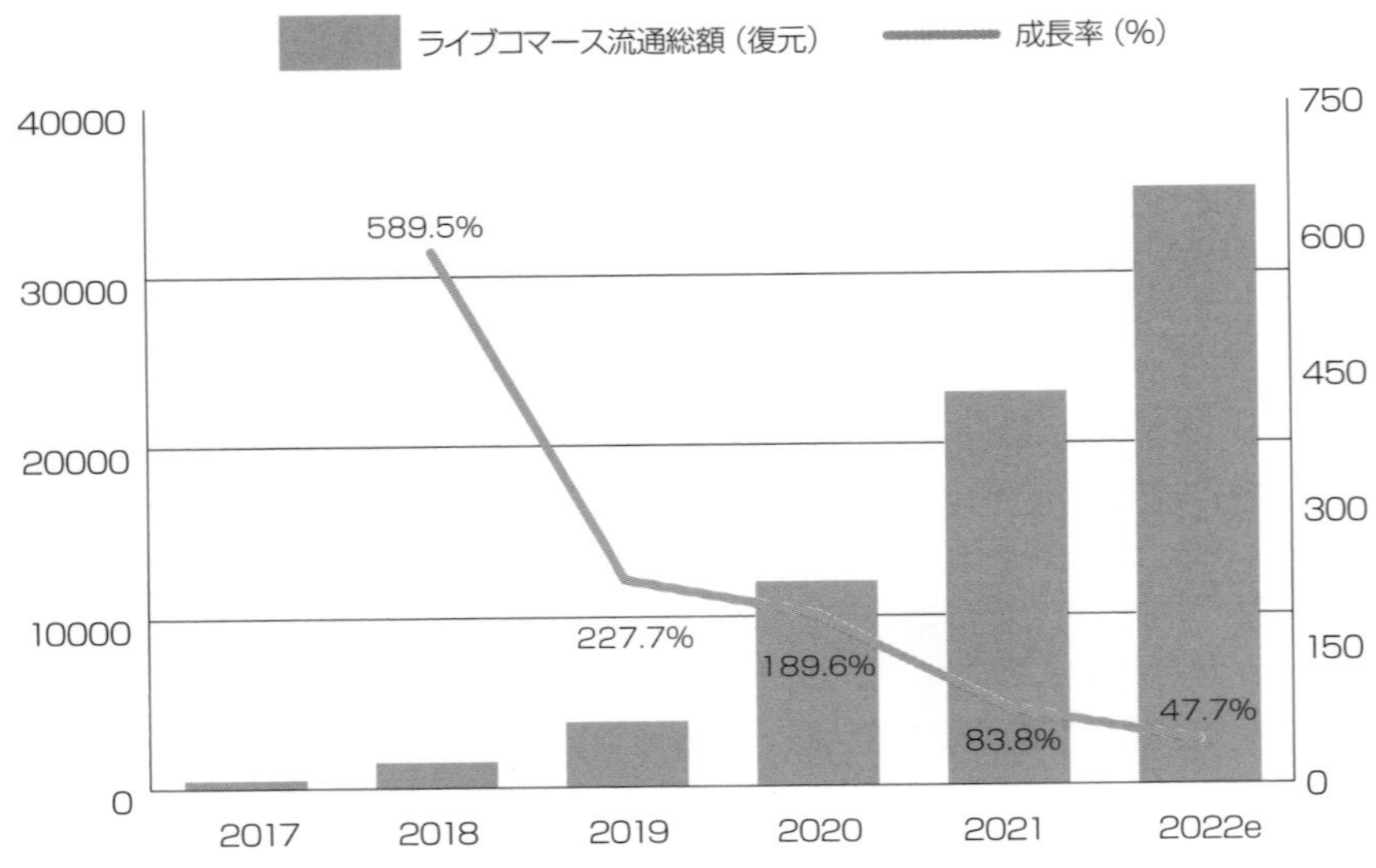

網経社電子商務研究センターより引用

中国のネット利用者とEC利用率

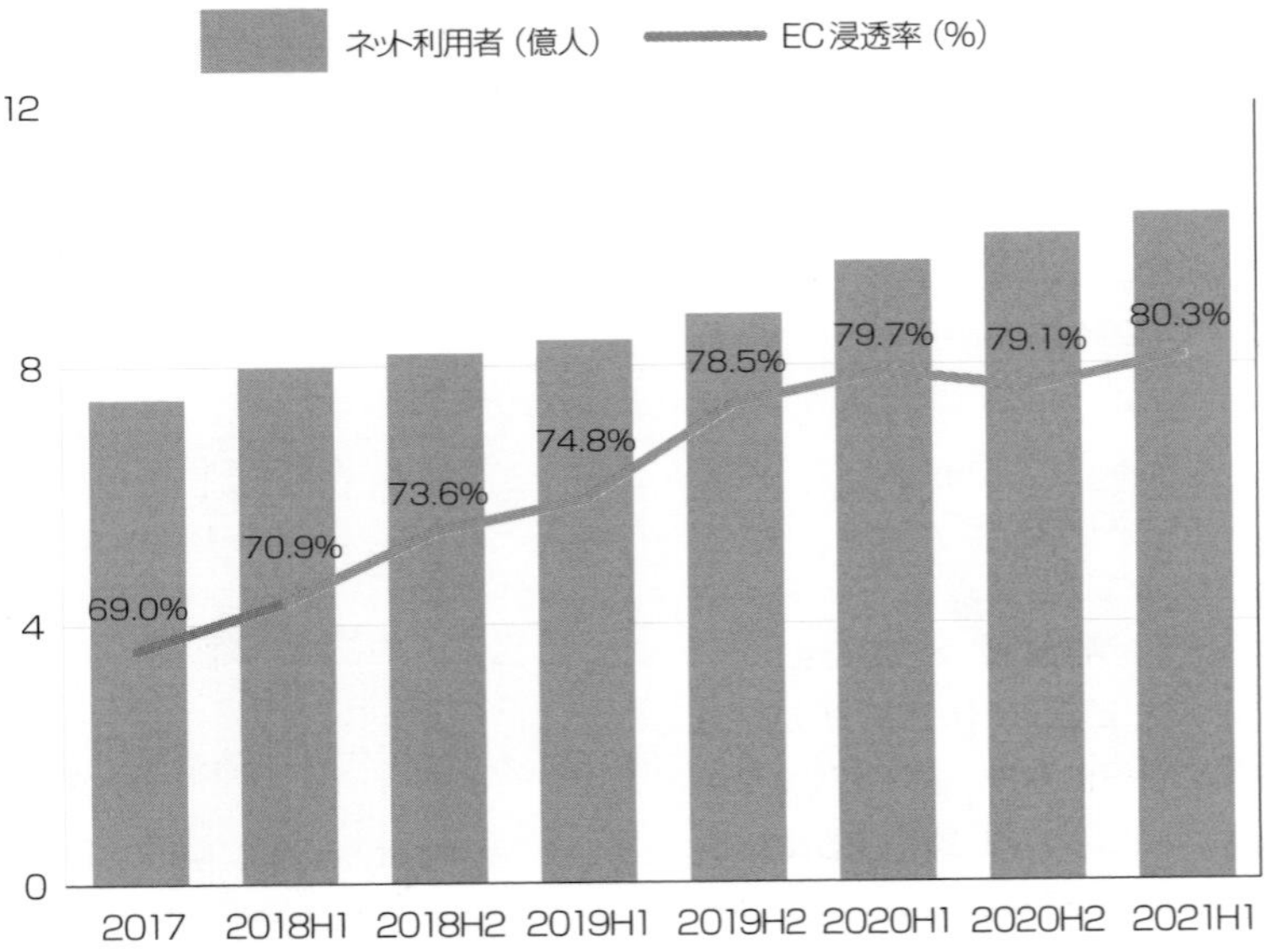

「中国インターネット発展状況統計報告」（中国インターネット情報センター）より引用

Column 次世代の通信サービス「衛星ブロードバンドインターネットサービス」

衛星ブロードバンドとは、人工衛星を利用して、インターネットに接続するサービスの事です。

近年、インターネットへのアクセスは必需品となりました。

しかし、開発途上国、都心部から離れた遠隔地や、航空機や船舶などでは、通常の電波が届かないことがあります。

衛星ブロードバンドは、このような問題を解決し、地球上のどこにでも高速インターネットを提供できる可能性を秘めています。

衛星技術の進化により、以前に比べて、小型で効率的な衛星を低コストで打ち上げることが可能になりました。また、多くの国で、衛星ブロードバンドに関する規制が緩和されたことから、多くの企業がこの分野に参入しています。

アメリカではイーロン・マスク率いるスペースXが、「スターリンク」(Starlink) というサービスを2020年8月に北米とヨーロッパで、2022年7月に日本でのサービスを開始しました。

続いて、アマゾンが「プロジェクト・カイパー」(Project Kuiper) 2023年10月に衛星打ち上げに成功しており、2024年中に試験サービスが開始される予定です。

これらのサービスは、災害時などの通信環境確保にも役に立ち、ソフトバンクやKDDI(au)は、2024年初頭の能登半島地震を受け、石川県内の被災地にスターリンクの無償提供をしています。都心部においても、頻発する大規模な通信障害などの地上回線の緊急時も有効です。

今後は、いままでブロードバンドの恩恵を受けることができなかった地域で、動画配信など、ブロードバンドならではのサービスの需要が増加するなどが見込まれます。

また、過疎地における医療や福祉サービスにおいても、その貢献が期待されそうです。

現状専用機器が大型だったり、高額だったりすることから、個人単位の設置はまだまだこれからですが、今後は、競合する既存の地上回線との差別化を図る必要があります。

各社の競争が激化する中、各々が独自の戦略と革新的な技術を駆使していくものと思われます。

スターリンクは
災害時に
本領発揮する

Section
7-10 オウンドメディアへの原点回帰

EC業界におけるマーケティング活動は、広告やインフルエンサーの活用も行われていますが、昨今では、自社によるオウンドメディア（Owned Media）の重要性が高まっています。オウンドメディアとは、自社サイトやSNSなどの媒体を指します。

■オウンドメディアとは？

オウンドメディアとは、その名の通り「自身の媒体」を意味しており、自社サイト、**SNS**、**ブログ**、**メールマガジン**や、各種チラシ、パンフレットなどを指します。広告など費用を伴う媒体である「**ペイドメディア***」（Paid Media）、クチコミやレビューなどの媒体である「**アーンドメディア**」（Earned Media）と合わせて、マーケティング活動の3大メディアとされています。

企業情報を発信するだけなら「単なる企業ホームページ」、EC販売だけをするなら「単なるECサイト」となりますが、オウンドメディアは、自社製品やカテゴリーに関連するレシピ情報やノウハウなどの「お役立ち情報」の発信が重要です。SNSであればコミュニケーションも生まれます。

単に価格だけを追求するなら、価格比較サイトや大手ECモールで事は済みますが、企業が発信する専門的な情報発信に共感したユーザーは、「ファン」となり、応援を得る事ができ、価格より質を重視されたECサイトの運営につなげることができます。

■オウンドメディアの活用事例

フェイスレコードなど、グローバルに中古レコードを販売するFTF株式会社の「エコストアレコード」のサイトでは、自社スタッフによるレコードに関するコラムがかなり充実しています。

基本的には、買い取りを促しているのですが、例えば、「レコードの傷の直し方」「買い取り体験談」「高額でレコード

Term **ペイドメディア**　企業が費用を支払って広告を掲載するメディアのことです。主に、テレビ・ラジオ・新聞・雑誌のマス４媒体やWeb広告、イベントなどのスポンサーシップといったものがペイドメディアに分類されます。

の共通点」や「アーティスト別買取情報」では、ウィキペディアなどよりはるかに詳しいアーティストのプロフィールや代表作などが紹介され、同社の「レコード愛」を強く感じられ、共感する内容となっています。

中古本を中心としたリユース事業の大手「**ブックオフ**」のオンラインコラムでも、直近の更新は途絶えているものの、「古本についている値札シールの簡単な剥がし方」や「紙袋で作るおしゃれな手作りブックカバーの作り方」など、お役立ち情報に溢れています。

■ショップスタッフ自身のEC販売

前述のような自社スタッフによるコラム、メルマガ、ブログなどの他、SNSやライブ配信を使った活動も行われつつあります。

株式会社バニッシュ・スタンダードが提供する「**STAFF START**＊」では、リアル店舗のスタッフが現場で行う「接客」をECサイト上で提供するサポートを行っています。

ファッションであれば、インフルエンサーやモデルではなく、ショップスタッフ自らが商品を着用し、コーディネート写真や動画、ライブ配信をインスタグラムなどで発信を行います。

商売という次元を超えたショップ愛にあふれるスタッフ自身による生の情報は、自然と、ユーザーの共感を呼び、確実に濃いファンの獲得につながっています。同サービスを利用するブランドは2，600を超え、EC経由での売上は2022年9月から1年間で1，748億円を突破しています。更に、1投稿＝1接客での最高売上額が9，489万円の驚異的な実績を残すまでに至っています。

EC売上の向上はもちろんのこと、そこからリアル店舗への来店も促されています。それは、お客様満足度＝CSの向上のみならず、情報発信をするスタッフの満足度＝**ES**にも繋がっています。企業の「本来の価値」を引き出すサービスは、今後も浸透していくと考えられます。

宣伝活動には
いろんなツールを
絡めるのがいい

Term **STAFFSTRAT**　デジタルアートやメタバース、NFTなどの分野で活躍するクリエイターやアーティストのコミュニティです。2023年に設立され、現在、世界中に約10,000人の会員がおり、デジタルアーティスト、NFTアーティスト、メタバースアーティストなどで活躍するクリエイターやアーティストが集まっています。

Section

7-11 地方創生に対するECの役割

ここ数年、首都圏を除く地域経済の活性化を促す「地方創生」が広く認知されるようになりました。地方創生と聞くと、政府や自治体が行う取り組み、というイメージがあるかもしれませんが、地方経済を活性化させていくには、そこに在住する住民や企業・事業者が積極的に関わっていく必要があるでしょう。

地方創生とは

地方創生とは、総じて「都心部以外の地方を盛り上げる」事で「東京一極集中を是正し、地方の人口減少に歯止めをかけ、日本全体の活力を上げることを目的とした一連の政策」を指します。政府は、地方創生のための新たな補助金や特区の設置、**インフラ**の整備などの支援を行っています。

ECにおける取組では、小規模店舗や個人事業主が、オンラインで地方の特産品や工芸品を、全国や世界に販売したり、イベントを行なったりする事で、地理的な制約を超えたユーザー基盤を広げることができます。更に、地域ブランドを育成することで、その地域の特色を広め、地域経済の活性化に寄与することができます。

楽天に見る大手ECモールの地方創生への取組

楽天グループは、2013年に「**地域創生事業**」を立ち上げています。多くの地方の小規模事業者や農家が自社製品を全国に販売できるよう、「楽天市場」や「**楽天ふるさと納税**」の活用、「**楽天トラベル**」との連携を進めています。

ただ、お膳立てをするのではなく、ITのプロとしての様々な施策を提案したり、人材育成や商品開発、PRなどを支援をしたりして、その地域が、「自ら売上を構築できる力」をつけるための仕組みづくりが行われてきました。

直近の取組では、楽天グループのマーケティングデータを使った分析・施策立案を行う自治体向けデータ分析ツー

Term **Airbnb（エアビーアンドビー、通称エアビー）** 2008年に設立された民泊サービスを提供するアメリカの企業です。個人が所有する宿泊施設をオンラインで予約できるプラットフォームを運営し、世界中で多様な宿泊体験を提供しています。ユーザー同士のコミュニティを重視した旅行業界の新しい形態であるといえます。

ル「RakuDash」（ラクダッシュ）や、そのデータを活用するための超実践型ワークショップ「RakuDemy」（ラクデミー）というサービスが提供されています。

■無印良品に見る地方創生への取組

無印良品は、「都市部と地方の交流」をテーマとしたユニークな「地方創生」への取組を行なっています。

具体的には、民泊のSNSプラットフォームであるAirbnb＊と提携し、無印良品がリノベーションした地方の空き家を1泊単位で貸出す「気軽な地方移住体験」を提供しています。これは「その場所に興味はあるけど、泊まるところがない」という状況から生まれたもので、単なる観光のみならず、その場所での「暮らし」が体験できるような工夫がなされています。

また、2015年から取り組んでいる「諸国良品」では、こだわりのある地方物品を厳選して取り扱い、産地直送型のECサイトのみならず、リアル店舗でも販売をしています。地元の観光業の活性化と同時に、伝統的なコミュニティの保存という、無印良品の持続可能性とミニマリストの生活哲学にも合致しています。

無印良品の地方物産を扱う「諸国良品」

MUJI 無印良品
衣料品
生活雑貨
食品
すべて
キーワードで探す
ログイン
お気に入り
カート
サポート
産地直送 〉 諸国良品
諸国良品
無印良品は農林水産省が展開する食と農のつながりの進化に着目した官民協働の新たな国民運動「食から日本を考える。ニッポンフードシフト」の推進パートナーになりました。食の多様性や旬のたのしみ、風土に根付くものづくりと農家さんの想いを直に感じながら、日頃の「食」を見つめ直してみませんか。
諸国良品
農産物から「食」を考える
～諸国良品もニッポンフードシフト～
NIPPON FOOD SHIFT
商品カテゴリ順
絞り込む
だんらんを楽しむ詰め合わせ

Section
7-12 EC市場におけるSDGsへの取り組み

SDGs（エスディィージーズ）とは「Sustainable Development Goals」の略で、日本語では「持続可能な開発目標」と呼ばれている国際社会共通の目標です。簡単にいうと「より良い世界にし続けるために全世界の人が取り組む目標」という事です。

SDGsとは

SDGs*は、世界中にある環境問題・差別・貧困・人権問題といった課題を解決すべく、それを世界中が協力し、2030年までに達成すべき17の目標で構成されています。

これを主導する国連は、世界全体の進捗状況を国別の達成度やランキングとともに発表をしています。

2022年における日本のランキングは世界163か国の中で19位、100点満点中、79．6点でした。1位は、2年連続でフィンランドの86．5点、日本より上位は全て欧州諸国でした。

悪いポジションではないのですが、3年連続で1位ずつランクを落とし、今回が最も低い順位となっています。ちなみに、アメリカは41位、中国は56位でした。

SDGsが掲げる目標のうち、日本は「教育」「産業・技術革新」「平和」については既に達成と評価されていますが、「深刻な課題がある」と評価されたのは、「ジェンダー平等」「つくる責任　つかう責任」「気候変動対策」など6項目でした。

このような結果から、各企業、団体、そして個人個人も、課題の改善に向けた取り組みが必要となります。例えば、個人がすぐにできる環境保護や保全のために行動としては、「マイバッグやマイボトルを利用する」「節電や節水」「食材を残さない」などが挙げられます。

EC市場における大手モールのSDGsへの取り組み

各企業がSDGsに対する活動を行う中、EC市場にお

Term

SDG's　2015年9月の国連サミットで採択された、2030年までに持続可能な世界を実現するための17の目標と169のターゲットからなる国際目標です。SDG'sは、貧困、飢餓、不平等、気候変動、環境破壊など、世界が直面するさまざまな課題を解決するために掲げられた目標です。

いても、様々な取り組みが行われています。

楽天グループでは、2018年11月に「EARTH MALL」（アースモール）を開設し、サステナビリティにつながる商品を紹介しています。例えば、「発展途上国の労働環境改善に役立てるため、国際認証を得た有機栽培による**フェアトレード**のコーヒー豆」といったような、課題と行動が明確化された商品を、ユーザーの日常で楽しんでもらう、といった事がコンセプトとなっています。「EARTH MALL」の2022年におけるGMV（流通総額）は、前年比211%増に拡大しており、企業がSDGsに取り組むことは、その姿勢のみならず、ユーザーの共感を得ることで、新たなビジネスチャンスとして捉えられています。

ECショップにおける環境への貢献度の見える化

オフィス用品のアスクルでは、**PB**（自主企画）商品として、使用済みクリアホルダーを再生利用したボールペンやクリアホルダーを販売しています。販売ページには、独自の「**環境スコア***」を表示し、環境への貢献度の見える化を図っています。実際、「環境スコア」が高い商品は、買い上げ率が高く、ユーザーの環境への関心が高まっている事を物語っています。

昨今では、「エシカル商品」「エシカルライフ」といった言葉を聞くようになりました。エシカル（ethical）は、直訳すると「倫理的」ですが、「倫理的＝環境保全や社会貢献」という意味で使われています。

アパレルのECセレクトショップ「エシカルコネクションズ」では、世界中のブランドから、素材や生産方法、配送過程に至るまで、透明性をもって開示された情報を元に、環境負荷の低い、厳選された商品だけを取り扱っています。

同ショップでは「二酸化炭素の削減量」「水の節約量」「殺虫剤を使用しない農地の面積」を一目でわかる「ビジュアルカウンター」をページに設置し、やはり、環境への貢献度の見える化を図っています。

EC業界も
SDG'sは
避けて通れない

Term **環境スコア**　商品やサービスの環境への配慮度合いを、数値やレーダーチャートなどで可視化したもののことです。環境スコアは、商品やサービスの製造・流通・使用・廃棄の各プロセスにおける環境負荷を評価することで算出されます。

Section

7-13 リアル店舗を既に融合しているEC

本書の各章にて、昨今のECとリアル店舗の関係性について解説をしてきましたが、それでも「オンラインとオフライン」と分けて考えてしまいがちです。ここでは、筆者がSC（ショッピングセンター）勤務時代から親交のあるSC専門の総合コンサル企業である株式会社トリニティーズの中山亮氏に話を聞いてみました。

■リアル店舗＝オフラインは既にオンライン上に存在する

過去は、オンライン、オフラインは明確な線引がありました。それが、オンラインでクーポンを配布し、オフラインで使ってもらうという、**O2O**（Online to Offline）という考え方により、線で繋がったイメージになりました。現在では「オンラインの中にオフラインがある」という考え方になります。特に、直近5年位は、オンライン・オフラインが「融合」していると強く感じます。

リアル店舗でも、SNSでPRし、QRコードで決済し、ポイントカードや顧客データなど全てはオンラインの中で成り立っているため、区別という考え方はあり得ません。

■リアル店舗もECも共通して大事な3要素

リアル店舗でも、ECでも、事業の継続には「目的性」「リピート性」「共鳴性」の3要素が重要といえます。例えば、メタバースでマイケル・ジャクソンのバーチャルライブがあったとして、**アバター**＊を作り、参加したとします。そのライブが素晴らしければ、次は、友人も誘って参加したいと考えます。これには3つの要素が入っていますが、どれか1つでも欠けていると、事業性に乏しくなります。

■SCのオンラインモール事業の現状

SCも**オンラインモール事業**に参入をしていますが、大きくは「倉庫型」「店舗在庫型」「その2つの並用」に分け

Term

アバター　デジタル空間におけるユーザーの分身となるキャラクターやアイコンのことです。インターネット上のコミュニケーションやゲーム、仮想現実（VR）などで使用され、ユーザー自身の存在を象徴し、他のユーザーとの交流を可能にします。

られます。

「**倉庫型**」は、各テナントからEC販売用の商品を預かり、倉庫で預かり、売れたらその倉庫からお客さまへ発送する、という方法で、仕組みは**ZOZOTOWN**と同じです。

この方法は、コスト高であることは難点です。サイト運営費用に加えて、倉庫代、倉庫管理費、倉庫のスタッフコスト、「納品して発送する」往復の送料が発生することから、粗利益が非常に低くなってしまいます。

某大手SCのAでは、オンラインモールを開設した当初、テナントが店舗で販売する場合の経費が売上10％程度で済むところ、オンラインで販売すると経費が40％くらいかかってしまうという状況になってしまいました。現在では、その割合はもう少し下がってはいるものの、先が見えず**オンライン販売**から撤退したSCもあります。

某大手SCのBでのオンラインモールでは、赤字でもテナント負担を軽くし、テナント数を確保して大きく運営を継続しました。ようやく軌道には乗っているものの、10年で累積赤字が100億以上になっているとのことです。

「**店舗在庫型***」においては、その名の通り、各テナントでオンラインと店舗用の商品両方を管理する方法です。名古屋市の大型SC「**mozo（モゾ）ワンダーシティ**」は、2021年8月にECサイト「**モゾプラス**（mozoPLUS）」をオープンしました。これは、業界初の店舗在庫型のEC事業で、当社もその開発に関わっております。

モゾプラスで注文した商品は、一括で自宅に配送するか、店頭または専用カウンターで受け取る事ができます。配送の場合は、館内物流を担当する佐川急便グループの**ワールドサプライ**がテナントからの商品の受取、梱包、発送、専用受取カウンターの運営を行なっています。

この店舗在庫型によるEC運営が増えており、新宿ミロードのオンラインモールでも採用されています。ただ、SCのEC事業単体で、売上利益共非常に潤っている、という話はまだ聞いていません。

リアル店舗もECも人のチカラが重要

以前は、リアル店舗がECを脅威に感じ、リアル店舗への誘導が盛んでしたが、現在は、**OMO**の考え方が浸透し、ECをライバル視するような考え方はないです。

例えば、ファッション大手の**アダストリア**が運営する「ニコアンド」では、リアル店舗で目の前にお客様を「ネットならポイント倍づけです」とECに誘導したり、同社のECサイト「**.st**（ドットエスティ）」のリアル店舗版「ドッ

店舗在庫型　顧客の注文に応じて納期を短縮できるというメリットがある一方で、店舗の運営に必要なスペースや人員が必要になるというデメリットがあります。店舗の業態や顧客層に合わせて、適切な物流形態を選択することが重要です。

トエスティストア」を出店したりと、OMO型の運営が進んでいます。また、スタッフがECでオンライン接客できるSTAFF START も導入して、大きな成果を上げています。

　アフターコロナで「人のチカラ」が再度見直されています。ルミネは、「接客強化」と原点回帰で、CX*向上を図り、イオンでは、CX創造本部を新設しています。

　リアル店舗でもECでも「人のチカラ」が重要なのです。

リアル店舗と
ECのシナジーは
大きなビジネスチャンスだ

O2O と OMO のイメージ

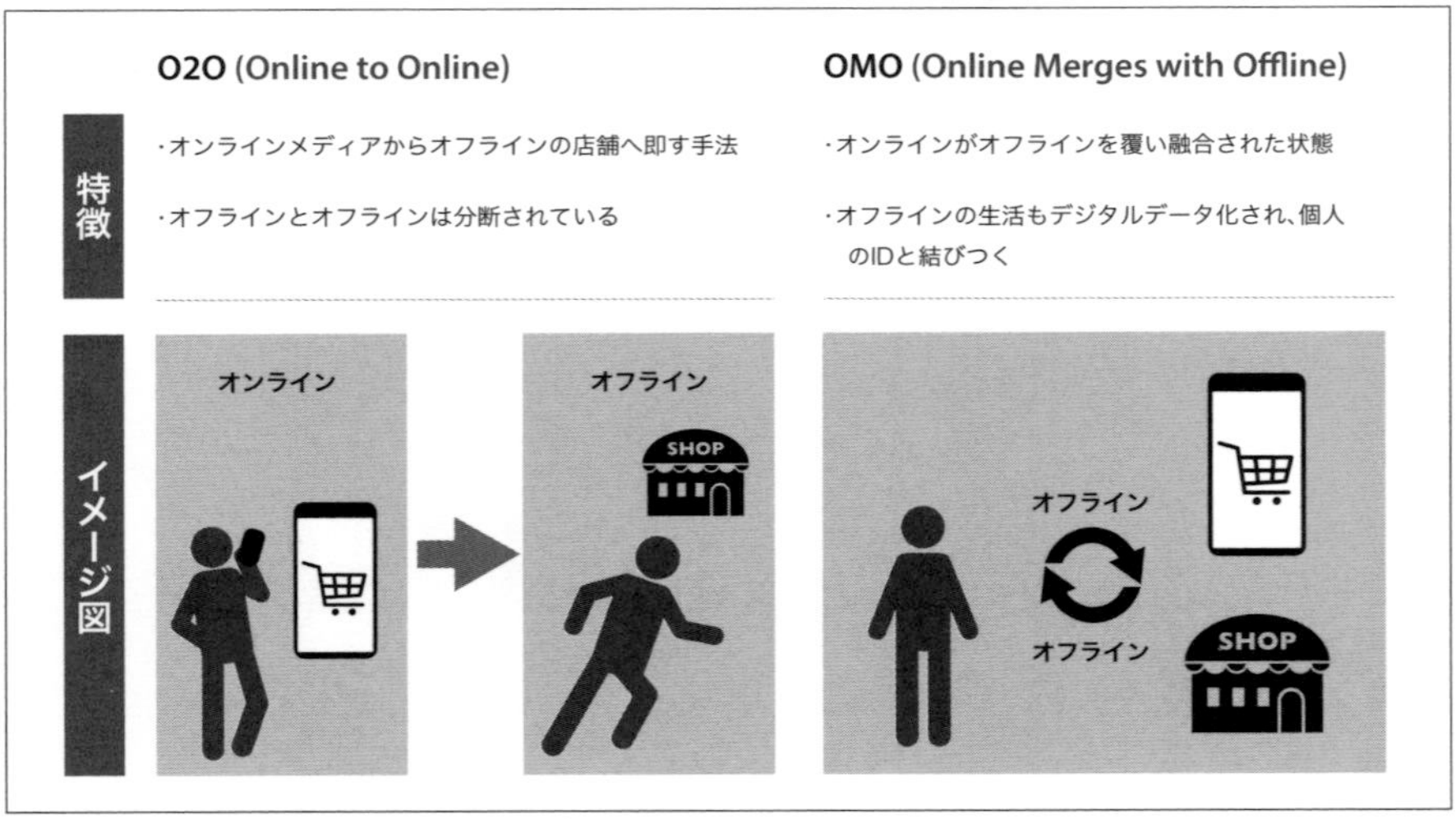

O2O (Online to Online)
OMO (Online Merges with Offline)
特徴
・オンラインメディアからオフラインの店舗へ即す手法
・オフラインとオフラインは分断されている
・オンラインがオフラインを覆い融合された状態
・オフラインの生活もデジタルデータ化され、個人のIDと結びつく
イメージ図
オンライン
オフライン
SHOP
オフライン
オフライン
SHOP

アーツアンドクラフツ株式会社ホームページより引用

Term

CX（カスタマーエクスペリエンス）　商品やサービスの機能・性能・価格など「合理的な価値」のみならず、購入や使用する過程や、購入後のフォローアップなど「感情的な価値」の訴求を重視するもの。日本語では「顧客経験価値」「顧客体験価値」とも言われています。

おわりに

最後まで本書をお読みいただき、心から感謝申し上げます。

筆者が過去、インターネットで経験した驚きは、大きく3つあります。

1つ目は、1998年にアメリカのタワーレコードのオンラインショップで、初めてショッピングをした事です。日本にいながら、アメリカの商品が簡単に購入できることに感動したことを今でも鮮明に覚えています。当時の円高背景も後押しして、沢山購入しすぎたことから、購入金額によっては、輸入消費税などが発生することを、身を持って学びました。

2つ目は、Yahoo! オークションです。300円のVHSビデオソフトが、20，000円に化けた経験は、個人がインターネットを介して販売ができるという大きな可能性を感じ、その後の人生に大きな影響を与えてくれました。

3つ目は、SNSです。2004年にサービスを開始したmixi（ミクシィ）での体験は、時間と距離を超えて昔の友人たちと再度つながる事ができたり、新しいコミュニティの創造ができたりする素晴らしさを教えてくれました。

本書の執筆は、そんな筆者の初期のインターネット体験から、現在までのECプレイヤー体験、そして未来への展望に至るまで、まるでタイムマシンに乗って、その詳細を調査するような旅でした。

リアル店舗の環境から離れて10年以上が経過した今、特に印象的だったのは、OMO＝ECサイトとリアル店舗の融合への取組みです。本書の執筆にあたってインタビューに協力頂いた株式会社トリニティーズ代表の中山亮氏の「リアルとECを分けて考えるようなことは、今はほぼ皆無である」という発言には驚きました。SCコンサルティング会社として、正にOMOに関わっているSC運営のプロフェッショナルである彼が日々、肌で感じていることなのです。

実例では、アパレルECショップでも、リアル店舗の元気なスタッフがデジタルツールを介して、SNSでユーザーへ情報発信をしたり、接客をしたりしている新しいチャレンジには圧巻でした。

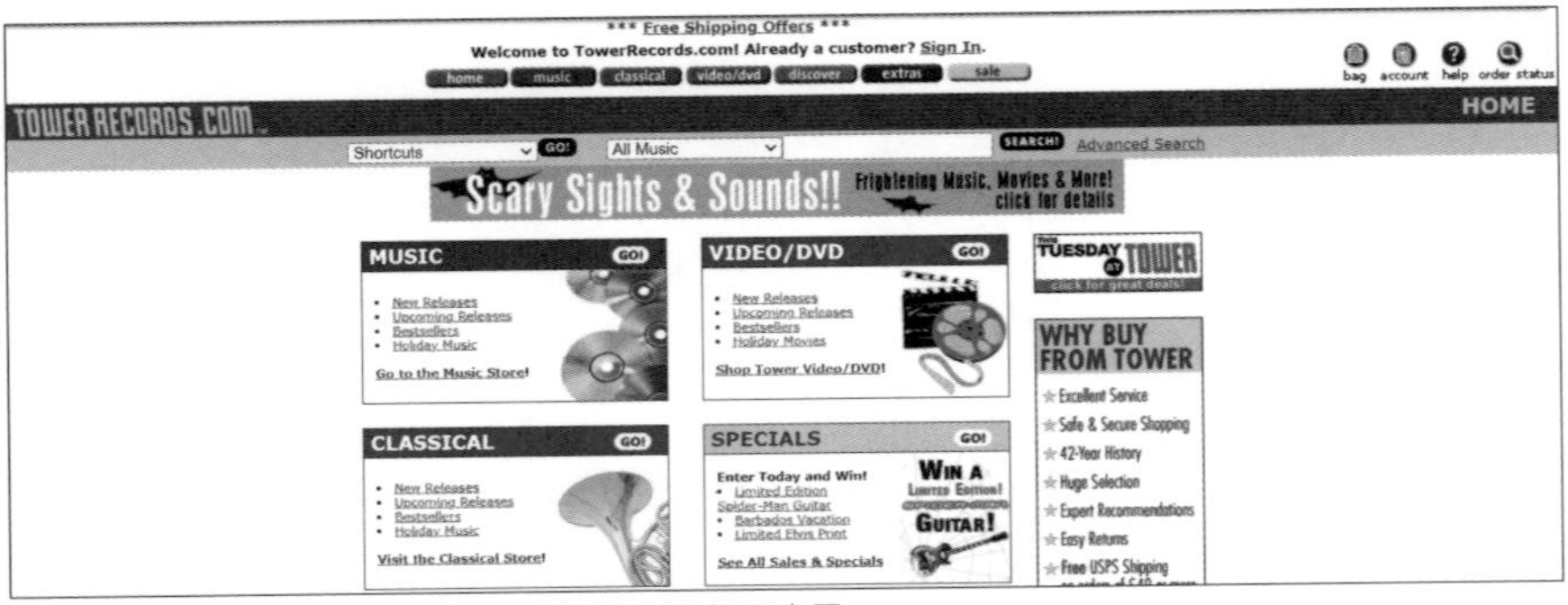

2000年頃のアメリカ・タワーレコードのオンラインストア

インターネットがもたらした世界の変化をリアルに体感した世代として、ＥＣの進化は、常に新しいワクワクと驚きに満ちています。ＡＩなどの新しい技術が活用されたＥＣの新時代では、人のチカラの大切さを改めて学びました。ＡＩが担うことができない、より細分化された分野で、人は人にしかできないことに注力できる時代が訪れていると考えます。

末筆に私事で恐縮ですが、本書は筆者にとって5冊目の出版となります。２０１９年、出版を含めた情報発信のコミュニティ「ウェブ心理塾」での「出版企画書コンペ」をきっかけに、「はじめてのｅＢａｙ輸出スタートガイド」（小社刊）で出版デビューさせて頂きました。

そのウェブ心理塾の主宰者であり、精神科医でベストセラー作家の樺沢紫苑先生、ウェブ心理塾のメンバー、秘書チームの皆様、物販コミュニティＹＢＣのビジネス仲間、そして家族に深く感謝しています。

この本が読者の皆様にとって、ＥＣ業界における理解の一助となり、新しい時代に向けた知見やインスピレーションを少しでも提供できることを願っています。ご愛読いただき、どうもありがとうございました。

鈴木絢市郎

索引
INDEX

■は行

■た・な行

索引

■英数字

■ま行

■や・ら・わ行

著者略歴

鈴木絢市郎（すずきじゅんいちろう）

スマイリージャーニー代表／国内･海外ネット物販コンサルタント

1969 年横浜生まれ。学生時代から大の音楽好き。当時のアルバイト代は、全て、レコードやライブに注ぎ込む。卒業後は、バッグ小売、ショッピングセンター運営管理と、流通業に従事。1999 年、趣味として、ヤフオク！をスタート。2012 年、個人事業主へ。2014 年、国内取引のみならず、eBay に参入し、輸出販売を開始。現在まで、90 ヵ国のお客さまと 50,000 件以上の取引実績を有する。そのノウハウを活かしたコミュニティ運営、ブログ、メルマガ、セミナー、コンサルなどの情報発信活動も行う。長年在籍した流通業界にて養った知識を活かし、ネット物販業界全体の CS（お客様満足）度を向上させることがミッション。モットーは、「お客さまの元気と笑顔を作ること」。著書に「はじめての eBay 輸出スタートガイド（第1版～第3版）」（秀和システム）、「終活も断捨離もメルカリ、ヤフオクで！」（WAVE 出版）がある。

●SNSアカウント
Twitter：https://twitter.com/junichirosuzuki
Facebookページ：https://www.facebook.com/SmileyJourney/
●公式ブログ
スージーのeBay輸出ブログ：https://smiley-journey.com/
●公式メルマガ
STEP BY STEP eBay輸出：
https://smiley-journey.com/stm/landing_page.php?plan_id=24
登録はQRコードらかできます

●公式YouTubeチャンネル
スージーのeBay輸出チャンネル：https://www.youtube.com/@ebay1992

（デザイン協力）
金子　中

※参考文献･資料については、弊社ホームページにある本書サポートページに掲載しております。

図《ず》解入門業界研究《かいにゅうもんぎょうかいけんきゅう》
最新《さいしん》EC《イーシー》業界《ぎょうかい》の動向《どうこう》とカラクリがよ～くわかる本《ほん》

発行日　2024年　2月22日　　第1版第1刷

著　者　鈴木《すずき》　絢市郎《じゅんいちろう》

発行者　斉藤　和邦
発行所　株式会社　秀和システム
〒135-0016
東京都江東区東陽2-4-2　新宮ビル2F
Tel 03-6264-3105（販売）Fax 03-6264-3094
印刷所　三松堂印刷株式会社　　Printed in Japan

ISBN978-4-7980-7128-2 C0033